La Edad Media
(Aproximación Alfonsina)

Scripta humanistica

Directed by
BRUNO M. DAMIANI
The Catholic University of America

ADVISORY BOARD

Carmelo Gariano

La Edad Media
(Aproximación Alfonsina)

Presentación de Alicia Reyes

Scripta humanistica

16

© 1986 by Carmelo Gariano

Library of Congress Cataloging-in-Publication Data

Gariano, Carmelo.
La Edad Media.

(Scripta humanistica; 16)
Bibliography: p.
1. Reyes, Alfonso, 1889–1959. 2. Civilization,
Medieval.   I. Title.   II. Series.
CB18.R49G37   1986   940.1   85-62445
ISBN 0-916379-26-4

Publisher and Distributor:
SCRIPTA HUMANISTICA
1383 Kersey Lane
Potomac, Maryland 20854 U.S.A.

Dedico este trabajo
al Dr. Patrick Kennicott por conseguirme
los medios con que sacarlo a luz, y al Dr.
Ramón Araluce por aconsejarme unos
cuantos remedios con que sacarlo a lucir.

C. Gariano

Reconocimiento

Este libro se ha sacado a luz gracias a una subvención otorgada
por la California State University, Northridge.

DEL MISMO AUTOR:

Crítica:

1. *Análisis estilístico de los "Milagros de Nuestra Señora" de Berceo.* 2da. ed. Madrid: Gredos, 1973.
2. *El mundo poético de Juan Ruiz.* 2da. ed. Madrid: Gredos, 1975.
3. *El enfoque estilístico y estructural de las obras medievales.* Madrid: Ediciones Alcalá, 1968.
4. *La lírica italiana en el siglo XX.* Buenos Aires: La Porteña, 1967.
5. *Juan Ruiz, Boccaccio, Chaucer.* Sacramento: Hispanic Press, 1985.

Textos:

6. *Spanish for You. The Teacher's Guide.* 2 vols. Hollywood, 1967. (Texto adjunto a treinta películas para la enseñanza).

Ediciones:

7. *Sagrada Biblia.* Edición Hogar Católico. México, Chicago: La Prensa Católica, 1958.

Redacción:

8. *Diccionario de información bíblica.* México, Chicago: La Prensa Católica, 1958.

Versos:

9. *Añicos del laúd iridiscente.* Madrid: Gredos, 1968.
10. *Saga de Kennedy.* (Elegías) Los Angeles: Orbe, 1966.
11. *Anhelos, búsquedas y encuentros.* Madrid: Gredos, 1966.

Teatro registrado:

12. *El último trovador.* (Música provenzal de T. Miller)
13. *Incesto y redención*
14. *The Cunning Sheik* (Commedia dell'arte).

Listos para la imprenta:

15. *Decameron* (Adaptación en inglés).
16. *An Eye for and Aye* (novela).

Índice

Presentación

Penetrar en la magna obra alfonsina y seguir una huella determinada sin extraviarse es paciente labor que implica conocimiento profundo de la misma, aunado a cualidades detectivescas. Carmelo Gariano—nuestro Carmelo—ha demostrado poseerlas en grado sumo desde sus primeros trabajos sobre los grandes maestros medievales.

En este libro nos lleva de la mano para descubrir temas y autores que apenas habíamos adivinado en el Mexicano Universal, deslindando el crisol de su aproximación en términos certeros: "Alfonso Reyes, quien sabe escribir la historia porque sabe cómo se escribe la historia, nos ofrece un panorama vívido del Medievo con sus núcleos recargados de tiempo y acción, puesto que a la historia se acerca con una concepción croceana." Por ello capta la luz que Reyes proyectaba con sus escritos aun sobre los llamados siglos oscuros, "ya que donde hay vida hay siempre luz y sombra."

Este estudio minucioso e inteligente hubiera causado—de eso estoy segura—en Alfonso Reyes admiración y agradecimiento como lo ha causado en mí. Me asombra particularmente el capítulo sobre el Cid, ya que para mi abuelo representaba al hombre por excelencia, en quien veía proyectada la figura de su padre. Por eso, huelga subrayar el acierto de nuestro estudioso que percibe el interés de Alfonso Reyes por el Cid como "el diálogo de un escritor universal con un personaje histórico erguido a signo del mito épico en los albores de la lengua."

La magnífica labor de Gariano sirve para darnos en conjunto algunas inquietudes de Alfonso Reyes, desde la transición de la antigüedad clásica hasta los comienzos de lo hispano; desde los primeros ecos literarios de la Península Ibérica hasta las grandes obras del mundo neolatino; desde los fermentos humanistas de Castilla y Cataluña hasta el actualizarse de las tradiciones sobre la Atlántida y la Ultima Thule. Y ha sabido enlazarlas y ordenarlas, no en forma pesada o monótona, sino con gracia y finura digna del patrón literario que las inspira. Si Reyes esboza, él complementa. Todo ello implica, además del conocimiento de la obra alfonsina, caudal de erudición que se vierte—a lo largo de este estudio—sin alarde, como cosa natural y sencilla. Con esto, nuestro Carmelo ha logrado un texto básico para el estudio de la Edad Media vista a través del prisma mental de uno de los grandes pensadores de la América Hispana, en quien la original urdimbre de atisbos sobre el pasado prefigura aquella época como un período de incubación para el descubrimiento del Nuevo Mundo. De tal suerte, los siglos medios emergen como siglos intermedios, esto es, anticipadores de la presente realidad humana.

Alicia Reyes

Introducción

La Edad Media es un período que perteneció a las pretéritas generaciones europeas, pero su siempre viva imagen cultural sigue intrigando al hombre moderno en cualquier punto del orbe civilizado. La mente europea percibe ese momento histórico desde adentro bien sea con empatía o repulsa. Pero hay otra mente europea desgajada de su matriz originaria, la hispanoamericana, que se enrosca en esa matriz, pese al distinto ángulo de percepción debido a lejanías territoriales y múltiples cauces culturales. Alfonso de Monterrey, brote humano de un remoto paraje de la Nueva España subtropical, regresó a la antigua matriz sin rencor de coloniaje político o intelectual, por lo cual pudo contemplarla con mirada despejada y dejar atisbos seminales que merecen reconstruirse en una visión de conjunto.

Alfonso Reyes fue un alma pancrónica. Una mente abierta a todas las facetas del tiempo—al pasado, al presente, al futuro. Cara al pasado, lo meditó como pensador y lo sintió como artista, sacando de ello una visión más firme de lo anticipable y una emoción íntima de la historia, que sólo logra captar quien esté sumido en el devenir interminable de la acción humana. No hubo época próxima o remota que no sedujera su curiosidad mental. Se acercó a todo signo revelador de la presencia del hombre en el

1

mundo con una postura de estudioso singular—vivificador y vivificado ante el espectáculo de la vida que se va y a un tiempo se fija en la lengua y las obras. Establecida, pues, la continuidad de lo efímero, cada instante condensa en sí todo el pasado; y su intelecto, al captar esa dinámica, se reaviva con su propio conocimiento y halla el *ubi consistam* de lo real dentro de la inestabilidad en asecho. "Es el mundo mismo que se nos ha cambiado en torno, y que importa renovar los pertrechos, si no queremos acabar sitiados por el hambre del espíritu."[1] Sin tradición no hay renovación, ni hay enriquecimiento donde el pasado ya está perdido. Todo está en todo, y todos estamos en él. De ahí brota el resorte renovador: cosa que nos ayuda a entender por qué Alfonso Reyes se acercó a la totalidad del saber como una definición del contenido individual frente al acontecer histórico. "Nada puede sernos ajeno sino lo que ignoramos," aforismo siempre válido.[2] Por eso es autor universal; y mexicano universal se lo ha reconocido en longitud y latitud, puesto que lo nacional es un sello que matiza lo universal sin desvirtuarlo. "Ha de tenerse presente," afirma un estudioso del gran polígrafo, "que lo que da carácter a una obra de arte, lo que la sitúa en la cultura de un país, no es tanto el tema que un autor elige y desarrolla, cuanto la sensibilidad que externa al hacerlo. Y mexicana, mexicanísima es la sensibilidad de Alfonso Reyes."[3]

---

[1] Alfonso Reyes, *Tránsito de Amado Nervo*, en *Obras completas* (México: Fondo de Cultura Económica, 1958), vol. VIII, p. 10. Las citas alfonsinas que se incorporan en este trabajo están sacadas de esta monumental edición, indicándolas con la sigla *OC*, seguida del tomo en numerales romanos y de la página en guarismos arábigos.

[2] A. Reyes, "A vuelta de correo," *OC*, VIII, 439.

[3] José M. González de Mendoza, "Alfonso Reyes en sus libros más recientes," *RUM*, VIII (3–8–1953), reproducido en *PSAR*, II, 326. Volviendo sobre ese punto, Galo René Pérez, "Un caso de nobleza literaria," *Letras del Ecuador*, enero-marzo, 1955, lo define con tersa expresión "mexicano de nacionalidad, español por amor y universal por trascendencia"; cf. *PSAR*, II, 463. En el hombre de genio la nacionalidad es un simple matiz de la universalidad. Es lo que subraya Laura M. de Manzano, "La X en la frente," *FyL*, XLV–XLVI (1952), y *PSAR*, II, 202: "El autor mexicano puede ocuparse de cualquier tema universal sin dejar de ser, por eso, mexicano." Con más propiedad afirma Raúl Rangel Frías que Alfonso Reyes "realiza la vuelta del espíritu a sus lares patrios, suministrando un ejemplo y una indicación de la tarea por realizar en las más diversas dimensiones de la

La mente alfonsina tenía visión de conjunto y poder de síntesis. Lo demostró con sus cuantiosas monografías sobre varios aspectos del mundo clásico, crisol formador de muchas directrices actuales.[4] En cambio, el Medievo, que él conocía como

---

cultura hispano-americana" (Op. cit., II, 530). Raimundo Lazo dirige la mirada a la obra alfonsina y la considera universal porque "es mirador de inagotables perspectivas sobre el panorama de la vida" (Op. cit., II, 410). "Hombre de América y hombre universal por hondura y amplitud de su pensamiento," lo declara F. Jurado Padilla, "El mensaje de un gran humanista," La Voz del Interior (Córdoba, Argentina), 3-12-1954. La universalidad de Alfonso Reyes es una noción universalmente aceptada, que el sabio Leopoldo Zea ha enraizado en una de las categorías esenciales de lo americano: "La mente americana tiene un sentido más amplio de la universalidad, la pretendida universalidad que propugna Europa, frente a una actitud más estrecha y limitada, por nacionalista y regional, de ciertas mentes europeas": La filosofía en México (México: Ediciones Libro-Mex, 1955), p. 170. Para más indicaciones y nuevas facetas sobre ese punto fascinador de la personalidad de Alfonso Reyes, véase: Manuel Alcalá, "Alfonso Reyes, el mexicano universal," FyL, LIII-LIV (1954), 149-164; Alone, "Alfonso Reyes, El plano oblicuo," El Mercurio (Santiago de Chile), 26-9-1948; Juan J. Arreola, "Afortunado ejercitante en todos los géneros literarios," VUM, V (1955), 11; Walter Bara, "Aspects of Alfonso Reyes," Hispania, XXXIV (1951), 378; Emmanuel Carballo, "Alfonso Reyes, naturaleza de águila," RUM, VIII, No. 12 (1954), 25-26; RepAm, San José de Costa Rica, 15-8-1950; Antonio Gómez Robledo, "Alfonso Reyes, americano universal," CuA, XXIV (1965), 163-179; Ignacio Chávez, "Ejemplo vivo de la universalidad," CuA, XIX (1960), 14-16; Juan Ramón Jiménez, Españoles de tres mundos (Madrid: Afrodisio Aguado, 1960), p. 181; Pedro Juan, "Don Alfonso de América," RepAm, XLIX (1956), 136; Enrique Labrador Ruiz, "Alfonso Reyes, sabio sin resabio," Boletín de la Comisión Cubana de la UNESCO, IV, No. 9 (1955), 1-5; Félix Lisazo, "Un homenaje continental a Alfonso Reyes," El Mundo, La Habana, 24-8-1954, y "Visita a Alfonso Reyes," El Mundo, 15-5-1951; Elba T. Mata, "La cultura en Alfonso Reyes" (Tesis doctoral, Florida State University, 1964); Alfonso Menéndez Plancarte, "Nuestro don Alfonso el Sabio (amén de cosas mejores)," Nove, CXL, (1951), 1, 8; Victoria Ocampo, "Alfonso Reyes, mexicano y europeo," Sur, No. 264 (1960), 3-5; José Sanz y Díaz, "El homenaje continental a Alfonso Reyes," ND, XLII (1962), 106-109; Jesús Silva Herzog, "Alfonso Reyes, escritor, político, sociólogo y economista," Memoria del Colegio Nacional, VI, No. 1 (México, 1966), 53-72. En resumen, el resorte animador de la universalidad de Alfonso Reyes deriva del que también él es uno de "los que no quieren dejar el mundo tal como lo encontraron": De viva voz, OC, VIII, 118.

[4]Pocos escritores americanos han logrado una formación clásica parecida a la de Alfonso Reyes. Su extensa producción es inigualable e incluye numerosos trabajos sobre el mundo greco-latino; a saber: La crítica en la edad ateniense, OC, XIII, 15-348; La antigua retórica, OC, XIII, 349-558; Religión griega, OC, XVI, 19-338; Mitología griega, OC, XVI, 339-574; Los héroes, OC, XVII, 27-232; Junta de sombras, OC, XVII, 233-535; Estudios helénicos, OC, XVIII, 21-190; El triángulo hegeo, OC, XVIII, 191-290; La jornada aquea, OC, XVIII, 291-314; Geógrafos del mundo antiguo, OC, XVIII, 315-368; Algo más sobre los historia-

3

quien más, está representado en su obra de un modo fragmentario, así como esparcido en una galaxia de intuiciones que a cada rato acusan la hondura del substrato. El pasado alude constantemente a lo venidero, y por eso intriga y seduce. La reconstrucción del pensamiento alfonsino sobre la base del panorama medieval es remuneradora, aunque no carezca de riesgos. "La vara de medir no se mide a sí misma," afirma Alfonso Reyes con sencillez sibilina.[5] Es cierto que hay riesgos en tomarle la medida a la vara de un gran intelecto. Siempre habrá aproximaciones o excesos en todo atisbo que mire a reconstruir el conjunto guiándose por el fragmento, o la imagen inspirándose en el chispazo. Pero es una aventura deleitosa, puesto que el ilustre ensayista no escribió nunca bajo la presión de emociones espurias, sentimientos negativos o estímulos agresivos. El hombre —el padre de sus obras —es hijo de sus obras; y Alfonso Reyes es "un maestro no sólo de sabiduría y belleza, sino de viva e inagotable bondad, de la honda cordialidad humana."[6] El simple recuerdo de esa bella persona alienta a asomarse al espectáculo de lo medieval para captar la totalidad que se configuró en los chispazos asistemáticos arrojados como zarabanda de meteoros en su vasta obra. El resultado acaso sea obra de mosaico. Enhorabuena: porque siempre nos ha de aleccionar entreteniéndonos el que redimió lo serio con deleite y lo ligero con hondura. La re-creación puede llegar a ser recrea-

dores alejandrinos, OC, XVIII, 369–432; Los poemas homéricos, OC, XIX, 23–90; La Ilíada, OC, XIX, 91–340; La afición de Grecia, OC, XIX, 341–411. Véase también: Juan A. Ayala, "El pensamiento clásico de Alfonso Reyes," AyL, III (1960), 33–52; Jorge Campos, "Grecia y Méjico en Alfonso Reyes," Insula, XVI, No. 186 (1962), 11; Jean Cassou, "Un verdadero humanista," ALi, 13–6–1940; Ingemar Düring, Alfonso Reyes helenista (Madrid: Ínsula, 1955); Paul Luenow, Jr., "Alfonso Reyes, Mexican Humanist" (Tesis de maestría, University of Washington, 1947); Luis Recaséns Siches, "El humanismo de Alfonso Reyes," FyL, XLIII-XLV (1953), 165–171; E. Rodríguez Monegal, "José Enrique Rodó y Alfonso Reyes," Agón, II (Montevideo, 1954), 6–7.
    [5]A. Reyes, El deslinde, OC, XV, 80.
    [6]José María Chacón y Calvo, "Alfonso Reyes profesor en La Habana," Diario de la Marina 17–7–1946. En otro artículo del mismo autor, "Alfonso Reyes en Madrid," Diario de la Marina, 19–9–1954, se pone en relieve la autoridad ejemplar de Alfonso Reyes como hombre activo y especulativo; esto es, "su heroísmo moral" que le permite realizarse aun en las condiciones menos favorables.

ción porque dirige la puntería hacia el *doble fondo invisible* en que se enlaza el autor con su obra.[7]

El genio de Alfonso Reyes tiene autoridad y encanto por descansar en un equilibrio de imponderables y por reaccionar con igual vigor y rigor contra "los que piensan que para ser profundos hay que escribir pedantemente, con materiales de mampostería, y también contra los que pretenden que para escribir bellamente, hay que escribir cosas vacías."[8] La verdad es que "ningún escritor hispanoamericano ha logrado, como Alfonso Reyes, aunar en su pensamiento y su estilo (identificando estilo y pensamiento) la erudición con la gracia y ambas con la agudeza crítica."[9]

La contemplación del Medievo a través de la mirada del gran mexicano es un redescubrimiento de la vieja Europa y de la no menos añeja España por parte de uno de sus retoños criollos, quien vuelve a las remotas fuentes de nuestra cultura con intuición americana y con la vasta mirada de "una solitaria águila azteca."[10] Seguirlo es elevarse a la altura de su vuelo. Apreciarlo es

---

[7]Cf. A. Reyes, *Reloj de sol, OC,* IV, 450–451: "Yo siempre escribo bajo el estímulo de sentimientos—¿cómo diré?—constructivos. Lo que me deprime o me angustia nunca es fuente de inspiración en mí"; y sigue aclarando que la síntesis se verifica en el maridaje de razón y sentimiento—a la manera clásica; place añadir: "Cuando se me pregunta por un libro mío, corro el riesgo de contestar algo que no corresponde al libro en cuestión, sino a ese doble fondo invisible que las obras tienen a los ojos de su creador: a ese otro libro no escrito, de que el libro publicado es sólo un efecto final, hemisferio visible; a ese libro fantástico que nunca conocen los lectores, y que los críticos nos esforzamos a veces por adivinar." Es que de la flor se adivina la planta, y de la planta se intuye el humus subyacente. En el fondo, también nuestro esfuerzo por reconstruir el cañamazo subliminar de la visión del Medievo en Alfonso Reyes se inspira en ese propósito, confiando un poco en el dato y otro poco en la intuición.

[8]Benjamín Carrión, "Alfonso Reyes. La X en la frente," *NacionM,* 11–12–1955. José María Chacón Calvo, en su excelente artículo sobre "La cortesía y las letras," *Diario de la Marina,* 5–9–1948, destaca como "la erudición no era lo sustantivo en Reyes: lo era, en cambio, el ensayismo creador, la fecunda divagación poética." Y Margos de Villanueva, "Alfonso Reyes," *Nove,* 13–10–1954, capta la emoción de su inmenso saber en el hecho de que lo anima algo vital: "Su saber está nudrido de sangre, calor y fuego." Con bella antítesis nos dice un admirador alfonsino que don Alfonso, "si filósofo, tiene la agravante de ser poeta": véase Enrique González Casanova, "El suicida cumple años," *Páginas y Letras,* México, 15–4–1954.

[9]Alberto Zum Felde, *Indice crítico de la literatura hispanoamericana. El ensayo y la crítica* (México: Editorial Guarania, 1954), p. 549.

[10]Emmanuel Carballo, "Alfonso Reyes, naturaleza de águila," *loc. cit.*

5

enaltecerse por el alcance de su mérito. Y como cada sendero tiene su atolladero, nos entregamos a ese vuelo retrospectivo con recato por el esfuerzo propio, pero sí con confianza por el asunto a manos. La reconstrucción del pensamiento de un grande se justifica por sus mismas palabras: "El objeto de la erudición literaria es restaurar laboriosamente el pasado espiritual de un pueblo, no por inexcusable capricho, sino para reincorporarlo algún día en la vida común, enriqueciéndola así y depurándola con vacunas de la propia sangre."[11] ¿Huelga añadir más?

---

[11]A. Reyes, *Capítulos de literatura española. Primera serie, OC*, VI, 20–21.

I
La Visión Histórica

Alfonso Reyes tuvo una visión cabal de todas las edades, y por cierto con una perspectiva más compacta que la del historiador a secas, gracias a su sensibilidad artística que le permite identificarse con las fuerzas vitales del pasado, y a su asombroso saber, que maneja como instrumento auxiliar de una mente alerta e investigadora. De su alcance se ha dicho que "el saber caudaloso de Alfonso Reyes no tiene fronteras ni límites de tiempo."[1] De su disciplina responde tanto la cohesión como el rigor metodológico—reflejo, con toda probabilidad, de los estudios llevados a cabo bajo la dirección de don Ramón Menéndez Pidal en el Centro de Estudios Históricos.[2] Según queda indicado, el Medievo no lo

---

[1]José María Chacón y Calvo, "Grata compañía. Tezontle. México," *Diario de la Marina*, 4-4-1948.

[2]Emir Rodríguez Monegal, "Alfonso Reyes, crítico y erudito," *PSAR*, II, 26–30. El mismo Alfonso Reyes recuerda con nostálgico cariño a "Don Ramón Menéndez Pidal, nuestro común maestro": *Norte y Sur*, OC, IX 180. Cf. también *Vísperas de España*, OC, II, 41; Luis G. Urbina, "Madrid se despide de Alfonso Reyes," *UniversalM*, 11-5-1924; Bárbara Aponte, "El diálogo entre Alfonso Reyes y Ramón Menéndez Pidal," en *Presencia de Alfonso Reyes. Homenaje en el X aniversario de su muerte (1959–1969)*, (México: Fondo de Cultura Económica, 1969), p. 16. La rigurosa formación recibida por Alfonso Reyes en contacto con el Centro le confirió un carisma de liderazgo intelectual entre los representantes de su

recorrió con la sistemática paciencia del filólogo, sino con la intuitiva penetración del ensayista creador, que arroja chispazos hasta los abismos del pasado con sólo enfocar su atención en unos cuantos puntos de interés. A continuación trataremos de enmarcar la meditación del gran ensayista en una continuidad cultural, desde la alta Edad Media hasta su fraccionamiento en grupos nacionales más a menos definidos.

Continuidad y distinciones.—¿Cuándo empieza la Edad Media para Alfonso Reyes? Sería una perogrullada contestar que al finalizar la Antigüedad. En la práctica, nuestro autor se adhiere al concepto de *continuidad* en el acontecer histórico, por lo cual las determinaciones cronológicas en materia de grandes eras tienen sus más y menos. Repárese en sus propias palabras: "Ya nadie pone en duda—si es que alguna vez aconteció—que la Edad Media y las postrimerías de la Antigüedad se impliquen mutuamente, y que no es lícito trazar entre ellas líneas divisorias."[3] Eso plantea su dificultad—y como toda dificultad, no se resuelve ignorándola. El hombre no puede aislarse del tiempo, ni en cuanto lo vive ni en cuanto lo evoca. Al enfrentarse a ese problema, el pensador mexicano concibe siete edades en el curso de la civilización occidental; a saber: (1) La edad ateniense (600-300 a.J.C.); (2) la edad alejandrina (300 a.J.C.-comienzos del siglo I de nuestra era); (3) la edad romana del humanismo occidental (168 a.J.C.-530 d.J.C.); (4) la edad romana del humanismo oriental (I siglo-530 d.J.C.); (5) la edad media oriental, o civilización bizantina (530-1453 d.J.C.); (6) la edad media occidental, o civilización latina (530-1350); (7) la edad moderna (desde 1350 en adelante):

---

generación, bien apropiadamente definidos como "las cuatro columnas sobre las cuales descansa el Ateneo de la Juventud" por el pensativo don Luis Leal, "La generación del centenario," *Hispania*, XXXVII (1954), p. 427. De ahí arranca la obra de trasiego cultural a la cual se refiere Prudente Moraes Neto, "Chrónica literaria. Alfonso Reyes, El testimonio de Juan Peña. Río 1930," A Orden, Agosto 1930, pp. 108-112, con la siguiente afirmación: "Todas essas qualidades que se diriam o património de alguns europeus, êle as incorporou e de forma tal conseguiu adaptá-las à espressão do seu modo de sêr nacional, que não é preciso mais para nos considerarmos para sempre desligados de uma certa noção do barrôco e do esótico e para nos convencermos de que realmente é chegada a 'hora da América.'"

[3] A. Reyes, *Junta de sombras*, OC, XVII, 520.

8

edad que saluda con el epígrafe dantesco "*Incipit vita nova*."[4] Bajo ese concepto, el año 530 de la era cristiana representa el punto de arranque de la Edad Media según va definiéndose en sus dos vertientes ya iniciadas en el seno del mismo Imperio romano y por primera vez sancionadas políticamente con la repartición de Diocleciano. Es una fecha aproximada, y como tal válida como punto de referencia en el *continuum* histórico.

Como el tiempo puede separarse sólo en abstracto del espacio, con los cambios culturales se establecen "siete orbes" o zonas, que pasamos a clasificar según el patrón alfonsino: (1) el orbe occidental, al cual pertenece también el mundo hispano; (2) el orbe cristiano-ortodoxo o bizantino, en la Europa oriental, Rusia inclusive; (3) el orbe islámico, desde Norte África hasta el lejano Oriente; (4) el orbe hindú, en la India y cercanías; (5) el orbe extremo-oriental, en la zona sur y centro-oriental de Asia; (6) el orbe monofisita, en Armenia, Mesopotamia, Egipto, Abisinia, Kurdistán, Malabar, inclusive los judíos y los parsis; (7) el orbe budista-lamiano, en el Tibet, la Mongolia, Ceilán, Burma, Siam e India (los jainianos).[5] Ese panorama se ha mantenido más o

---

[4] A. Reyes, *La crítica en la edad ateniense*, OC, XIII, 20.
[5] A. Reyes, *Tentativas y orientaciones*, OC, XI, 281. Repárese en que la coincidencia de siete evos temporales en siete órbitas espaciales es casual. La verdad es que nuestro pensador ve en la historia una dialéctica que tiende a unificar todos los miembros culturales y étnicos en un conjunto unitario. La visión sintética emerge de la apretada presentación que él hace, con un cierto optimismo que no ignora el tributo de sangre y sufrimientos impuestos sobre el género humano a lo largo de ese turbulento itinerario en el que estamos metidos desde hace unos seis mil años. Dentro de ese recorrido, la Edad Media es una prolongación de la misma Era Mediterránea, que consta de los siguientes ciclos: "1. Reducto de civilizaciones fluviales y aisladas como la criatura en su cuna; Nilo, Mesopotamia (también en el Oriente, el Indo y el Ganges, el Río Amarillo). Agricultura, urbanización, irrigación, canalización de territorios. 2. Civilización marítima que derrama los frutos acumulados y crea el gran tráfico comercial: Creta, los fenicios, los griegos. 3. La *homónoia* o primera o efímera unificación intentada por Alejandro, sin duda inspirándose en el ejemplo de los faraones guerreros y de los monarcas persas conquistadores, pero con un ideal definido de gran nivelación humana. 4. La unificación romana, que comienza a remontar por Europa y añade, al tráfico marítimo, la creación de las carreteras, sólo superadas en el siglo XIX. 5. El cambio entre el Imperio y los bárbaros nórdicos, en que comienzan a perfilarse los nuevos Estados europeos, y acontece la división del Imperio de Oriente y el de Occidente. 6. La invasión de los mahometanos desde el sur, no bárbaros como los nórdicos, sino en algunos respectos más adelantados

menos estable por más de doce siglos, con la advertencia de que las cinco primeras zonas han sido más dinámicas que las demás. En cuanto al mundo occidental, su perfil definitivo se aclaró a comienzos de la Edad Media, aproximadamente al originarse el islamismo, con el cual tuvo frecuentes conflictos casi como para definir su distinción y acentuarla por contraste. "La sociedad occidental," anota Alfonso Reyes, "aparece ya formada a fines del siglo VII; fracasa en su intento primero de expansión—las Cruzadas—y sólo a fines del siglo XV emprende la gran expansión que habrá de ponerla en contacto con la gente desconocida."[6] El entronque de la cultura anterior con las nuevas orientaciones

que los europeos, que va dando nueva configuración a las zonas orientales y meridionales del Imperio. 7. Los musulmanes dominan los puentes entre el Occidente y el Oriente y atajan el desarrollo del cristianismo romano. Las Cruzadas se esfuerzan por arrebatar, con el Santo Sepulcro, esas vías del comercio, debilitando el poderío musulmán. 8. Al final de la Era Mediterránea, aparición de otra cuenca secundaria y unida a la anterior por los grandes ríos europeos, cuyo tráfico se vuelca sobre Génova y Venecia. Tal es la cuenca hanseática, en los litorales del Báltico y del Mar del Norte": (*Loc. cit.*, pp. 293–294). Esa visión de conjunto hilvanada alrededor de una dinámica inmanente es una faceta de la *alfonsecuencia*, una dichosa haplología acuñada por Eduardo González Lanuza, "Alfonso Reyes o la conciencia del oficio," *CuA*, XIV, No. 7 (1953), pp. 226–282.
[6]A. Reyes, *loc. cit.*, p. 281. Huelga anotar el juego filosófico al cual el gran ensayista mexicano aplica su concepción de la historia apelando a una antigua teoría china—la del Yin y Yang, vista como una forma de aliento universal en constante contracción y expansión para el logro de un equilibrio escurridizo. La interacción de ese dualismo de conceptos antagónicos determina el movimiento de sístole y diástole del acontecer, con sus antinomias coesenciales de paz y guerra, reposo y torbellino. En la trayectoria del pensamiento occidental, parece que semejante visión dualística de la vida se desarrolló independientemente de la teoría china y apareció con un original pensador greco-siciliano, Empédocles de Agrigento (VI–V a. J.C.), antes que los movimientos religiosos del mitraísmo, zoroastrismo, gnosticismo y maniqueísmo divulgaran tal forma de interpretar la vida dentro del Imperio romano. Dejando a un lado la dialéctica de atracción y repulsa de Empédocles, place anotar la aplicación del dualismo chino en el momento formativo de la Edad Media: "Hacia el año 630, las Galias estaban del todo asentadas ya en el catolicismo. La herejía arriana, que alcanzó un sentido de filosofía para la clase armada, estaba vencida. Sus últimos generales y sus guarniciones en Italia y en España se habían convertido a la ortodoxia, y los del África septentrional habían sido derrotados por un emperador católico. Alcanzando el Yin, se agota su cuadro de energía. Y súbitamente, el Yang cabalga sobre los caballos de Arabia, gana batallas sobre Siria, pisa sobre el Yarmuk y la Mesopotamia, ataca a Egipto, se atreve contra el prestigio de Roma, doma al norte de África, hace incursiones en el Asia Menor, amenaza a Constantinopla; y en el término de una vida humana, cruza Gibraltar y se desborda sobre la Península Ibérica; rompe por la Francia del Norte hasta la región que va de Poitiers a Tours.

aportadas por el cristianismo imprimió un nuevo sello en el Medievo. En las complicadas crisis económicas y sociales determinadas dentro del Imperio, se originó una mezcla de sangre entre los invasores góticos y los invadidos—siendo éstos muy heterogéneos tanto cultural como racialmente. Sobre esa mezcla de sangre se cimentó el substrato oriental del mundo occidental, según anota nuestro autor: "El proceso de las nuevas mudanzas— tránsito de la Antigüedad a la Era Moderna—ha de rastrearse en la creciente orientalización de la cultura grecorromana, base de nuestro orbe occidental."[7]

El caudal de influencias que Alfonso Reyes viene trazando presenta el cuadro histórico del incipiente Medievo como el resultado de varias corrientes de origen oriental. Partia, una región ubicada entre la India y el mundo occidental, había sido un eslabón en el proceso de trasiego cultural desde los siglos anteriores. Los magos de Capadocia habían extendido su poder oculto sobre la imaginación de los romanos. Una nueva y oblicua manera de concebir el mundo llegaba del viejo Ponto. Egipto, uno de los reinos epígonos de la herencia alejandrina, había desarrollado una nueva síntesis cultural, en la cual se naturalizaban lo autóctono y las lejanas huellas orientales en la expresión de la koiné helenista. El reino de Judea había tenido su añeja cultura, personalísima y confiada en su validez, y siguió actuando, después del desastre político, en los numerosos centros judaicos establecidos dentro del Imperio romano. Y aunque tales centros no se distinguían por su alcance numérico, lo cierto es que sus miembros estaban atados a sus tradiciones y creencias. En realidad, Roma, la metrópoli, era el centro galvanizador de las culturas periféricas, y tras la presión del expansionismo guerrero, adoptaba una política de cosmopolitismo cultural.

Lo exótico, con harta probabilidad, se aceptaba más con espíritu de curiosidad que con interés crítico o analítico; pero

---

Replegado hasta los Pirineos, se agarra en España, domina de extremo a extremo el arco inferior del Mediterráneo, sujeta las islas, funda cuarteles hasta en los litorales de Italia y de las Galias, destroza la monarquía persa. Si al cabo no se queda con la mitad del mundo cristiano-romano será porque, fuera de España, no ha sabido colonizar, sino sólo cruzar las tierras al galope, como hijo, al fin, de los desiertos" (*Loc. cit.*, p. 240).

[7] A. Reyes, *Junta de sombras*, OC, XVII, 521.

11

ejercía lo mismo su atractivo y se adhería en varias formas al tronco latino. Los esclavos orientales no constituían un simple lastre demográfico. Formaban un estrato social con mucho apego a las culturas de las cuales habían sido arrancados contra su propia voluntad. Con ellos coexistía otra capa de orientales que inmigraban a Roma atraídos por sus encantos especiosos y su lujo, por sus vicios y virtudes, por su sugestión y aventura, y hasta por su variedad cultural dentro de una estructura política monolítica. Otros acudían a la metrópoli seducidos por las oportunidades económicas que ofrecía a traficantes, corredores, importadores, solicitantes, procuradores multilingües, intermediarios políticos y comerciales, en breve, la casta de hacedores y deshacedores de servicios, negocios y protecciones. Todo eso determinó un impacto de la sangre oriental en las estructuras culturales de la sociedad latina en la transición de la Antigüedad a los siglos medios. Su influencia se deduce de ciertas reacciones defensivas en plena Edad Media. Por ejemplo, en el siglo VI d.J.C., Gregorio de Tours alude al monopolio de los sirios sobre el comercio de Francia, dando así a entender la variedad de intereses e influencias que fermentaban en las entrañas del proceso cultural durante la época post-imperial: "Apréciese así la complejidad de los rasgos que determinan la fisonomía de la Edad Media."[8]

Tras un período de ósmosis racial, sucede uno de conflicto entre Oriente y Occidente, trabado bajo la insignia ideológica de cristianismo e islamismo, la cruz y al-Kaaba. Pero el Oriente imperial nunca perdió la conciencia de su mellizaje con la otra mitad del Imperio romano. Lo que sí perdió en la lucha externa y en su rigorismo político interior fue la energía y la capacidad de renovarse. Su perfil histórico es enigmático, como la esfinge helénica amoldada por la presión de opuestas culturas. "Es la Bizancio medieval," afirma nuestro autor, "que se apasiona por la naturaleza una y doble del Verbo Encarnado, y como en el delicioso cuento de Jules Lemaître, lleva la fascinación de sus enigmas hasta la tiebieza de las alcobas galantes."[9]

---

[8] *Loc. cit.*, p. 534.
[9] A. Reyes, *Estudios helénicos*, OC, XVIII, 100. Su eco actual es un contraste en que la decadencia presente queda acentuada por efecto de los recuerdos

Sobre su extraña masa humana y su exótica silueta arquitectónica se levanta una imagen mujeril, avatar humano de la intriga bizantina—Teodora—, a quien nuestro autor retrata con una vivacidad evocadora que la hace más viva de lo que acaso no fuera en vida.[10] Después de pocos destellos, el Imperio bizantino quedó atrapado en su proprio—¿qué diremos?—bizantinismo, y en el mundo medieval los papas de la Iglesia latina lograron imponer la antigua noción de unidad romana por encima del amorfo nacionalismo de los invasores góticos. Papado romano y monarquías germánicas terminaron por coexistir durante todo el Medievo, pese al inherente conflicto de intereses temporales que los enfrentaba uno a otro por considerarse los dos herederos intestados de los mismos despojos imperiales. Como siempre, en el conflicto entre dos movimientos, la idea es más tenaz que el simple poder, y la fe apoyada en la idea acaba por triunfar. Recuérdese que la antigua Grecia vencida había domado a su vencedor. El hecho volvió a repetirse en la Edad Media: "La misma alma latina transportó a los hombres desde el paganismo al cristianismo, y es seguro que mañana lo habrá transportado a otro sueño de felicidad más completa."[11]

históricos: "Van a Bizancio; Bizancio, que hoy—por comparación con los tiempos clásicos—sugiere ideas de decadencia, pero que es, durante la Edad Media, el foco más intenso de atracción para los europeos". Véase *Simpatías y diferencias, OC,* IV, 139.

[10]El retrato de la intrigante soberana bizantina es uno de los más vívidos salidos de la pluma evocadora de Alfonso Reyes: "Pues la emperatriz Teodora, la hija del guardián de osos del Circo, la que se exhibía desnuda en la adolescencia, cubierto el cuerpo de semillas donde iban a picotear las palomas, la que más tarde consumió su fuego lascivo con los mercaderes del África y del Asia, la prostituta cuya sensualidad ascendió desde los más bajos fondos de la lujuria hasta el misticismo del dominio universal y cuyos ojos inmóviles tenían las fascinaciones del diamante, ésa vivía ya en las imaginaciones de la libidinosidad y del miedo, transfigurada en un dechado de horror y de belleza": *Junta de sombra, OC,* XVII, 464-465. La iconografía artística de Alfonso Reyes ha sido icásticamente definida por Germán Arciniegas, "Letras de la Nueva España," *Occidental,* Bogotá, y *PSAR,* II, 103: "Las estampas de cada período . . . son escritas al aguafuerte."

[11]A. Reyes, *Tentativas y orientaciones, OC,* XI, 174. Sobre ese punto hace hincapié nuestro autor en otro pasaje de la misma obra: "Durante las crisis que suceden, la Iglesia Cristiana transporta las herencias de la cultura clásica. Y las condiciones económicas y geográficas se organizan en el sistema feudal. Gradualmente comienzan a dibujarse los nuevos Estados del Occidente y de la Europa Central" (p. 299).

13

Iglesia y sociedad.—La Iglesia fue la institución absorbente de la Edad Media. La Iglesia fue la Edad Media. Una vez organizada, la vida espiritual influyó por su conducto sobre las actividades prácticas, puesto que desde el bautizo hasta la extremaunción se quedaba hipotecada toda la existencia del individuo en este mundo, sin contar las promesas de abrir las puertas del cielo en la otra vida o de movilizar, por la fe, los sufragios de los sobrevividos a fin de adelantar la salvación de las almas que se quedaban a medio andar entre el infierno y la gloria. Asimismo, la Iglesia proporcionaba un sentido consolador de la historia para el hombre colectivo enredado en la telaraña de contradicciones del poder, la riqueza, la sumisión, la pobreza, los goces, los honores, los sufrimientos. "La Edad Media, al calor de la idea religiosa, introduce en la historia un nuevo concepto providencialista que, por una parte, ensancha el sentido del tiempo histórico . . . y, por otra, considera a la humanidad toda como un solo hombre conducido por el Creador hacia la rendención," afirma el ilustre mexicano, al paso que subraya la larga tradición de pensadores dedicados a esa noción: "San Agustín anuncia a Bossuet. En Paulo Orosio, la historia es lección y castigo, desfile de calamidades: *Moesta Mundi*. Pero, sobre este concepto básico, las obras históricas medievales pronto se deshacen en crónicas e inventarios."[12] Ese contraste no sólo refleja la divergencia entre teoría y aplicación, entre la filosofía de la historia y las recapitulaciones de acontecimientos y personajes históricos, sino que apunta hacia una situación antitética dentro del mundo medieval. Por un lado existía una Iglesia monolítica, apoyada en un cuerpo de doctrinas racionalmente entretejidas en el cañamazo de su unidad; por el otro, los estados temporales trataban de sobrevivir con una estabilidad más o menos precaria.

---

[12] A. Reyes, *El deslinde, OC, XV, 126*. En ese providencialismo se resolvía el conflicto del problema social hallando una solución para algo de suyo insoluble, según anota nuestro autor en *Norte y Sur, OC*, IX, 174: "El problema social es el aaaa más aampleje entre les preblemas nermatiues. ¿Puede resolverse? Sólo escogerse y preferirse. A menos que se caiga en la noción providencialista que considera el Estado jurídico como efecto de la armonía a lo Bastiat: en la Antigüedad, el Cosmos; en la Edad Media, Dios; en la Moderna, ese demiurgo de Henry George que parece haber ideado, de toda eternidad, una manera natural de aplicar los impuestos."

La Iglesia fomentaba su acción política respaldándose en su propia doctrina. A cada generación, iba acentuando aqueste o aquel principio inmutable de entre sus dogmas, con arreglo a las cambiantes condiciones prácticas, y de tal suerte establecía una coherencia superior por encima de la aparente irracionalidad de los acontecimientos humanos y justificaba su universalidad. Su poder temporal descansaba sobre esa intemporalidad que parecía manejar a la historia, aunque estuviera fuera de ella. Lo eterno, o la institución que lo reclamaba, imponía una dirección a los indefinidos o aún mal definidos conceptos de estado, nacionalidad y territorialidad en formación. "En la ecumene medieval, los reinos eran fracciones subsidiarias del inmenso orbe cristiano. Y ya da mucho que pensar, sobre el carácter contingente de los Estados, el hecho de que el de Lotario, en el siglo IX, no correspondía a ninguna de las actuales fronteras europeas."[13]

El entronque entre la tradición latina en manos de la Iglesia y el esfuerzo de adaptación a esa mentalidad entre los caudillos germánicos produjo el nuevo orden que fue paulatinamente modificándose a través de los siglos. Las condiciones no eran ideales. Como siempre, la Iglesia sabía hallar la solución entre la necesidad de un orden estable y la presión de los impulsos anárquicos del individuo reacio a amoldarse a la fuerza conformadora de las instituciones aceptadas.

El orden establecido era opresivo, porque los recursos eran limitados, la principal fuente de riqueza era la tierra, y sus productos se sacaban con un esfuerzo ingrato y agobiador. "Cuanto al sistema económico," subraya nuestro ensayista, "rey, obispo y señor pesaban como peso acumulado sobre el labriego, siervo del terruño y bestia de arar él también; y en las ciudades, los gremios de artesanos vivían sometidos a una fatalidad de oficio. Todo ello, feudalismo, Edad Media. Bien se ha dicho que Carlomagno, Julio César, Pisístrato o Hamurabi no hubieran sentido extrañez en la

---

[13]A. Reyes, *Tentativas y orientaciones*, OC, XI, 273–274. Repárese en ese mismo pasaje sobre la noción de territorialidad como residuo esclerótico de viejas estructuras políticas y sociales cristalizadas sobre "aquella ecumene en que vivió la Edad Media antes de repartirse en naciones o antes de que sus parroquias —lejanas herederas del sentimiento tribal—se hincharan hasta asumir los contornos de las naciones modernas."

sociedad económica de un Luis XIV, un Federico el Grande, un Jorge III."[14] El mundo medieval estaba lejos de una organización adecuada para las necesidades que no fueran elementales. La artesanía actuaba para un mercado local, pese a que los altos hornos son una "conquista de los medievales."[15] La actividad refractaria a las faenas productivas o rutinarias fue encauzada hacia fines ideales, demostrando una vez más que la Iglesia universal lograba armonizar el amor y la lucha, la protección y el ataque, la rebeldía y la fe, aunando a los seres más individualistas bajo el broquel de comunes propósitos e inspirando a los activistas en los más nobles proyectos. "Donde más se descubre el ideal de la vida activa es en la caballería andante. Piérdense allí los pretextos morales o ajenos al solo gusto de la aventura. No queda más que el ánimo de empresa, aunque a veces disimulado con razones extrañas. Y a través de aquellos siglos prospera el ímpetu caballeresco como un filón de anarquía: más directo, sin embargo, en su acción purificadora que los recursos de la ley."[16]

En esa época, la mujer compartió los altibajos del varón, pues con su hombre se halló atada a la estratificación opresora de las clases sociales. En principio, tuvo una función subalterna dentro de la Iglesia: fue su baluarte más firme—sigue siéndolo en los países católicos—sin promesa ni esperanza de adelanto en el escalafón de la jerarquía eclesiástica. La Caballería vino a ofrecer apoyo a la mujer desvalida; a la mujer superior, le brindó cortejo, admiración, dedicatoria de triunfos, homenaje de servicio y sentimientos.[17] Por otro lado, la corriente puritana del clero fomentaba

[14]A. Reyes, *Historia de un siglo*, OC, V, 19.
[15]A. Reyes, *Estudios helénicos*, OC, XVIII, 38.
[16]A. Reyes, *El suicida*, OC, III, 275. Ese ideal resucitó una imagen del mundo homérico en la Edad Media, según anota el gran ensayista en *Mitología griega. Los héroes*, OC, XVII, 166: "El amor y las armas son los dos polos de la vida caballeresca. La gente de las Cruzadas vio en la historia de Troya una imagen de sus intereses y pasiones."
[17]A. Reyes, *El cazador*, OC, III, 175, subraya la ambivalencia de actitudes que la Edad Media tuvo frente a la mujer: "Es la mujer dispensadora de vicios y virtudes, ánfora del bien y del mal. Ultimo fruto de aquella invención medieval que comenzó con las ráfagas de la epopeya, y luego se enriqueció de fábula, degenerando, al 'dialectizarse', en los libros de caballería."

un misoginismo rebozado, ciertos indicios del cual pueden percibirse en la fortuna del mito de una mujer legendaria y fatal—Lilith.[18] Es cierto que algunos pensadores cristianos veían en la mujer la presencia de un elemento diabólico—la tentación—, pero la Iglesia era una institución demasiado amplia y, por ser tal, hallaba el modo de suavizar las asperidades en las ideas y la conducta. Por eso, rehabilitó a la mujer en el bajo Medievo, sobre todo en los movimientos literarios, que si no fueron siempre ortodoxos, sí fueron creyentes.

En materia de superioridad e inferioridad, la Iglesia nunca logró conciliar el dualismo entre la naturaleza humana y la espiritual del ser humano. "La Edad Media, aunque afirma la superioridad del alma, cede en el punto de la inferioridad natural," reconoce el ilustre polígrafo apoyándose en las ideas del filósofo Gentile.[19] La denigración del cuerpo humano parecía servir el propósito de encumbrar la esencia espiritual, que venía a ser lo genuino de la persona. En la práctica, su exageración llegó a tal punto que el papa Inocencio III, en su tratado *De humana miseria*, volvió a la teoría de los cuatro elementos para demostrar que el hombre era barro en lo físico (*Pulvis es, et in pulverem reverteris*), y por lo tanto inferior a los otros seres. A la postre, las plantas dan frutos y flores, pero el hombre no produce más que excrementos. Trátase de un pesimismo extremado—masoquismo, acaso—que contrastaba con el fondo básicamente antropomórfico heredado de la tradición judaica y absorbido, por ósmosis cultural, del medio pagano. Repárese, en ese respecto, en la meditación de nuestro autor sobre la enraizada creencia de que "Dios hizo al hombre a su imagen y semejanza, y el arte religioso nos ha educado para

---

[18]Nuestro autor traza una trayectoria rápida de esa enigmática mujer en *Apuntes para la teoría literaria*, OC, XV, 435: "La leyenda de Lilith, la primera mujer fatal, rival de Eva, misteriosa imagen sumera de la Caída, amante desposeída de Lucifer, atraviesa el *Fausto* como figura tempestuosa y—nube de mitos cambiantes—reaparece en *El fin de Satán*, de Victor Hugo. Límaco, San Jerónimo y Metodio la nombran con horror. En la alta Edad Media, es la tentadora que Adán repudia (*Libro de Adán y Eva*). En el siglo X, con San Romualdo, es el adulterio de Adán; y así la consideran Maimónides (siglo XII) y hasta Robert Burton (1557-1640), en su *Anatomía de la melancolía*. Y aún hay incontables testimonios, que llegan hasta nuestros días con Anatole France, Shaw, Apollinaire."

[19]Cf. A. Reyes, *Capítulos de literatura española. Segunda serie*, OC, VI, 233.

17

aceptar la figuración de lo divino bajo formas humanas. Y ello para nada perturba la creencia en un Dios sobrenatural."[20] La redención del alma ayudaba a mantener una ética uniforme con la promesa de la felicidad eterna y compensaba, a la vez, las estrecheces de la vida real. La vida cobraba un sentido propedéutico. Era un período transitorio de pruebas hacia algo definitivo. El azar era grande; la apuesta, eterna. Además, eso justificaba el carácter precario de la existencia. La pesadilla de la finitud universal se generalizó al concluirse el primer milenio.[21]

Las supersticiones se combinaban con las verdades afectando de distinto modo al hombre medieval. A modo de ejemplo, la esfericidad de la tierra era una noción casi universalmente aceptada, y si algunos pensadores cristianos la rechazaban, era por trasnochada oposición al pensamiento pagano o por considerarla en conflicto con la enseñanza bíblica. "En Italia la habían aceptado, para sólo citar nombres importantes, Santo Tomás, Dante, Petrarca, Cecco d'Ascoli e Fazio degli Uberti. Más tarde, Vinci y Toscanelli."[22] De todos modos, el conocimiento del planeta era muy reducido, y lo desconocido se convertía en objeto de asombro y leyenda, y ofrecía una forma de escape de la realidad o una manera singular de volver a encontrarse con ella. Depende de cómo se la vea.

Alfonso Reyes recoge un filón legendario que, a través de la

---

[20]A. Reyes, *Religión griega*, OC, XV, 89. En la práctica, la Iglesia medieval era bastante tolerante, más capaz de absorber ideas contrastantes y hasta no del todo ortodoxas, según destaca nuestro ensayista en *El deslinde*, OC, XV, 389: "Con la Edad Moderna, mucho menos clara que la Edad Media en su sentimiento de la ortodoxia —acaso por ser hija de concepciones heréticas—, sobrevienen efectos del desuso y agonía de procedimientos mentales, confusión opuesta a la de sus orígenes, y aparece la posibilidad de falsos deslindes. Algunos creen que el Modernismo no hubiera sido tan crudamente rechazado por la Iglesia Medieval. La Iglesia, en su madurez, conllevaba y absorbía algunas acciones irregulares que la secundaban por las fronteras: el franciscanismo, las Cruzadas, la mística de varias tendencias."

[21]El ilustre pensador mexicano entrevé el simbolismo mistagógico en los períodos milenarios, según anota en *Tentativas y orientaciones*, OC, XI, 200: "Un cierto instinto pitagórico hace que se consideren los números redondos como cifras fatídicas. Así fue en el año de Mil, así será el Dos Mil."

[22]A. Reyes, *Última Tule*, OC, XI, 27.

conciencia colectiva, desemboca al Nuevo Mundo antes que Colón recorriera la ruta oceánica. Era un mito muy arraigado que venía de luengas vías: "La tradición de la Atlántida, fecunda para la Antigüedad, produce las mitológicas Islas Afortunadas (donde también se refleja la concepción helénica de las Islas de los Bienaventurados o los Campos Eliseos), la Isla de las Siete Ciudades y la Isla de los Pájaros, entre otros muchos espejismos."[23] Aquellas leyendas y tradiciones folklóricas encerraban el anhelo individual y colectivo de alejarse de un reducido círculo de experiencias en que se sentían ahogados el hombre inquieto y todo el grupo social en contacto con la historia *in fieri*. Como siempre, el alma humana se veía arrebatada por el deseo de novedades culturales que vinieran a renovar las actividades y pensamientos acostumbrados, y por el ansia de nuevas estructuras sociales y políticas que ofrecieran otras alternativas de vida organizada. La popularidad de que gozó la leyenda del inmenso poderío del Preste Juan en el mundo medieval atestigua la recóndita aspiración hacia otros horizontes y nuevo orden. La imaginación alentaba la utopía, y el deseo soñaba con la posibilidad de realizarla. Para el mexicano universal, dos son las fuentes de la conciencia utópica en la Edad Media: (1) los cuentos relacionados con "las conquistas de Alejandro a fines de la Edad Clásica"; (2) la literatura que "la Edad Media enriqueció con su admirable aptitud para lo fabuloso."[24]

En la coexistencia de los varios grupos humanos no había racismo biológico, pero sí se hacía sentir la discriminación basada en los prejuicios religiosos. El pueblo hebreo, en la diáspora, seguía manteniendo el mito de ser el pueblo escogido, aunque la realidad histórica lo tenía atado a un medio usualmente hostil que aprovechaba con frecuencia sus talentos sin mucho reconoci-

---

[23]A. Reyes, *No hay tal lugar*, OC, XI, 345. En la tectónica visionaria del destino de América, este continente pesaba con su ausencia en la balanza terrestre, como si el lado europeo necesitara el contrapeso del lado opuesto, como si el organismo histórico medieval sintiera la falta de un miembro necesario para reintegrar su entereza. Es por eso que nuestro ensayista ubica a la *Última Tule* como una realidad presentida por la conciencia medieval: "Antes de hacerse sentir por su presencia, América se dejaba sentir por su ausencia" (*OC*, XI, 61).
[24]A. Reyes, *Los trabajos y los días*, OC, IX, 274.

miento. Los cristianos creían en el poder de la gracia divina sobre la vida humana, por lo cual también ellos tenían ciertas pretensiones a los privilegios divinos. Los judíos, por derecho hereditario; los cristianos, por naturalización religiosa. De todos modos, estos complejos, por así decirlo, de superioridad socio-religiosa no causaban verdaderos conflictos internos. Según Alfonso Reyes, la desconfianza de los cristianos para con los paganos o los de distinta fe "se templaba en la conmiseración y en el afán redentor; es decir, que creían en el mejoramiento del extraño en su círculo de creencias."[25]

De las tres leyes del mundo medieval—la judía, la cristiana y la mahometana—la última fue la que descompuso la paz y el orden político medieval, socavando el poder de los papas y monarcas occidentales. El encuentro crucial entre las dos culturas ocurrió entre la Península Ibérica y el Sur de Francia, y Alfonso Reyes, aunque a sabiendas de que la historia no admite preguntas hipotéticas, lo hace para subrayar la gravedad de la situación histórica: "Si Carlos Martel pierde a Poitiers, ¿qué hubiera detenido al mahometanismo en su incursión sobre la Europa gala y teutónica?"[26]

La mayor amenaza para el cristianismo tuvo lugar con la aparición de los turcos, quienes primero se convirtieron al islamismo y luego se apoderaron del poder de los musulmanes. Fanáticos e intransigentes, los turcos trataron de interrumpir el intercambio comercial entre los dos orbes, amenazando así no sólo el lujo del mundo occidental, sino también el comercio de las especies para la conservación de la carne en una época que carecía de refrigeración artificial. La cruda política expansionista de los neófitos imprimió una brusca virada al camino de la historia medieval, según anota nuestro ensayista: "El turco era un gue-

---

[25]A. Reyes, *Tentativas y orientaciones*, OC, XI, 243.
[26]*Loc. cit.*, p. 249. Y nótese que el peligro no fué solamente militar y político, puesto que el monoteísmo islámico introducía, con su simplificación absoluta, un elemento de orden y progreso en el pensamiento; lo cual, destaca el perspicaz ensayista, fue "la causa de que, en la Edad Media, la onda mahometana se haya apoderado de tantos pueblos, cansados de ergotismos y sutilezas": *Estudios helénicos*, OC, XVIII, 108.

rrero bárbaro y destructor, no un comerciante ilustrado como el árabe. Amenazaba destruir el cambio entre Oriente y Occidente, en que se fundaba la economía del mundo."[27] Las guerras religiosas tuvieron raíces económicas. Además, las cruzadas ofrecieron a los papas una oportunidad de afianzar su poder supernacional con una empresa de vasto alcance. Por eso no respondieron a la primera llamada los monarcas europeos, y en cambio, acudieron más tarde atraídos por las oportunidades políticas. Después, se echaron las bases de nuevos centros de poder, según destaca el célebre ensayista mexicano: "Para esta época, el faro de la historia pone en evidencia otro mar interior, sucursal del Mediterráneo, más o menos encerrado entre la costa europea que sube oblicuamente desde Brujas hasta Novgorod, remata arriba en el golfo de Botnia, tiene la Britania al Poniente, y está partido también en dos senos: el Mar del Norte y el Mar Báltico. Este mar se relaciona comercialmente con el Mediterráneo por Venecia y Génova y el camino que, cruzando los Alpes, encontraba el valle del Rin por ahí a las costas septentrionales. La unificación de este mar interior fue obra de la Liga Hanseática, con centro en Hamburgo. El Rin, el Elba y el Vístula lo ponían en contacto con el corazón europeo. La red geográfico-comercial seguía así difundiendo la civilización."[28]

Más tarde, a medida que las monarquías iban consolidándose, los papas tenían más dificultad en manipularlas directamente. Lo que en pleno Medievo había sido rivalidad entre el Papado y el Sagrado Imperio germánico, en una segunda fase se polarizó en las luchas entre el poder religioso y los varios poderes temporales. El descubrimiento de América volvió a confirmar el poder supernacional de los papas, pues el Nuevo Mundo quedó repartido entre España y Portugal merced a una bula papal: cosa que dejó profundo resentimiento en Inglaterra y Holanda al ser excluidas de los beneficios del coloniaje y echó la semilla de la futura protesta religiosa, subrayando fundamentalmente que "la

---

[27] A. Reyes, *Tentativas y orientaciones*, OC, XI, 301.
[28] *Loc. cit.*, pp. 299–300.

repartición de la tierra . . . no depende de la autoridad de un hombre, aunque sea el Pontífice de Roma."[29]

Las raíces de la cultura medieval son esencialmente latinas, pero la actuación política en el Occidente la llevaron a cabo los pueblos germánicos. Ellos introdujeron el sistema feudal, que revolucionó las condiciones de vida dentro del difunto Imperio occidental. Para sus comienzos, la época de Carlomagno había sido básica, puesto que el encuentro entre los núcleos romanizados y los germánicos había fomentado una asimilación mutua al paso que los grupos godos adquirían su identidad cultural a través de la diferenciación lingüística, según documenta "la magna obra de la filología germánica—los *Gründriss*, de Paul."[30]

Desde el Norte se asoma un grupo de interés para el continente americano—los vikings sedientos de espacio y aventura. La saga de América ha de conferirle a Colón el mérito de haberla atado al mundo occidental, porque su descubrimiento tuvo un vasto alcance cultural, económico y político. Pero en términos geográficos, América estaba descubierta desde ya hacía milenios. Los indios que llegaron a este continente no bajaron del cielo. Pero su presencia no parece haber establecido una cabeza de puente que fomentara el vaivén de bienes e ideas entre los dos lados de la costa pacífica. Con siglos de antelación, hubo otros europeos que descubrieron a América. "Hacia el año 1000, un naufragio permite al hijo de Erik tocar aquella costa firme que, a poco, sería conocida con el nombre de Vinlandia."[31] Los escoceses Hake y Hakia se adentraron en el corazón de un continente asombroso y primitivo. Todo eso fue curiosidad, no movimiento histórico: el

---

[29]*Loc. cit.*, p. 302.

[30]A. Reyes, *Simpatías y diferencias, OC*, IV, 87.

[31]A. Reyes, *Última Tule, OC*, XI, 23. Merece mencionarse la meditación de Alfonso Reyes sobre los testimonios europeos precolombinos en el continente americano: "Se buscan pruebas en ciertos collares de perlas Agri, encontradas en las momias del litoral pacífico asegurando que semejantes perlas azules sólo pudieron ser traídas antes del Descubrimiento por mercaderes españoles, portugueses o valencianos"; y añade vaguedades y leyendas "sobre la llamada cruz de Palenque y la cruz de que habla cierta tradición de Carabuco, motivos de divagación mística para unos y de extravío histórico para otros." Indica también que otros estudiosos "aceptan que los normandos navegaron en los grandes lagos y se aventuraron hasta la cuenca del Misisipí, de que quedaría el testimonio en piedras rúnicas de Minnesota y de Kentucky" (*Loc. cit.*, pp. 19, 24).

que trajesen trigo y uvas de la tierra desconocida no quiere decir que trajeron semillas fecundas. Afrecho y pasas, acaso.

Entre los países nórdicos, el que más atrae la atención del gran polígrafo mexicano es Inglaterra, a la cual designa burlonamente a la manera de un turista yanqui como "una pequeña isla, frecuentemente conquistada por sus invasores."[32] La historia de Inglaterra la conocía al dedillo por haberla bebido de buenas fuentes, sobresaliendo entre ellas la obra de Chesterton que él había traducido para la benemérita biblioteca Calleja (1920). Arrancaba desde las invasiones germánicas contra los celtas latinizados y adelentaba con el afianzarse de la dominación sajona en la heptarquía, con la evangelización de San Agustín de Canterbury, con la unificación de Inglaterra, la invasión pagana de los daneses en el siglo IX, el triunfo y la conversión de Alfredo el Grande, la aparición del rey Canuto y la ocupación normanda llevada a cabo por Guillermo el Conquistador. En la época de las cruzadas ganó fama internacional Ricardo Corazón de León, pero el hecho de mayor trascendencia fue la promulgación de la *Carta Magna* (1215), que tanta influencia ejerció sobre el desarrollo del derecho constitucional sajón.

En la tradición medieval, aparecían ciertos giros formulistas con que se resumía el rasgo dominante de un país, como "Castilla la gentil" o "la dulce Francia." Los anglosajones, acaso por su coexistencia con el substrato celta, formaban "la alegre Inglaterra."[33] ¿Humor británico? No. Buenos principios en la organización social: libertades populares; gremios con garantías de sabios privilegios; mejoras en la vida rural; ejidos religiosos en beneficio de las comunidades locales; la gran novedad del parlamento, aún inmune de los defectos del parlamentarismo; el desarrollo del arte. Y en el arte desfila un trecho significante de esa historia, que Alfonso Reyes evoca en evocando a "Bayeux y sus históricos tapices."[34] La literatura insular tuvo un florecimiento notable después de la caída del Imperio, en la misma época que el resto de Europa cruzaba un período de lóbrega barbarie; pero

---

[32]A. Reyes, *Grata compañía, OC*, XII, 54.
[33]*Loc. cit.*, p. 35.
[34]A. Reyes, *Los trabajos y los días, OC*, IX, 382 ss.

23

pronto quedó "segada en flor por las invasiones danesas, y luego transformada por la conquista normanda."[35] La obra maestra de esa época es épica—el *Beowulf*—un poema que nuestro escritor compara al *Bellum punicum,* de Nevio, siendo ambos poemas "obras híspidas e hinchadas, hijas de un genio sin escuela."[36]

En breve, Alfonso Reyes, quien sabe escribir la historia porque sabe cómo se escribe la historia, nos ofrece un panorama vívido del Medievo con sus núcleos recargados de tiempo y acción, puesto que a la historia se acerca con una concepción croceana.[37] Y su espíritu ecuánime le permite mantener una postura autónoma frente a las polémicas de los historiógrafos.[38] Su perspectiva es historicista, gracias a su capacidad de ver el pasado con mirada limpia y de relacionarlo con la permanencia cultural, según destaca un perspicaz estudioso alfonsino: "Reyes es, en efecto, la unión viva de nuestro pasado y nuestro presente."[39] En los siglos oscuros de la Edad Media, no todo fue sombra para él; que donde hay vida hay siempre luz y sombra. Y la luz que permanece después que las generaciones se van es la de la cultura. El Medievo tuvo sus luces que alumbraron el camino del progreso sucesivo a precio de graves sacrificios, no sólo mentales, sino también físicos para salvar lo que había de salvarnos como hombres. Y la Iglesia tuvo en eso una misión que ninguno de sus defectos logrará eclipsar, porque adiestró a los humildes estudiosos que debían de asegurar la continuidad del saber y el rescate del hombre por el hombre. España contribuyó a ese movimiento redentor desde muy temprano con sus gloriosos manuscritos visigodos. El copista se salvó de la anonimia de los siglos porque consignaba al final de la obra su nombre y el de sus compañeros

---

[35]A. Reyes, *Mitología griega. Los héroes, OC,* XVII, 164.
[36]A. Reyes, *Junta de sombras, OC,* XVII, 246.
[37]Cf. A. Reyes, *Pasado inmediato, OC,* XII, 248: "Toda verdadera historia, dice Croce, es contemporánea; aparte de que es un vivir de nuevo, en esta época, el pasado de la humanidad." Recuérdese, de paso, el discurso "Mi idea de la historia" pronunciado en el Primer Congreso de Historiadores de México y los Estados Unidos, celebrado en Monterrey (Setiembre, 1949).
[38]Cf. A. Reyes, *Historia de un siglo, OC,* V, 12 *et passim.*
[39]Enrique González Casanova, "La obra poética de Alfonso Reyes," *Nove,* 9–11–1952.

de tarea, con la oración explícita o implícita de que Dios lo protegiera del duende sajón Titivil, quien llevaba al infierno a los copistas poco esmerados.

Las ideas. — Los primeros cristianos fanáticos quemaron los libros: no todos, por suerte. Los mismos cristianos, hechos más tolerantes, salvaron el saber antiguo del olvido. Por cierto, el triunfo de la verdad revelada dejaba poca libertad de acción para la verdad humana, usualmente relacionada con el saber antiguo. Con toda su flexibilidad en absorber corrientes de pensamiento antiguas o contemporáneas, la Iglesia imprimió un rígido sello de oficialidad en todo el saber. "La cultura en la Edad Media," destaca Alfonso Reyes, "en su intensa referencia a Dios, no dejaba resquicio por donde se fugaran las energías de su sistema, y transportaba derechamente al hombre en sus brazos, por la cuesta de la salvación."[40]

Como el latín representaba la lengua oficial de la cristiandad medieval, el acceso a las fuentes latinas fue más fácil que a las fuentes griegas. Los esquemas de la mente griega se mantuvieron en la medida en que se adecuaban a las necesidades teológicas de la Iglesia. Extremando un poco, se ha hecho lugar común decir que la Iglesia primitiva adoptó una *forma mentis* griega para un contenido judaico; y nuestro autor ahonda ese concepto demostrando cómo algunas categorías perennes del pensamiento griego se sintetizan en la especulación cristiana desde el origen hasta la consolidación: "Aun la caridad y la necesidad de un Dios justo — en que insistirá Israel — tienen ya su sitio preparado en la mente griega. Y cuando en la cuba materna del Egeo caigan las urgencias emocionales del Oriente sobre los esquemas dibujados por Grecia, se irá definiendo la figura del Cristianismo en San Pablo; más tarde, en San Agustín, y todavía más tarde, en Santo Tomás, todos discípulos de Grecia."[41]

---

[40]A. Reyes, *Última Tule*, OC, XI, 107. En forma más específica afirma en *Grata compañía* que "la cultura, expulsada del núcleo, será encomendada a la clase subsidiaria de los intelectuales a modo de adorno sin seriedad. No de otra suerte la nobleza salvaje de la Edad Media relegada al obscuro clero los humildes menesteres de rezar por la salvación de los hombres" (XII, 109).

[41]A. Reyes, *Estudios helénicos*, OC, XVIII, 24.

Es obvio, pues, que la tradición clásica fue la más fuerte, y el mexicano universal se adhiere a la corriente revisionista contraria a la vieja teoría de que la Edad Media había sido la época del olvido total de lo clásico. Desgraciadamente, la gran tradición cultural no se mantuvo intacta; pero la decadencia había venido incubándose y manifestándose desde la misma época imperial, y por largo trecho. Con el cambio de creencias y actitudes junto con la depresión de las condiciones de vida en general, fue milagro que los clásicos se salvaran en buena parte entre los varones cultos de la Edad Media. Su lectura era relativamente fácil para las personas educadas, y eso ayuda a explicar para nuestro autor el doble florecimiento de las humanidades, primero con el grupo de sabios en la corte carolingia y luego con el movimiento culto del siglo XII.[42]

La actividad evangelizadora de la Iglesia favorecía el cultivo de la palabra como el vehículo más apto para la difusión del *verbum* divino, y para ese fin vino al caso el cuerpo de doctrinas oratorias del mundo pagano. En particular, se recuerdan las *Particiones oratorias*, de Cicerón, un "diálogo sin viveza, pero preciso y en forma de catecismo, que acaso por eso alcanzó cierta popularidad en la Edad Media," al lado de las *Instituciones* de Quintiliano, cuyo impacto en la cultura medieval fue, según nuestro ensayista, extraordinario, pues prosperó en las escuelas de las Galias con Ausonio y Sidonio Apolinar, ayudó a formular los planes de estudio del *trivium*, asomó en la enciclopédica labor de San Isidoro de Sevilla, en la escuela de Chartres, en el *Metalogicus* de Salisbury, en la biblioteca de Petrarca, en la retórica de Lull, sin contar, después del descubrimiento del códice completo por Poggio, su derrame en la cultura humanista y renacentista, con Poliziano, Juan Cesáreo, Peletón, el Minturno y Montaigne, Rolín, Eliot, Wilson, Ben Johnson, el prodigioso Arias Montano, Fray Luis de León, y más tarde Jiménez Patón, Gracián y Mayáns. Además, se señala la deuda de la Edad Media con un clásico de

---

[42]Cf. A. Reyes, *Páginas adicionales, OC,* XV, 492: "Los humanistas medievales nunca dejaron de leer a los antiguos en su lengua científica o escolar. Dentro de la Edad Media, los sabios de Carlomagno primero, y luego el siglo XII, representan sendos florecimientos de estudios latinos."

origen peninsular—Séneca—, quien "sirve de tránsito entre la última literatura laica y los albores de la Patrología latina; corre como río subterráneo por la Edad Media, . . . invade por propio derecho la mente hispánica, a la que comunica un sesgo definitivo."[43] Boecio es la última lumbrera del pensamiento clásico, y nuestro autor se refiere a él con simpatía.[44]

El triunfo definitivo del cristianismo clericalizó el pensamiento y determinó un vasto movimiento de reajuste especulativo al servicio de la fe. No hubo campo filosófico que no se encauzara hacia ese fin. La ética se ocupaba por el destino colectivo en la concepción del orden político y jurídico al paso que configuraba la conducta individual con arreglo a la eudemonología, esto es, la feliz inmortalidad. La cosmología trataba de varios principios: antropológicos, referentes al alma y al cuerpo; teleológicos, sobre la finalidad del universo; cineológicos, sobre el movimiento y el cambio de los entes. La metafísica ahondaba el estudio de la naturaleza de las cosas finitas que postulan una causa infinita y eterna. La ontología justificaba la existencia real de Dios sobre una base mental. Esa inmensa labor taxonómica y especulativa esquematizaba la labor de la escolástica, que Alfonso Reyes proyecta en sus exponentes más geniales: "Las [pruebas] psicológicas, sistemadas por San Agustín, asumen cierta vigencia general por su coherencia lógica y por su conciliación con las ideas neoplatónicas. En San Anselmo encontramos las ontológicas, por cuanto prescinde de las ideas innatas. En San Buenaventura, la insistencia en el intuicionismo y la mística. En Santo Tomás, el esfuerzo por fundirlo todo en el aristotelismo."[45]

Con todo el fervor de fe a macha martillo difundida en sentido vertical y horizontal, parece algo rara la obsesión del pensamiento medieval por producir pruebas a favor de la existencia de Dios, esto es, el ente de quien nadie dudaba. Gratuita, acaso, debía de ser la satisfacción del pensador que esgrimía la

---

[43]A. Reyes, *La antigua retórica*, OC, XIII, 451. Dentro de la tradición retórica alude a Cicerón y Quintiliano: *loc. cit.*, pp. 420, 459–460.

[44]Cf. A. Reyes, *La crítica en la edad ateniense*, OC, XIII, 319, y *De viva voz*, OC, VIII, 144.

[45]A. Reyes, *El deslinde*, OC, XV, 406.

quintaesencia de las sutilezas ontológicas sabiendo *a priori* que nadie iba a refutar la verdad final, como que todo lo discutible daba vueltas alrededor de lo indiscutible. Según veremos a continuación, había desacuerdo entre los escolásticos también sobre ese punto; pero el desacuerdo era formal, puesto que era insensato para ellos admitir la inexistencia de Dios.

Alfonso Reyes fija tres etapas en el desarrollo del pensamiento ontológico medieval; a saber: (1) la empírica, basada en argumentos aún primitivos; (2) la dogmática, que establece nuevas categorías especulativas con San Anselmo y Santo Tomás; (3) la crítica, en que se va seleccionando el cuerpo de doctrinas con Santo Tomás, aun más con Escoto, hasta degenerar con Occam, Biel, Cusa. El famoso argumento ontológico de San Anselmo aparece engalanado con todos los atavíos formales, y es indudablemente una de las piezas más sutiles de la abstracta especulación medieval. Pero Gaunilón, a quien nuestro autor acredita con la autoridad de otros grandes ("Gaunilón—el Kant medieval, según Hegel"),[46] toma la palabra en una de esas dichosas reconstrucciones del pasado intuitivamente hechas en la ensayística alfonsina, esto es, en un supuesto diálogo entre los protagonistas empeñados en su quehacer; y en ese diálogo el monje Gaunilón, el creyente de la argumentación robusta, desentabla la fuerza aparente de la demostración de San Anselmo y disuelve su formalismo. Que si todo el poder de su evidencia consiste en que siendo la *idea* de Dios perfectísima tiene las cualidades todas, inclusive la existencia real, pues bien, la réplica de Gaunilón representa el verdadero progreso del pensamiento objetivo: "Si Dios existe sólo porque puedo pensarlo como existente, entonces existe también una Isla Encantada, puesto que ahora mismo estoy pensándola. Esto sin contar que el insensato piensa en Dios como en una cosa no existente" (*Ibid.*).

Uno de los pensadores medievales que más sedujo a nuestro autor fue Alberto Magno, señero y original maestro, a pesar de que le achacaran cierto servilismo aristotélico, sin contar el sambenito de mago. En realidad, con Aristóteles tenía cierto parecido

---

[46]*Loc. cit.*, p. 410.

en abordar la filosofía con una actitud plenaria, porque a él lo mismo lo encantaban las ciencias contemplativas que las naturales. Por eso, daba igual peso al método deductivo y al inductivo, y recomendaba el método experimental antes que se madurara la mentalidad científica en el mundo occidental. Alberto Magno fue un precursor: en la geografía abarcó la realidad cosmográfica y la explicación de los fenómenos sobre la base de la experiencia; clasificó el reino biológico con una gradación anticipadora de las teorías posteriores; además, columbró en su sistema ideas originales de la sicología caracterológica, de la antropología, de la física y de otras ciencias naturales. En él confluyen no sólo las corrientes del pensamiento clásico, sobre todo el aristotélico, sino también las del pensamiento arábigo, con "Alkendi, Alfarabi, Algazel, Alembat, Avicena, Averroes," y de la tradición judaica, con "Isaac, Israel, Moisés, Maimónides"; porque Alberto Magno era el pensador magno y penetrante destinado a ser el "maestro de Santo Tomás."[47]

Con Santo Tomás, la Edad Media llega al ápice de su capacidad especulativa. A este filósofo, nuestro ensayista lo enmarca dentro del argumento ontológico de la existencia de Dios en una trayectoria muy fecunda para la historia del pensamiento: "El mismo Santo Tomás, que tercia más tarde en el debate, sólo parece tener en cuenta la primera postura de San Anselmo. De ella derivan también hasta cierto punto las ulteriores pruebas de Dios que encontramos fuera de la escolástica: Descartes, Malebranche, Leibniz, Hegel, aunque en todos ellos aparecen nuevas modali-

---

[47] A. Reyes, *Marginalia. Segunda serie* (México: Tezontle, 1954), p. 26. En *Capítulos de literatura española. Segunda serie*, *OC*, VI, 212, nuestro ensayista se refiere al gran semita: "Maimónides había dicho que de las cuatro perfecciones del hombre—la de posesión o patrimonio, la del cuerpo, la moral o social y la intelectual—, sólo esta última es el verdadero fin del hombre; pues los bienes le son externos, su cuerpo lo posee en cuanto animal, y aun entonces, su fuerza queda por debajo de la de un mulo, un león o un elefante: y en cuanto a la parte moral o social, es también externa al individuo humano, puesto que sólo aparece cuando éste se pone en relación con la sociedad." En *Cuestiones estéticas*, *OC*, I, 43, puntualiza algunos malentendidos de otro gran semita peninsular: "Averroes, que no entendió a Aristóteles, creía que la tragedia es *el arte de alabar* y la comedia *el arte de vituperar*, y así se ve obligado a creer que el *aparato escénico es la acomodación de las sentencias*."

dades."[48] El santo teólogo, en verdad, no se limitó a un solo argumento, sino que nos proporcionó cinco pruebas en favor de la existencia de Dios, y ninguna en contra. A Alfonso Reyes, quien dedicó su inteligencia al incremento y mejora de lo humano, le importa más que nada la existencia del hombre como ser y como valor; pero eso no quita que señale ciertos aspectos de lo divino. Uno se refiere a su esencia, definida a la manera aristotélica, pero vista en términos humanos, esto es, en la urdimbre de relaciones con que el hombre se ata a su Dios: "Así, por la perfecta disponibilidad a la acción, se acerca el guerrero al ente divino o perfección mística defendida por Santo Tomás y que consiste en ser acto puro. Y es cierto: cada brizna que la hormiga acumula es signo de energía guardada, potencial—imperfecta."[49] Y añade en otra oportunidad: "Es que, como en Santo Tomás, Dios, ser perfecto, es acto puro. Y Dios espera de nosotros algo más que buenas intenciones."[50]

Otra intuición tomista que destaca nuestro gran ensayista es la relación entre el creador y la creación, con la cual se colma la gran laguna entre la eternidad y el comienzo. Claro que la solución tiene tan sólo validez filosófica, puesto que la evidencia científica, a lo menos en la fase actual, no concuerda con la posibilidad expresada por el de Aquino: "En Santo Tomás, sumo maestro, se admite la posibilidad de que el Universo no haya tenido un comienzo histórico, sino que coexista con Dios, de toda eternidad."[51] En verdad, la validez del pensamiento tomista no consiste en su solución teológica, sino en haber columbrado la posibilidad de salvar la ciencia humana al lado de la especulación religiosa, aun cuando las dos sigan distintos caminos y lleguen a conclusiones opuestas. Es el asomo de la liberación del pensamiento antes que existiera la libertad de pensamiento: "Aquí de la doble verdad—fe y razón—que tanto preocupó la Edad Media; o, para usar el lenguaje tomasiano, el reino de la gracia y el reino de la naturaleza."[52]

---

[48]A. Reyes, *El deslinde*, OC, XV, 408.
[49]A. Reyes, *El suicida*, OC, III, 274.
[50]A. Reyes, *Simpatías y diferencia*, OC, IV, 492.
[51]A. Reyes, *La experiencia literaria*, OC, XIV, 106.
[52]A. Reyes, *El deslinde*, OC, XV, 286.

Una tercera relación del pensamiento tomista que llama la atención del gran mexicano es la posición del hombre en la escala teleológica, la cual va desde la potencialidad inerte hasta el acto puro. Es parte de un despliegue especulativo que no deja de tener cierta resonancia en la intuición artística del teatro español: "Santo Tomás parte de un grado inferior, la piedra, y llega a un grado superior, el ángel. Tal es la posición del hombre en el cosmos, problema plenteado en el monólogo de Segismundo."[53]

En fin, hay una cuarta reflexión del gran teólogo que anticipa una de las recientes posiciones estéticas y que Alfonso Reyes puntualiza en todo su alcance, sugiriendo así que el filósofo de Aquino adquiere una proyección universal justamente en aquella esfera de su pensamiento que menos se relaciona con el núcleo fundamentalmente teológico de su sistema: "El proprio Sto. Tomás y su muy ilustre y lejano discípulo Fray Juan de Sto. Tomás habían definido la teoría de el arte por el arte, de que nos pagamos tanto los contemporáneos, al decir que el arte no puede ser intrínsecamente malo, por cuanto toca sin remedio en la virtud (el bien del intelecto), ya que su bondad consiste en ajustar la idea a la intención."[54]

En suma, Alfonso Reyes sintió la dinámica de los problemas y cuestiones que se debatían en el abstracto ideario medieval y captó hasta qué punto algunas intuiciones de los grandes pensadores de aquella época tuviesen un poder germinal. En un plano de más alta abstracción mental, anota también como el pensamiento matemático entronca con lo filosófico, a la manera clásica, y de su cultivo en la Edad Media arranca el desarrollo ulterior. En realidad, la ciencia actual se ha ido muy lejos, pero todo gigante sale de un embrión. Y ese embrión empieza a fermentar en España, en donde las nuevas inquietudes científicas tenían mucha importancia. Es lo que destaca nuestro mexicano universal: "Los orígenes de esta logística que pára en matemática sublime han de buscarse en el mecanismo silogístico de Aristóteles, perfeccionado por Santo Tomás, en la reducción del razonamiento al cálculo

[53] A. Reyes, La crítica en la edad ateniense, OC, XIII, 213.
[54] A. Reyes, Cuestiones estéticas, OC, I, 157.

intentada por Raimundo Lulio, y singularmente, a fines del siglo XIV, por 'un tal Jean Suisset, apodado el Calculador', a quien Vives, por cierto, se refiere despectivamente. Diremos de paso que los círculos proposicionales rotativos que encontramos en el *Ars Magna* de Lulio y que acaso inspiran la 'combinatoria' de Leibniz, hacen pensar en los trigramas y hexagramas del *Y-king* o *Libro de las Mutaciones*, monumento de la vetusta filosofía china, para cuyo exclusivo estudio Confucio pedía del cielo otros cincuenta años de vida."[55]

Los mitos.—El hecho de que el cristianismo suplantó el viejo orden no impidió que los mitos siguieran manteniendo una vigencia superior a las instituciones o las ideas previas. Por cierto se vació, se disolvió la fe en la antigua mitología, pero no menguó su encanto fantástico o poético, de suerte que los viejos mitos siguieron circulando por las rutas del folklore y se integraron en la nueva concepción del mundo con adaptaciones precisas o aproximadas. "El cristianismo," nos dice nuestro autor, "tolera más o menos los mitos en condición de ornamento estético, y si puede, los adopta y les concede un nuevo bautismo, pues abrevó tanto en Grecia como en Jerusalén."[56]

Es así como las antiguas leyendas helénicas o latinas adquieren un nuevo cariz dentro de distintos moldes, de los cuales el ilustre mexicano ofrece ejemplos de mucho interés. Orfeo, el que apaciguara a las fieras y las tormentas por el sortilegio de sus versos, por el trámite del arte funerario de las catacumbas se

---

[55]A. Reyes, *El deslinde, OC,* XV, 340. En la multitud de intereses que ocupan la mente alfonsina, hasta el vuelo humano seduce su sensibilidad de escritor que en el triunfo de la voluntad y la inteligencia descubre una raíz humanista; esto es, lo humano que toma conciencia de un fin y organiza los medios para lograrlo con arreglo a la imagen cobijada por la imaginación. El sueño del Clavileño se anticipa en la Edad Media en las tradiciones del *Alexandre,* en que se suspende un pedazo de carne ante un águila, que así lleva un carro tras sí; en la leyenda de Bladud, del monje Olivier de Malmesbury, del sarraceno de Constantinopla, y sobre todo, del árabe Abulcasem Abas ben Firnas (s. IX), cuando se hacen experimentos con el magnetismo del imán, puesto que a la sazón "el vuelo mismo de las aves se tenía por efecto de magnetismo": *Capítulos de literatura española. Segunda serie, OC,* VI, 299.

[56]A. Reyes, *Mitología griega, OC,* XVI, 354.

32

convirtió en una figura de corte bíblico. Las labores de Héracles y Teseo vinieron a simbolizar la epopeya del hombre sumido en un medio hostil y se reflejaron en las aventuras cristianas de San Jorge.[57] Algunos de los atributos de los Dioscuros se trasladaron a los mellizos espirituales del martirologio romano, esto es, los santos Cosme y Damián. San Demetrio, acaso por acercamiento de homonimia, absorbió algunos rasgos de Deméter; y por razones parecidas, San Dionisio no quedó inmune de ciertas influencias del tocayo clásico. El profeta Elías, debido a la paronimia nominal, evoca el rasgo pagano del carro ardiente de Helios. En su último alcance, hasta el culto de la Virgen María adoptó algo de la Panagia Ateniotisa, y la Semana Santa adaptó algunos elementos de los misterios antiguos. Y lo más curioso del caso es que no se trata de algo esporádico o casual, sino de una presencia que se hizo sentir tanto entre las masas anónimas como también entre los hombres de ideas, despertando cierta aprensión entre la jerarquía del nuevo orden: "De aquí que los primeros Padres Cristianos discutieron sobre los peligros de continuar el cultivo de los autores clásicos, que eran todavía la base de la educación. San Clemente de Alejandría—y no se diga San Basilio, dos siglos después— cree posible usar las antiguas letras en beneficio de la Iglesia. Toda la controversia entre San Jerónimo y Rufino gira en torno a este tema."[58]

Como en el fondo el hombre es siempre hombre, no puede menos de acudir a la ayuda sobrenatural en los momentos de desamparo. Los paganos no fueron tan distintos de los cristianos: lo que cambió no fue la actitud, sino el membrete, el contorno escultórico. "A sus dioses labradores," anota el profundo conocedor del mundo antiguo, "pedían los antiguos la lluvia y el sol, como a San Isidro los cristianos, y les pedían amparo contra las fuerzas del rayo, como a Santa Bárbara los cristiano."[59] El mito

---

[57]En época posterior, nos informa nuestro autor, la universalidad de la tradición de San Jorge se incorpora bajo distintas elaboraciones "en mitologías y hagiografías de otros pueblos: leyendas de Arturo, de Sigurdo, de Rustem y de San Patricio": *Mitología griega. Los héroes*, OC, XVII, 100.
[58]A. Reyes, *Mitología griega*, OC, XVI, 355.
[59]A. Reyes, *El suicida*, OC, III. 259. Cf. también *El deslinde*, OC, XV, 401.

tiene su atracción poética y su fin pragmático. Durante la Edad Media, no pocos mitos clásicos se difundieron por el camino de la literatura, en la cual la cultura humana se manifiesta en un simbolismo fantástico, según destaca un estudioso alfonsino al sentar su nexo conectivo sobre una base estética: "La relación de la literatura con el hombre es una de las claves cifradas, que bien merecen seguirse por el placer del conocimiento y por amor."[60]

En la Edad Media, ese nexo tuvo una extensión universal, porque la literatura reflejaba la concepción ecuménica del orden religioso. Porque "el concepto de literatura nacional," advierte don Alfonso, "es una convención reciente: la Antigüedad es un todo; la Edad Media cristiana, un todo; el Renacimiento, un todo."[61] Dentro de ese contexto, hay una unidad subterránea por encima de las varias manifestaciones míticas, pues casi todas se enlazan en el tamiz literario. Las relaciones prácticas entre los pueblos son contradictorias y cambian con el cambio de los intereses contingentes, de tal suerte que los aliados de ayer pasan a ser los enemigos de mañana. No cabe duda de que tales intereses alteran el trato diario de los grupos humanos, pero no cierran el paso a la difusión de los mitos entre fronteras hostiles. "Los griegos escuchan en sus correrías marítimas el relato de los periplos fenicios; Roma se deshace por las orillas de sus dominios; las cruzadas confrontan civilizaciones y pueblos; Venecia comercia con el Oriente próximo; Marco Polo vuelve de sus viajes con muchas cosas que contar; Camoens no olvida sus amores de China; los conquistadores traen a América, como a la grupa de sus caballos, los romances viejos de España."[62]

El mundo clásico desata un manantial inagotable de mitos en el Medievo. La guerra troyana es el hecho que más asombró al mundo antiguo, y ese asombro se fijó en cuajos poéticos hechos mitos épicos, cuyos ciclos formaron el patrimonio de la primitiva poesía griega y se renovaron en el canto y el recuerdo de las generaciones venideras. Su valor poético quedó atado a la suerte

---

[60]Raúl Rangel Frías, "Alfonso Reyes. El hombre y la literatura," *Presencia de Alfonso Reyes*, ed. cit., p. 109.
[61]A. Reyes, *La experiencia literaria*, OC, XIV, 92.
[62]A. Reyes, *Páginas adicionales*, OC, XIV, 361.

de su lengua, pero su contenido mítico se salvó. Y es por eso que la progresiva extinción del griego a raíz de la repartición del Imperio romano no relegó la leyenda troyana a ilegibles manuscritos pulvurientos, sino que la popularizó por otros cauces y nuevos destinos, pues "el mito antiguo, sostenido como en flotación, mezclado y revuelto, entra en la Edad Media y le presta algunos atavíos legendarios."[63]

Alfonso Reyes conocía la obra de Homero con endopática identificación, y nos dejó jirones de sus talentos de clasicista y poeta en una traducción parcial.[64] Con paciencia de filólogo y predilección de estudioso siguió el destino del mito homérico a través de los siglos, y nos enseña cómo el mito original se trasladó a elaboraciones adocenadas que compensaban la falta de arte con el exceso de artificio. Dos obras en particular, a las cuales nuestro autor califica de "desconcertantes," conservan los mitos troyanos durante la Edad Media; y por estar redactadas en latín, permiten una extensa difusión en el mundo occidental. Una es el libro intitulado *Efemérides de la guerra troyana*, de Dictis (el seudo-cretense), y la otra es la *Historia de la destrucción de Troya*, de Dares (el seudo-frigio). Ambas obras tuvieron una importancia inmerecida, y el gran ensayista las analiza en su contenido fantástico y su destino histórico, según anota uno de sus eminentes estudiosos: "Don Alfonso hablaba ese día sobre las versiones medievales de la caída de Troya . . . Casi no hacía sino transmitir

---

[63]A. Reyes, *Mitología griega*, OC, XVI, 355.
[64]Alfonso Reyes nos dejó una versión parcial de la *Ilíada*, que abarca los diez primeros cantos del poema. Su primor ha sido encarecido con acierto por Daniel Devoto, "La Ilíada. Primera parte. Traslado de Alfonso Reyes," *Sur*, Nos. 213–214 (1952): "Al intentar una traducción a su gusto, Alfonso Reyes la pone también más cerca del nuestro." Bernabé Navarro B., en su artículo sobre "La 'Ilíada' de Alfonso Reyes," *ExcelsiorM*, 20–4–1952, ha brindado una respuesta definitiva a los resentidos de las capacidades de nuestro autor como helenista: "Molesta en lo hondo oír decir por ahí a tonto e ignorante que don Alfonso no sabe griego: ¿han seguido acaso esos jueces vanos sus estudios personales y callados—y por lo mismo más fructíferos—durante años de la lengua de Homero, de Esquilo y de Platón? Ante el alarde de poner a Homero en nuestras manos hispanas y frente a su acendrada probidad literaria ¿se atrevería alguien a repetir esa leyenda infundada y al final de cuentas impersonal?" (*PSAR*, II, 192). En lo que se refiere al mundo helénico, afirma Eduardo Muñuzuri, "Galerías del Colegio Nacional," *NacionM*, 14–8–1948, "no hay en México otra autoridad que la suya."

35

con toda naturalidad los sutiles enredos que armaron las gentes más ingeniosas de otros tiempos."[65] La obra de Dictis, según Alfonso Reyes, se remonta con toda probabilidad al siglo IV d.J.C., aunque su redactor —cierto Lucio Septimio— se la atribuya nada menos que al guerrero griego Dictis, quien habría participado en la expedición contra Troya bajo el rey Idomeneo. Según dicho redactor, el manuscrito original en letra fenicia había sido traducido al griego y ofrecido al emperador Nerón. El texto existente abarca todo el ciclo heroico, desde el rapto o la fuga de Elena, hasta la destrucción de Troya, y luego las andanzas del *nostos*, hasta la muerte de Ulises. Dares, el supuesto autor de la otra obra, era troyano y narró las hazañas heroicas en griego mucho antes que los poemas homéricos. La versión latina se remonta al siglo VI a.J.C., pero la introducción se la atribuye al historiador Cornelio Nepote de la época augustal. El agudo polígrafo mexicano apunta dos razones contra esa paternidad: el "latín barbarizado de la carta-dedicatoria"; la "imagen torcida que aquí se nos da de Eneas," incompatible con el prestigio de ese héroe en la edad imperial.[66]

Debido al espíritu romántico de esos relatos y al tratamiento idealizado de las heroínas, Eneas, el fementido amador de Dido, cayó en poca consideración, pese a que la nueva evolución del gusto literario había acrecentado la simpatía por los troyanos a costa de los griegos invasores; evolución que nuestro autor, con su visión global del panorama cultural, conecta con el movimiento colonizador en las costas levantinas del Mediterráneo: "Puesto que los troyanos han fundado numerosas poblaciones en el Oeste, después de la caída de su ciudad, sin duda valen más que los griegos. El enaltecimiento de Héctor, a expensas de Aquiles, no tiene, pues, nada de extraño."[67] A Eneas se llegó al punto de asociarlo con el traidor Antenor y, por lo tanto, se lo relegó al olvido. En esas vicisitudes literarias, el héroe troyano que ganó prestigio fue Troilo, el amante de Criseida, quien gozó en exceso

[65]Germán Arciniegas, "Una lección de Alfonso Reyes," *Revista Literaria Tegucigalpa*, Semanario, Octubre, 1952.
[66]A. Reyes, *Mitología griega. Los héroes, OC*, XVII, 156.
[67]*Loc. cit.*, p. 167.

de sus favores y en exceso sufrió por la separación impuesta por razones político-militares; mientras ella, mujer al fin, pronto se consoló con otro guerrero griego, empujando con ello al decepcionado amante a buscar la muerte en el furor del combate.

La difusión de las obras de Dictis y Dares se renovó gracias a la *Historia de la destrucción de Troya*, una refundición de los dos textos hecha en latín por Guido delle Colonne, o de Columnis. Con esto, el ciclo troyano ganó nuevas resonancias: "Esta obra, por estar escrita en una lengua internacional, corrió fácilmente por toda Europa. Fue vertida al italiano, al francés, al alemán, al danés, al islandés, al checo, al escocés, al inglés."[68] Su popularidad no fue menor en el medio peninsular: "Jaime Conesa tradujo a Columnis al catalán a mediados del XIV, y Pedro Chinchilla lo tradujo al español a mediados del XV. En el XVI, aparecen varias ediciones de la *Crónica Troyana* fundadas en Columnis, bajo el nombre de Pedro Núñez Delgado, con algunas fábulas adicionales de Hércules (ya no es Héracles), Eneas y Bruto"; y añade a continuación que "es curioso recordar, como testimonio sobre la difusión de la leyenda de Troya en España que, cuando el rey castellano Sancho murió en el sitio de Zamora por artes del traidor Vellido Dolfos, y sus restos fueron trasladados al monasterio de Oña, un monje de esta comunidad escribió un epitafio latino en que compara su belleza a la de Paris y su bravura a la de Héctor (siglo XI)" (*Ibid.*).

Otro texto sobre el mismo ciclo mítico que ejerció mucha influencia para su difusión en el mundo occidental fue la versión francesa de Benoît de Sainte-More, igualmente famosa en la Península: "La traducción castellana se empezó bajo Alfonso XI y se acabó en el siglo XIV, bajo el rey Don Pedro. Un códice gallego que perteneció al célebre Marqués de Santillana es el más antiguo documento de la prosa gallega. Hay otro códice mezclado de español y gallego; otro castellano con trozos versificados, etcétera" (*Ibid.*). En esa obra se repetía, para distintos grupos humanos, el itinerario genealógico ya recorrido por Virgilio, pues se atribuía la descendencia de los francos medievales a los antiguos

---

[68]*Loc. cit.*, p. 168.

troyanos—noble esfuerzo que trataba de poner el dechado de antiguas virtudes ante los ojos de los godos semibárbaros, de suerte que la *paideia* del mundo clásico influía en amoldar al hombre medieval y a su sociedad en busca de valores. En ese movimiento de adaptación mítica, el poema heroico virgiliano adquirió una nueva vigencia, y la imaginación jugó un papel renovador en un medio carente de perspectiva histórica: "El medieval desconocía la mayor parte del mundo y de su historia y aceptaba con facilidad los episodios quiméricos. El *Román de Eneas*, refundición de la virgiliana *Eneida* escrita a fines del XII, que se propone continuar el *Román de Troya*, ofrece detalles ornamentales y motivos míticos tomados de Virgilio, rasgos fabulosos de libros sobre las Siete Maravillas del Mundo, lugares eróticos de Ovidio, e incidentes, acaso originales, de pasión romántica."[69]

El mito troyano desencadenó una verdadera moda adoptiva, en la que se echaba mano a las tradiciones más descabelladas para el rescate genealógico de las tribus más remotas. A modo de ejemplo, nuestro autor menciona un arcaico texto del siglo VIII, el *Liber Francorum*, que "habla de la llegada de Eneas a Italia, después de la caída de Troya; y de la llegada de otros jefes troyanos, Príamo y Antenor entre ellos, a las riberas del Don, y luego a Panonia (Hungría), por el Mar de Azof."[70]

De todas las metamorfosis míticas padecidas por las tradiciones de la *Eneida*, la más asombrosa fue la que le cupo al propio autor del poema imperial. Sobre la base de los estudios de Comparetti, Leland, Naudé, Genthe y Rodacanachi, nuestro ensayista esboza no sólo un cuadro de la evolución mítica de la figura de Virgilio en la Edad Media, sino también un perfil cálido y humano del artista. Porque el antiguo vate latino fue su benjamín entre los

---

[69]*Loc. cit.*, p. 171. Esas adaptaciones brillan por el carácter fantástico de la acción, rasgo que luego se trasladó a la epopeya germánica y francesa. Hubo varias obras por el estilo: entre ellas, ninguna "logró la celebridad de la *Eneit*, traducción de la *Eneida* en verso por el flamenco Enrique de Veldeke, fines del siglo XII, que sólo se conserva hoy en dialecto de la Turingia, obra que impulsa al nacimiento de la poesía cortés en Alemania y que precedió en algunos años al *Lied von Troye* de Herbert de Fritslâr" (*Loc. cit.*, p. 174).

[70]*Loc. cit.*, p. 163.

clásicos; y al mismo Reyes, por efecto acaso de cierto parentesco espiritual, se lo ha designado con atinado giro como el "Virgilio de las imágenes mexicanas."[71] Es que la afinidad entre esas dos almas latinas no es un simple encuentro literario, sino una raíz que trasciende al individuo y halla una resonancia nacional, según anota un crítico británico: "Virgil appears to be a voice from their own country."[72] De todos modos, el Virgilio que seducía a nuestro escritor era el poeta meditativo que exprime el pathos lírico de las luchas y las labores para expresar un mensaje consolador a los pueblos asolados por la guerra civil y ansiosos de restaurar los cauces del vivir civilizado con el trabajo, la cooperación y la redención social. Es lo que subraya un estudioso interesado en la correlación entre lo nacional y lo universal en la mente alfonsina: "Y así va don Alfonso por el ejido y las parcelas de la Revolución Mexicana en un *Discurso por Virgilio*, en el que se ve el cura Hidalgo como un 'héroe propiamente virgiliano,' porque . . . en el cura de Dolores hay, como en el espíritu y la obra del poeta —las *Geórgicas* y la *Eneida*—una mezcla de sentimiento y de impulso guerrero."[73]

Durante la Edad Media, la silueta virgiliana atravesó un curioso proceso de transformación, que iba de lo divertido a lo ridículo, de lo fantástico a lo sublime. Por mérito, o por culpa de una égloga repleta de unos encomios preconizadores por el recién nacido hijo de un romano encumbrado, fácil de interpretar simbólicamente en la exégesis prefiguradora del Mesías, la Iglesia medieval facilitó la inclusión ˇdel poeta latino en el gremio de paganos iluminados del mesianismo redentor. De vate a mago, el salto se lleva a cabo en la imaginación popular. En ese cambio, lo absurdo es lo normal. Y se llegó a extremos disparatados. Algunos buscaban oráculo abriendo la *Eneida* al caso e interpretando los primeros versos que saltaran a la vista. Personas hubo que se convertían a la religión cristiana con solo oír unos versos de su

[71]Alfredo Cardona Peña, "Alfonso Reyes americano universal," *La República*, México, 1–6–1950.
[72]J. B. Trend, *Alfonso Reyes* (Cambridge, 1925), p. 14.
[73]Alfredo Perera Mena, "El mexicanismo de Alfonso Reyes," *PSAR*, II, 394.

poema. Otros creían que el poeta mismo se había convertido y que luego grabó las Escrituras en un sillón de madera, en donde se quedó sentado esperando la muerte. Las leyendas se multiplicaban. Cuando San Pablo fue a buscar los despojos mortales del poeta, todo se derritió en polvo. En Toledo—anacronismo aparte—Virgilio aprendió la magia y la usó con éxito. Ayudado por un fantasma encerrado en un rubí dorado, el poeta mago fue a la busca de las profecías hechas doce siglos antes por Zabulón. Domó a ocho mil demonios en la Montaña Sagrada. A un espíritu que había asumido proporciones inmensas y pavorosas lo retó a que diera pruebas de su poder reduciéndose tanto de tamaño que cupiera en una botella; y, de sabio y astuto, allí lo dejó tapado librando al mundo del espantoso fantasma. La vertiginosa imaginación medieval no tenía coto. Tantos poderes mágicos se le atribuyeron a Virgilio que llegó a aplacar el Vesubio y a destruir varias plagas de moscas, serpientes y sangijuelas que azotaban la ciudad de Nápoles. Las plantas de su jardín devolvían la vista a las mujeres ciegas—sólo a las vírgenes. La hazaña más estruendosa fue el encerrar la entera ciudad de Nápoles en una botella para apartarla de un ataque enemigo; y en efecto la tuvo a salvo hasta cuando no se rompió la frágil botella. En algunas oportunidades, ese poder mágico lo llevó a ciertas incongruencias sicalípticas. Infatuado por la hija del emperador de Roma, Virgilio aceptó subir a su recámara escondiéndose en una cesta tirada desde arriba con el favor de la noche. Pero la caprichosa mujer lo dejó colgado a medio andar para reírse del sabio chasqueado, sin saber que las burlas de esa clase se pagan con creces. Es así como él hizo desaparecer todo fuego de la ciudad de Roma y consintió a devolverlo so condición de que los que lo necesitaban fueran a sacar chispas de la vagina de la burladora burlada.[74]

Otras escapadas eróticas de Virgilio se realizaron merced a sus atribuciones sobrenaturales. De noche raptaba a la hija del Soldán y de mañana la devolvía a su aposento. Alarmado por las

---

[74]Tal leyenda está poetizada en el *Libro de buen amor* (cc. 261–268) y en *La Celestina* (Auto VII).

misteriosas desapariciones, el padre le pidió a la joven que le trajera alguna fruta del jardín en que pasaba las noches. Ella le trajo nueces, y de ello su padre dedujo que se trataba de un mago europeo. Lo descrubrió, lo capturó, lo condenó a la hoguera, sin contar en el poder sugestivo de Virgilio, quien el día de la ejecución creó la impresión de que había un río que se desbordaba y lo inundaba todo, causando así el pánico entre la gente presente. En la confusión, no sólo se salvó, sino que se llevó consigo a la misma princesa, y se retiró a un lugar en que fundó la ciudad de Nápoles, en donde siguió gozando de sus amores y otras aventuras extraordinarias. Volviendo a España, quedó en prisión por siete años— por lo visto, de nada le valió su magia en el país de la magia— siempre debido a su incontinencia. Allí se atrevió a manchar la honra de cierta dama, por ignorar acaso que el problema del honor español en la Edad Media no era mucho menor que el de los siglos sucesivos. Mezcla de Don Juan y Fausto *ante tempus*, el Virgilio de la tradición medieval se murió de la manera más estúpida al cometer un error insignificante durante una operación de cirujía estética con que trataba de rejuvenecerse. En fin, lo que huelga destacar por encima de esa maraña de leyendas es lo que puntualiza el célebre autor mexicano con su manera aguda de ver la coherencia de ciertas formas de incoherencia, pues todo aquello justificaba "la magia de los gentiles como un conjunto de prácticas necesarias antes del cristianismo, como un método necesario para llegar al cristianismo."[75]

También de origen levantino es otro mito famoso de la Edad Media, el de Apolonio de Tiro, el joven rey que se expuso al riesgo de perder literalmente la cabeza para ganar la mano de la hija del incestuoso monarca Antíoco, si no lograba resolver el acertijo alusivo que éste proponía a todos los desdichados pretendientes. El cuerdo Apolonio dio en la tecla, pero no pudo lograr que el corrupto padre admitiera la verdad de su respuesta, y acabó por caer de la sartén en la brasa. De ahí arrancan sus andanzas bizantinas, las separaciones más bruscas por culpa del naufragio, las traiciones más sombrías, la pérdida aparente de la esposa y la

---

[75]A. Reyes, *Simpatías y diferencias, OC*, IV, 31.

hija, un más dichoso reto a una competición de enigmas con una juglaresa, lo cual ocasiona la agnición menos pensada, por ser ella nada menos que la propia hija del rey Apolonio ya abrumado por sus calamidades. Después la acción toma otra vuelta, con un feliz desenlace que hace de esta obra de ficción medieval una fuente inagotable de deleite, asombro y aleccionamiento.

La tradición de este mito es bastante antigua. "Como en Francia, como en Inglaterra," nos dice el gran ensayista, "la leyenda es conocida en España desde el siglo XII por lo menos. El viejo maestro español pone en ella nuevo aliento moral, y esa gracia ruda que no siempre saben apreciar los extraños."[76] Y como Alfonso Reyes no es nada extraño al raudal de vida artística que rezuma en los viejos textos, aquilata con confianza el valor novelesco de este poema y hace acercamientos, algo telescópicos dentro del radio erudito, pero certeros en sus referencias críticas. Obsérvese cómo halla cierto paralelismo entre Apolonio y Ulises, particularmente en varios episodios del destierro. Referente a la paternidad de la obra, consignada anónima a los siglos, el célebre ensayista no está lejos de la verdad cuando afirma que "el autor del poema fue, sin duda, un clérigo, no sólo porque su poema está escrito en aquel famoso 'mester de clerecía' propio de los clérigos o poetas cultos, sino por cierto acento monástico y aquel modo de cristianizar las leyendas y los héroes del paganismo" (*Ibid.*). Y con ello el caso particular se inserta en el cuadro general del trasvase cultural en la Edad Media.

Al lado de los mitos de procedencia clásica, otros de origen autóctono iban madurándose en el mundo medieval. Alfonso Reyes señala tres focos principales de difusión. Uno es nórdico: "En las tierras periféricas—Islandia, Irlanda, Noruega y Gales—, hay colecciones algo más valiosas de sagas y romances míticos, y tal o cual poemita elegiaco, todo ello sobre temas nativos."[77]

El otro tiene un desarrollo esporádico y surge tanto en el ámbito de la experiencia como en el de los libros. El antiguo *Physiologus*, repertorio de informaciones naturalistas con pre-

---

[76]A. Reyes, *Retratos reales e imaginarios*, OC, III, 444.
[77]A. Reyes, *Mitología griega. Los héroes*, OC, XVII, 164.

tensiones científicas, inspiró varios bestiarios medievales. Por otro lado, en la vida diaria llegaban del Oriente algunos ejemplares de su fauna, tan distinta para el europeo, y por eso mismo contribuía en excitar la imaginación y en combinar nuevas formas fantásticas. La mezcla de lo real y lo ficticio en los relatos de viajeros y peregrinos acentuaba, como era de esperar, la proliferación de semejantes mitos: "Los viajeros, embajadores, mercaderes, peregrinos, cruzados, aportaban sus descripciones más o menos fantásticas o exageradas, sus telas exóticas y otros objetos con representaciones de animales quiméricos."[78]

El tercer núcleo de leyendas deriva de la literatura teratológica que tuvo un desarrollo espectacular durante la Edad Media. Entregada al remolino de su imaginación gótica, combinó las desformaciones más estrafalarias del cuerpo humano e inventó monstruos terrígenos, talasófitos, aerobios y anaerobios de toda clase y dimensión. Su fuente principal es el *Liber monstrorum*, cuyo resorte generador no era ajeno del móvil que había suscitado sirenos, centauros, faunos y sátiros en otras épocas. El destino literario de esa obra, según lo traza nuestro autor, es revelador de la mentalidad medieval: "Es difícil seguir la ruta del *Liber monstrorum* en la literatura sabia o romancesca de aquellos tiempos. Los cuatro principales manuscritos que de esta obra se conservan son de los siglos IX al X, y hay otros dos del siglo XI en el monasterio de Bobbio. De aquí se infiere una gran difusión de la obra en los siglos medios. Pero la boga fue seguida de un silencio absoluto."[79]

De lo dicho se colige como la mente alfonsina se espaciaba con atisbos ora fugaces ora densos en la vastedad del mundo medieval, compenetrándose con sus zigzagueos histórico-culturales, sus problemas religiosos, sus ideas y sus mitos, en breve, revelando su vívida intrahistoria sin someterse a los moldes de la historia convencional.

---

[78]A. Reyes, *La afición de Grecia*, OC, XIX, 361.
[79]*Loc. cit.*, p. 362.

II
Los Albores de lo Hispánico

Al desgarrarse el mundo occidental de la matriz imperial, el aluvión germánico fomentó un nuevo tipo de civilización sobre la base del substrato romanizado: la cual, como toda manifestación cultural, sedimentó en un vehículo apto para representarla, expresarla, transmitirla. Así es como el nacimiento de la nueva lengua corre parejo con la formación de una nueva identidad socio-cultural. La toma de posesión de la realidad merced a la palabra es un proceso recreador que Alfonso Reyes define en una de sus máximas recargadas de sabor primevo: "Desde el día que Adán puso nombres a los entes de la creación para apoderarse de ellos por medio del lenguaje, la suma sensualidad humana es la palabra."[1] Dirigiendo su mirada a la evolución de lo hispánico desde su estado embrional, el mexicano universal nos brinda intuiciones seminales que nos permiten seguir su progreso al compás de su sensibilidad· con empatía y cariño; sobre todo, con cariño.[2]

---

[1]A. Reyes, *Tres alcances a Góngora*, OC, VII, 197.
[2]Es lo que señala, al destacar una de las más sentidas simpatías alfonsinas, Hugo Rodríguez Urruty, "Alfonso Reyes ensayista. Elementos para su estudio,"

Lengua y letras.—El romance peninsular tuvo comienzos inciertos y borrosos, lo mismo que los demás romances. Una lengua no tiene fecha cierta de nacimiento, aun cuando el hallazgo filológico descubre la partida de nacimiento en forma de arcaicas glosas: "Los más antiguos documentos que ya pueden decirse escritos en lengua española datan del siglo X, y son constancias notoriamente acompañadas de explicaciones léxicas: los *Glosarios Silenses* (Santo Domingo de Silos) y las *Glosas Emilianenses* (San Millán)."[3] A la sazón, el mundo ibérico gozaba de unas condiciones especiales, puesto que la evolución de las mezclas raciales componía, sobre la base de un substrato babélico, los grupos godos y romanizados junto con el superestrato semita debido a la presencia de prósperas comunidades sefardíes y al contacto con los invasores arábigos. Todo eso aportó a la Península un pluralismo étnico y cultural que pocos o ningunos países europeos han jamás tenido. En el coro de razas y hablas, nuevos géneros literarios y nuevas modalidades de la expresión artística fueron cobrando forma e impulso. A modo de ejemplo, uno de los personajes novelescos más originales brota, con un destino implícito, del lejano empalme entre la intuición arábiga y la española. Trátase de un precursor de Robinson Crusoe, que por primera vez está esbozado en la narrativa de un moro guadijeño del siglo XII, esto es, el *Hay Beyocdán*, de Aben Tofail—llamado el "Robinson metafísico"—, un ser perdido en una isla ecuatorial

---

Agón, Julio 1954: "Como crítico literario, la lectura de sus obras nos señala el camino de una de sus predilecciones: las letras hispanas." Federico de Onís es mucho más específico, pues afirma que "a través de su obra se encuentran trabajos diversos, llenos de novedad, penetración y sabiduría, sobre las cumbres de la literatura española en su larga historia" (*PSAR*, II, 128). Sobre la vivencia española en Alfonso Reyes, véase: Bárbara Aponte, "The Dialogue Between Alfonso Reyes and Spain," *Sy*, XX (1968), 5–15, y "The Spanish Friendships of Alfonso Reyes" (Tesis doctoral: Universidad de Texas, 1963–64); J. Carner, "Alfonso Reyes y España," *EspP*, I (1940), 37–38; Juan de Garganta, "Alfonso Reyes y las letras españolas," *UA*, XXIII (1949), 111–121; XXIV, 287–294; XXV (1950), 127–136; 307–310; XXVI (1951), 123–140; Andrés Iduarte, "México en España y en Francia. Elogio de Alfonso Reyes," *HoyM*, 16–2–1957; Jerónimo Mallo, "España en la obra de Alfonso Reyes," *Hispania*, XLIII (1961), 153–157; José Mañach, "Vigencia de lo español en América," *CCLC*, XXII (1957), 15–21; Gregorio Marañón, "La presencia de Alfonso Reyes," *CuH*, LXXIV (1956), 150–151.

³A. Reyes, *Mitología griega. Los héroes*, OC, XVII, 163.

que acaso vino al mundo por generación espontánea y, más tarde, cobra una dimensión más definida como personaje en el Andrenio de Gracián, quien vuelve a recorrer el camino del conocimiento en términos del "tema de la tabla rasa."[4]

La lengua venía fijándose en un semillero de lenguas, y la variedad de mitos e ideas matizaba su naciente riqueza. Las notas del éuscaro misterioso suscitaban un pasado homogéneo y mítico; la arcana algarabía de los más bien recientes invasores evocaba los latidos sensorios y sensuales de una percepción refinada; la majestad del lenguaje bíblico se derramaba con cuajos de milenaria sabiduría e imágenes universales por la original contribución de los hijos de Israel naturalizados en el medio peninsular; el caló era una melodía andariega, esporádica, atrayente. El mismo romance era una abstracción repartida en un conjunto de localismos que competían para afirmar su afán de conservación: el leonés por tradición monárquica; el galaico-portugués por su energía pasional; el navarro por inercia histórica; el bable por su propio aislamiento; el catalán por su vigor práctico; el castellano por su implícita dinámica expansiva.

Sobre esa polifonía lingüística prosperaba la variedad de los esquemas expresivos, y es de ver como sus retoños adquirían un perfil original a pesar de estar enraizados en el viejo tronco romano. Su eclosión es poética, según subraya nuestro ensayista: "En la Edad Media, el lirismo y la sátira poética encuentran nuevos tipos independientes de los creados por la Antigüedad clásica. Poco a poco se desprenden nuevas formas de epopeya y novela, crónica y misterio litúrgico, que nacen de la concepción caballeresca y bíblica y de los recursos que aportan las lenguas romances. Véase cómo aparece y desaparece el género de la disputación o controversia entre el clérigo y el caballero o tema de 'las armas y las letras' que llega al *Quijote*, entre el agua y el vino, entre las excelencias y los vicios de la mujer, entre el hombre y la bestia, tema que llega hasta la literatura moderna en el monólogo de 'Segismundo.' "[5]

---

[4]A. Reyes, *No hay tal lugar*, OC, XI, 357.
[5]A. Reyes, *Páginas adicionales*, OC, XIV, 366.

Alfonso Reyes, de gran poeta que era, reconoce que la lírica es la primera manifestación del genio colectivo.[6] El poeta escritor intuye el sello individual y subjetivo de la lírica; el escritor poeta anota su carácter colectivo que se realiza como experiencia mélica. La anonimia de las primeras composiciones subraya esas dos facetas aparentemente contradictorias de su manera de ser individual y colectiva a la vez. Es lo que revela la "lírica galaico-portuguesa que está en el origen de la lírica española y que por dos siglos impuso sus motivos y formas en el centro."[7]

Desde su incubación, la actividad literaria tuvo una como constante, intrínseca en el desarrollo creativo del genio hispánico: el antagonismo fecundo entre el popularismo y el cultismo, que se

---

[6]Sobre el valor de lo poético como ingrediente de la personalidad artística de Alfonso Reyes, y como carisma que impregna la totalidad de su obra, así se expresa Francisco Giner de los Ríos, "Introducción a la poesía de Alfonso Reyes," *CuA*, VII, No. 6 (1948), 252: "Es más, si Alfonso Reyes no fuera, antes que cualquier otra cosa, poeta—y precisamente el poeta Alfonso Reyes—, su obra no tendría la calidad que tiene ni ofrecería al lector que se adentra por ella ese equilibrio, ese tono medido, esa gracia precisa y fina que la caracterizan." Xavier Icaza, "Introducción a la poesía de Reyes," *Nove*, 18-11-1952, hace hincapié sobre el mismo motivo: "Porque . . . es sobre todo artista literario. Lo es en la poesía, lo es en la prosa. Lo mismo en un ensayo filosófico. Igual en cualquier cuento o narración. Y también en la crítica. En suma: el sentido de la arquitectura artística y de la belleza en la expresión, podemos decir que son sus musas—la frase y el conjunto." Max Aub, "Alfonso Reyes, según su poesía," *CuA*, XII, No. 2 (1953), 274, lo define "poeta de todas las horas." Para una apreciación crítica de esta faceta de nuestro autor, véase: Antonio Acevedo Escobedo, "Alfonso Reyes, poeta," *NacionM*, 24-11-1950; María Teresa Balbín, "Epístola a Alfonso Reyes, poeta siempre," *ND*, XXXVII (1958), 26-30; Alfredo Cardona Peña, *Alfonso Reyes en la poesía* (México: Instituto de Intercambio Mexicano-ruso, 1956); Eduardo Carranza, "La poesía natural y refinada de Alfonso Reyes," *BCBC*, X (1967), 755-769; José María Chacón y Calvo, "Alfonso Reyes y su impulso lírico," *PSAR*, I, 32; Ventura Doreste, "La poesía de Alfonso Reyes," *Asomante*, XVI (1960), 20-37; Eugenio Florit, "Alfonso Reyes en la poesía," *CCLC*, No. 41 (1961), 11-12; Manuel Lerín, "Apuntes sobre la poesía de Alfonso Reyes," *CuA*, XIV, No. 3 (1955), 212-226, y "Reyes en su poesía," *NacionM*, 1-10-1954; Jerónimo Mallo, "La obra poética de Alfonso Reyes," *HumM*, IV (1955), 103-112; Concha Meléndez, "Oro de Alfonso Reyes (entrada en su poesía)," *Asomante*, XVI (1960), 35-48; Rosaura Mendoza, "Alfonso Reyes en su poesía," *VUM*, 26-5-1963; Fausto Vega, "Notas a la poesía de Alfonso Reyes," *Nove*, No. 350, 4-12-1955; A. Silva Villalobos, "Una obra poética" *Met*, I, No. 5 (1955), 6-10; Raúl Villaseñor, "La obra poética de Alfonso Reyes," *NacionM*, 9-11-1952; Luis Fabio Xammar, "Escuela lírica de Alfonso Reyes," *LetrasM*, IV, No. 9 (1943), 5, 8.

[7]A. Reyes, *Capítulos de literatura española. Segunda serie*, OC, VI, 278.

ha manifestado con distinto cariz en distintos períodos. Fue avance en la alternancia entre mester de juglaría y mester de clerecía en los comienzos; fue residuo defensivo en las recriminaciones de los tradicionales contra los italianizantes en la época renacentista; fue polémica de cenáculo literario en la divergencia entre conceptistas y culteranos en la época barroca. Destacando el rasgo más privativo de la época que nos concierne, dice nuestro autor: "Hay que recordar, siempre que se trate de la literatura española medieval — ¡y a veces aun la posterior! — que circula por toda ella una profunda corriente de popularismo, y que sólo esto explica algunas de sus diferencias notables frente a la literatura francesa de la época, por ejemplo."[8]

Se debe precisamente a ese popularismo literario cierta simpatía por los héroes levantiscos, quienes trajeron, es cierto, sufrimiento y tensión entre el pueblo, pero también mantuvieron vivo el deseo de la aventura, el sentido de la individualidad, y la resistencia activa o pasiva contra la opresión. Es en la Edad Media cuando se maduró el individualismo español, que substrae al individuo de los prejuicios de la casta y cobija el sentimiento de rebeldía; rasgos éstos que dicen bien con el carácter de Alfonso Reyes, según ha señalado atinadamente un estudioso: "Sean cuales fueren los términos del problema, don Alfonso predica la rebeldía. No hay que resignarse a la pérdida de la libertad, o mejor, a que no tengamos ni hayamos tenido nunca la libertad."[9]

La simpatía de nuestro autor por el popularismo literario no contradice su sensibilidad clásica, porque el suyo no es un humanismo formalista, acatador de normas y principios; no es simple cultivo de humanidades, sino de la humanidad que, por afirmarse en lo individual, reacciona contra el riesgo de ser disuelta en la amorfa presión del conformismo de masa. Y al redimir ese *quid* mágico, inalienable, revelador, la vetusta literatura popularizante peninsular confiere sentido a las insulseces aparentes, pues el hombre ha sido siempre hombre y todos somos hombres. Porque su popularismo consiste en el rescate de esa mismidad que todos

---

[8]A. Reyes, *Capítulos de literatura española. Primera serie, OC*, VI, 17.
[9]Salvador Reyes Nevares, "Alfonso Reyes, ensayista," *Nove*, 17–4–1955.

compartimos como otridad. No es lo mismo que lo mesmo. Por ello, el mexicano universal quiso popularizar esa literatura popular, compensando, según anota una de las más despejadas mentes críticas hispanoamericanas, el escaso "primor filológico" con "la más tierna cercanía humana" y proyectando a "los personajes de la Edad Media, perdidos con su caballo, su adornado cuchillo y su don místico en el trasfondo violento de nuestro caos social americano donde la barbarie nunca invadió la Poesía."[10]

La tentación de excederse en los acercamientos del genio peninsular con los movimientos explosivos o implosivos de la conciencia hispanoamericana está siempre presente, pero el deseo de individuar las raíces de una comunión espiritual es santo y bueno.

En lo literario, hay otro rasgo esencial del popularismo que pone en evidencia nuestro gran ensayista: es lo sucinto, según se manifiesta en los vivaces pareados andaluces o en los primitivos *ciuri* sicilianos, y eso permite captar lo genuino del sentimiento y el vigor de la imagen. Pero, siendo lo popular lo que es, no ha de extrañar su ambivalencia, de tal suerte que la mezcla es la regla, y no el espécimen puro; que a la postre, las esencias puras son más bien fruto de abstracción y no entidades vitales. Por efecto de esa ambivalencia animadora, lo sucinto se entrevera con la tendencia opuesta, esto es, "la difusión enumerativa whitmaniana" y hasta "la amplificación por el arrebato del asunto."[11] Con el tiempo, la sensibilidad sintética de lo popular fue disipándose con obvios perjuicios de la perspicuidad expresiva de la lengua. Su causa ha de buscarse, según nuestro autor, en la influencia de los métodos

---

[10]Mariano Picón-Salas, "Una ciudad en la estepa," *NacionM*, 21–9–1949.

[11]Al elaborar el concepto de *amplificación*, Alfonso Reyes añade: "Verdad es que el Romancero del Cid amplifica breves toques de la tradición cidiana, pero es que tal Romancero no representa una tema popular en pureza, sino una falsificación popular de poeta culto. La amplificación, a la que podemos aplicar el nombre de 'farsa', es obra, en general, de arte culto. ('Farsa' tiene hoy sentido humorístico. 'Farsa' se dijo de ciertos pequeños pasos teatrales que, en efecto, pronto dieron en la comicidad. Pero originalmente, las farsas eran compases de diálogos embutidos en la liturgia eclesiástica, como explicación de sus misterios o glosas extracanónicas; del latín, 'farcire')," *La experiencia literaria*, OC, XIV, 61. Para la amplificación como recursos estilístico en la tradición medieval, véase C. Gariano, *El enfoque estilístico y estructural de las obras medievales* (Madrid: Ediciones Alcalá, 1968), pp. 49–52.

educativos de la escolástica, "la cual, después de su florecimiento y bajo los ataques de Ramón Lull y de Luis Vives, perduró en la enseñanza y saturó las mentes, y de aquí que el estilo castellano se haya llenado de barreras y estorbos."[12] La afirmación es tajante, y tiene sus puntas y ribetes; pero no es este el momento ni el lugar para ponerla en tela de juicio, pues viene de un autor que tiene vara alta, o como dicen los mexicanos, porque es el mero mero.

La figura de Lull, o Lulio, ya sacado a colación incidentalmente, es uno de los ejemplares sublimes de la obra de mutua intensificación con que se enlazaban las distintas corrientes étnicas, lingüísticas y culturales de la Península. El Doctor Iluminado es una personalidad compleja, múltiple, insólita. Sobre su fondo de místico cristiano se habían estratificado otras vivencias culturales. Ante todo, sus conocimientos del árabe—conocimientos de fondo, no simple curiosidad lingüística, según prueba su estreno de escritor algarabiado.[13] A esto añádase su interés por todos los problemas humanos, al lado de los asuntos teológicos. Su temática, por supuesto, era medieval y se desenvolvía sobre el trasfondo de la sociedad medieval. En ese contexto, el gran mexicano subraya la importancia del *Libre del Orden de Cavayleria*, que "se destaca entre los demás del Iluminado mallorquí por su caráter relativamente profano o ajeno a la preocupación teológica."[14] Alfonso Reyes encarece los valores prominentes de esa obra, pues completa en forma orgánica las doctrinas caballerescas del sabio mallorquín, proporciona un manantial de preciosas noticias históricas de la época, y desarrolla con galas de arte el tema del caballero dormido, llevado automáticamente por su palafrén al retiro de un ermitaño. Además, este libro fue un antecedente de alcance literario en las literaturas peninsulares: basta mencionar el *Libro de caballero y escudero*, de don Juan Manuel, y el de *Tirante el Blanco*.

Aun en *Blanquerna*, la obra maestra de Raimundo Lull, lo

---

[12]A. Reyes, *Cuestiones estéticas*, OC, I, 125.
[13]Cf. A. Reyes, *Capítulos de literatura española. Segunda serie*, OC, VI, 340: "Lull era versado en libros árabes, y aun compuso en árabe una de sus obras, el *Libro del gentil y de los tres sabios*."
[14]A. Reyes, *Capítulos de literatura española. Segunda serie*, OC, VI, 338.

maravilloso se hace apéndice de lo real, y en su clima fantástico se debaten algunos de los problemas más palpitantes de la época: "En el desfile de episodios sencillos, que tienden a cristianizar algo más los hábitos jurídicos todavía un tanto gentiles, sentimos que se abren paso las preocupaciones por reconquistar la Tierra Santa, por difundir el conocimiento de las lenguas orientales, por quebrantar el error averroísta, por probar los dogmas de la fe a la luz de la razón natural; todo ello preocupaciones reales y actuales."[15] Por una arcana dicotomía del espíritu, el elemento utópico coincidió, en el sueño o visión del santo mallorquín, con el elemento pragmático, puesto que el anhelo de mejora social lleva implícita una realidad posterior. El aflato poético de su obra se aureola de proféticas vislumbres y absorbe contornos reales en los esquicios de su intuición: en la concreción de ese presagio, el lejano sueño del hombre totalmente civilizado "enciende el halo con que la veneración envuelve las sienes de Ramón Lull, el Doctor Iluminado, a quien se atribuye sentido profético en su *Nueva y compendiosa geometría*."[16]

En el contexto de esas inquietudes, la Península Ibérica vino a unificar en sus entrañas, gracias a la intercomunicación de culturas opuestas o heterogéneas, una dualidad que acaso redime todo el Medievo. En el tiempo, fue una simple etapa histórica; en el espacio, tan sólo circunstancia territorial; pero en la sensibilidad fue semilla certera. Sus rebrotes fueron constantes, y llegaron hasta generaciones más recientes de un modo contagioso, fuera de España antes que en la propia España, pues "el Oriente y la Edad Media encendían de luz refleja a los románticos europeos."[17] Acaso no sea simple coincidencia que el membrete de romanticismo brote como gemación del étimo de romance, que entre sus acepciones conlleva la forma y espíritu de una composición típica peninsular, cuyo lirismo se prestaba a renovar la raíz militante de la Edad Media en tiempos más recientes.[18] Romántica en su arre-

---

[15]A. Reyes, *No hay tal lugar, OC,* XI, 356.
[16]A. Reyes, *Última Tule, OC,* XI, 13.
[17]A. Reyes, *Letras de la Nueva España, OC,* XII, 297.
[18]Es lo que sugiere Alfonso Reyes, *Mitología griega. Los héroes, OC,* XVII, 165, atento a la plenitud de avances histórico-literarios que confluyen en el movimiento romántico: "A través de múltiples evoluciones semánticas, de estos

bato, cruel o tierna en sus explosiones, siempre intensa en su expresión, Castilla incubó un sueño poético destinado a convertirse en realidad histórica.

Por esa razón, el canto popular evocaba la hazaña y anticipaba una epopeya real en las inflexiones de una epopeya artística. El romance—bien sea producto o precursor de la épica—era la acción en términos líricos y se ataba a las figuras de los próceres hechos a una concepción estoica de la vida. Antes que Castilla fuese un estado político, fue un estado de conciencia colectiva y volitiva. El hombre castellano llevaba en sí las entrañas de su propio terruño, y los cantares del pueblo transponían sus robustas leyendas románticas en notas de romance. Su recuerdo se hace y rehace con notas de actualización en la mente alfonsina, como invocando un estallido de medievalidad en el remanso rutinario del presente: "Dice el romance de Fernán González, caudillo milenario de la independencia castellana, que la tierra misma se abrió para tragarse a las huestes del rey Almanzor, cuando llevaban guerra a Castilla. La tierra tiene hoy entrañas muy duras. Pero, ¡quién sabe, quién sabe!"[19] El sentido épico de Castilla tenía sabor telúrico, porque en ella la lucha no era siniestro derrame de sangre en carnicerías ideológicas o sacrificales. Era propósito secular, cita de rescate y retorno, era sentido territorial por necesidad de completarse. Más tarde, el romance condensa, y condena, alguna de las crueles experiencias históricas que tardaron en borrarse del recuerdo popular: por ejemplo, el regicidio perpetrado en Zamora contra Don Sancho de Castilla.[20]

---

temas de fantasía, de amor y guerra, ha de nacer el concepto de lo 'romántico', que primeramente, y por singular desviación, se aplicó desde el siglo XVIII, a la descripción de los paisajes naturales, y se mezcló pronto con 'lo romancesco', lo caprichoso y lo alocado."

[19]A. Reyes, *Los trabajos y los días*, OC, IX, 330.

[20]Refiriéndose a este episodio, Alfonso Reyes, *Las vísperas de España*, OC, II, 289-290, anota cierta desarmonía que traslada un eco de la brutalidad del momento histórico a la estructura interna del poema: "Ya a la muerte del Rey don Sancho, herido a mansalva en ocasión de una materialidad tan humilde, es uno de los rasgos más típicamente crueles, más heroicamente prosaicos del Romancero Viejo." Subrayando el popularismo del romance, así resume la casi milenaria tradición del género según derrama sus gérmenes por las sendas imperiales de España: "En el racimo de temas populares, el romance es la rama de oro. Los

Por el signo épico, el sino histórico de Castilla coincide con su vocación literaria. Esa simple verdad se traspapeló por largo tiempo entre los doctos europeos, y sin sombra siquiera de resentimiento o reconvención, anota el gran mexicano que "en 1865 el sabio romanista Gastón París escribía: 'España no ha tenido epopeya' ": desacierto ese, que rectificó en menos de un decenio la detenida investigación de Milá y Fontanals, y que la obra de su discípulo, el enciclopédico Menéndez y Pelayo, deshizo por completo, puesto que él "popularizó los trabajos de su maestro, arrancándoles todo el secreto de su trascendencia estética y humana; y finalmente, los investigadores que le han sucedido han logrado reconstruir pieza por pieza la gran armadura de la epopeya."[21]

El más antiguo documento épico es el cantar de los *Infantes de Lara*, cuya lúgubre trenodia refleja acaso el espíritu de sus tiempos, aunque el gran mexicano se inclina a ver en su estructura una correlación con el *planctus* heredado de la inconsolable escena de Carlomagno mesándose las barbas ante los cadáveres de sus mejores adalides. Ese poderoso cantar quedó ignorado con el resto de la épica castellana, pese al esfuerzo editorial del bibliotecario Tomás Antonio Sánchez en el siglo XVIII. El mismo cantar cidiano pasó, durante varias generaciones, por un pobre remedo de la épica francesa. Más tarde, la extensa revalorización crítica indujo a otro error—el de reducir toda la épica castellana al solo cantar del Cid. Es cierto que el astro mayor eclipsa a los demás, pero eso no hace justicia a la tradición literaria de todo el orbe hispánico, porque la epopeya constituye su primera cepa germinante.

Don Alfonso cita algunos de los documentos épicos que

romances viejos comienzan a aparecer en España desde el siglo XV, a modo de abreviaciones o reliquias de la antigua épica (s. VII), y han recorrido por todas las tierras donde no se ponía el sol. A México llegaron con los mismos conquistadores, que los recitaban de caballo a caballo. Al avistar la ciudad de Tenochtitlán, dice a Cortés, uno de sus tenientes: 'Cata Francia, Montesinos,/ cata París, la ciudad.' Cortés, haciendo augurios sobre la empresa que le aguardaba, contesta: 'Dénos Dios ventura en armas,/ como al paladín Roldán . . .' ": *La experiencia literaria, OC*, XIV, 69–70.

[21] A. Reyes, *Entre libros, OC*, VII, 300.

enriquecen la vieja tradición castellana: el ya visto cantar de los *Infantes de Lara*, el *Cantar de Rodrigo*, el *Poema de Fernán González*, el *Poema de Alfonso XI*. Pero su mérito no consiste en el inventario filológico, de suyo incompleto, sino en la apología literaria hecha con tono de confianza y madurez en una época en que su voz tenía el timbre del precursor, del sabio convencido de la grandeza de un género literario sobre el cual aún aleteaba cierta condescendiente indolencia: "Es sabido que se ha logrado desentrañar de las antiguas crónicas los restos de cantares prosificados; que venían a suplir así los datos de la historia; que se han recogido aquí y allá cuantos fragmentos sirven para ilustrar la evolución de un florecimiento épico tan abundante que sus mismos frutos (romances y crónicas) acabaron por sepultarlo. Así se ha podido demostrar que España, y en especial Castilla, tuvo —con apogeo en los siglos XI y XII y decadencia, todavía importante, durante los siglos siguientes— la pasión y el culto de la poesía heroica, característica del mundo germano-latino de la segunda mitad de la Edad Media." (*Ibid.*) España no estaba fuera de la corriente más creativa del alma europea; acaso fue la que más cerca estuvo, pues enriqueció los paradigmas épicos corrientes con el impulso de su propio genio poetizando el tema realista con primor popularizante.

El panorama de los orígenes de lo hispánico es vasto y múltiple, y como ofrece mucha tela que cortar, Alfonso Reyes corta a su gusto, omitiendo detalles eruditos cuando son mera recarga, de suerte que su meditación cala lo esencial de una corriente plasmadora de la literatura medieval. Los brochazos impresionistas con que se enfrenta —nos enfrenta— al panorama pretérito dejan anchas lagunas, y las dejan grávidas de significados y potencialidades. Es así como él recrea el fondo significante de la cultura, preparando el trasfondo artístico sobre el cual se yergue la silueta del héroe representativo de la raza con un nimbo de vida que sólo su pluma logra fijar en chispas y chispazos palpitantes. Quién supiera componer el cuadro con esas cálidas teselas alfonsinas . . .

El Cid. —La tradición épica del Cid atrae la atención de Alfonso Reyes temprano en su vida y absorbe su interés en la fase

54

inicial del período madrileño (1914–1924), en que se madura
—de los veinticinco a los treinta y cinco años—la intensidad de su
vocación literaria. Por entonces, se vigoriza su afán de universalis-
mo con un proceso de ósmosis cultural de lo hispánico, lo cual lo
lleva de suyo a ahondar el estudio de la epopeya, puesto que esta
coincide con el afirmarse de la conciencia castellana entre los
grupos humanos que emergen del fermento de vida medieval. En
Madrid, según se ha dicho, se allega al vivero de actividad intelectual que tuvo una influencia decisiva en su actitud frente a la
cultura española, esto es, el Centro de Estudios Históricos, bajo la
dirección del más eminente filólogo peninsular.[22] Los beneficios
de los años pasados por nuestro autor en el Centro se reconocen
en forma explícita, pues bajo la guía de "Menéndez Pidal, se
perfeccionó en las disciplinas de la investigación histórica."[23] Una
autora interesada en anudar la red de las múltiples relaciones
artísticas y eruditas del insigne polígrafo mexicano con el mundo
español pone de relieve que "Reyes se entregó a la disciplina del
Centro con humildad sorprendente en un escritor creativo."[24] Lo
cual no ha de sorprender ni tanto, ni tan poco, porque estaba
dotado de una ambivalencia asombrosa que le permitía dedicarse
tanto a la libertad de la imaginación creadora como al rigor de la
labor científica. De ahí nace su interés por la reconstrucción
histórica del pasado, su enfoque filológico de los textos y su
empeño exegético por los viejos documentos literarios. Sigamos
cierto orden.

1. *Interés filológico*: La dedicación con que el célebre ensayista se consagra al estudio del cantar cidiano brinda frutos

---

[22]Cf. la nota autobiográfica consignada por Alfonso Reyes en *Vísperas de
España*, *OC*, II, 41: "A raíz de mi llegada a Madrid . . . me relacioné con la gente del
Ateneo (Secretario, Manuel Azaña), que más tarde me honraría nombrándome
Secretario de su Sección Literaria; me relacioné con el Centro de Estudios Históri-
cos, donde me cupo la suerte de trabajar durante cinco años bajo la dirección de D.
Ramón Menéndez Pidal, y rodeado de la compañía y consejo de Américo Castro,
Federico de Onís, Tomás Navarro Tomás, Antonio G. Solalinde, Justo Gómez
Acerrín."
[23]Luis G. Urbina, *loc. cit.*
[24]Bárbara B. Aponte, "El diálogo entre Alfonso Reyes y Ramón Menéndez
Pidal," *loc. cit.*, p. 16.

copiosos desde un primer comienzo. Lo señala con acierto la misma Gabriela Mistral al afirmar que Alfonso Reyes "trasvasa el *Poema del Cid* con manos dignas de la operación."[25] Joven aún, saca a luz la primera edición del poema con criterios distintos de los que prevalecían en la escuela madrileña de su maestro Menédez Pidal.[26] Como en otros textos medievales, también en esta edición del cantar cidiano se deja guiar por su afán de poner las antiguas obras al alcance del lector corriente; lo cual corresponde al anhelo universalizador de su quehacer literario. Las ediciones críticas y paleográficas del viejo poema satisfacen tan sólo al medievalista especializado; en cambio, el texto de Reyes franquea los problemas técnicos y actualiza el mensaje literario de la obra adoptando un recurso editorial que se ha recomendado con mucha eficacia: "Esta última edición tiene una novedad, que es de aconsejar en las bibliotecas populares, cuando se trata de reproducir textos arcaicos: es la prosificación en lenguaje moderno, a plana con el texto original."[27]

El acercamiento popularizador al antiguo poema no implica que se haya enfriado su interés filológico. Hay que tener en cuenta que no pretendía duplicar la labor llevada a cabo por Menéndez Pidal y que pronto los encargos oficiales le iban a dejar poco tiempo para cotejos textuales o papeletización de materiales lingüísticos. Con todo eso, sus intereses filológicos se mantuvieron siempre despiertos. Por ejemplo, al dilucidar el aporte de ciertas colecciones particulares de manuscritos y documentos literarios, se refiere, muy apropiadamente, al *"Mío Cid*, del Marqués de Pidal, sobre el cual edificó Menéndez Pidal su magna edición";[28] y pondera el alcance de ciertos descubrimientos que vienen a colmar las lagunas existentes, sacando a colación el fragmento de *Roncesvalles* en el marco de la filología romance: "En cien versos, aclara puntos oscuros de la épica, muestra la elaboración es-

---

[25]Gabriela Mistral, "Alfonso Reyes, maestro," *PSAR*, I, 259.
[26]A. Reyes, *Poema del Cid* (Madrid: Espasa-Calpe, 1919).
[27]Andrenio [E. Gómez de Baquero], "Los libros de Alfonso Reyes," *La Época*, 3–12–1921. Cf. también Raúl Silva Castro, "Notas sobre Alfonso Reyes," *El Libro y el Pueblo*, México, octubre, 1933.
[28]A. Reyes, "La crítica literaria y sus instrumentos," *OC*, XIV, 367.

pañola de la *Chanson de Roland*, llena el vacío que existía entre la métrica del *Cid* y la de los viejos romances de derivación épica."[29] En el estudio del primitivo cantar cidiano, las sirtes que asechan al estudioso son de índole lingüística y textual. La evolución lingüística es un proceso que actúa a largo plazo y afecta todos los niveles del habla, de lo fonológico a lo semántico, aun cuando sus efectos no sean manifiestos para la misma generación de hablantes. En cambio, la obra de arte aflora en un momento dado de ese proceso evolutivo y cristaliza como un islote estable dentro del caudaloso avance de la lengua. Es un como cuajo verbal, que atrapa el tiempo hecho cultura y detiene sus características significantes en contraste con el cariz de las sucesivas etapas lingüísticas. De nuevo, el célebre ensayista se apoya sobre el texto cidiano: "Aunque la evolución sea más lenta en las lenguas que han alcanzado la etapa de cultura, no por esto dejan éstas de mudar en imperceptible oxidación. Para poner al alcance del lector medio el *Poema del Cid*, ha habido que hacer, en nuestros días, no menos de dos versiones en lengua moderna, la una en prosa y la otra en verso."[30]

Además del poema, la lengua arcaica se fija con frecuencia en el refrán, en el cual cristaliza otro aspecto de la anónima sabiduría popular. Con lo lingüístico, sedimenta también el espíritu generador, que no siempre tiene raíces cristianas en la cristiana cultura hispánica. Al encararse con el substrato de la sensibilidad colectiva que se traslada a la estructura paremiológica, Alfonso Reyes no puede menos de escuchar los ecos del mito con el cual el pueblo español se siente identificado: "También sale en ellos a flote el espíritu de rebeldía tan característico del pueblo que ha cantado a Fernán González, a Bernardo del Carpio y al Cid (todos levantiscos)."[31]

Tanto la obra literaria, que es fruto de una sensibilidad individual, como el refrán, que encierra un lento proceso de intuición colectiva, adoptan de la lengua los medios expresivos de

---

[29]*Loc. cit.*, p. 368. Cf. las pp. 372–373 sobre las fuentes impresas de las colecciones de clásicos castellanos.
[30]A. Reyes, *La experiencia literaria*, OC, XIV, 35.
[31]A. Reyes, *Cuestiones estéticas*, OC, I, 167.

la forma artística o de la estructura lógica. La obra es el fin; la palabra es el medio. Pero la palabra es también la sabiduría, don caído entre los seres humanos desde el consenso de los dioses. Adentrándose en las misteriosas relaciones de la lengua con la sabiduría, Alfonso Reyes vuelve al cantar cidiano. El silencio, para él, es de menos valer que el habla humana, salvo cuando se lo considera como un elemento del habla misma. Los dos cobran sentido gracias a la reciprocidad de sus relaciones: el habla sin cesuras de silencio es amorfa fonación; el silencio sin voz ni ademán es triste imagen del vacío. Es lo que ocurre en achaques de lingüística al servicio de la comunicación. Pero el propósito estético puede lograr sus efectos aun por el camino del silencio, de la inhibición y del mutismo, de lo cual ofrece un antecedente uno de los personajes menores del poema cidiano: "Ya Pero Mudo, a quien el Cid llama 'varón que tanto calla,' desafía con la fuerza a su elocuente adversario: 'Lengua sin manos, —dice— ¿cómo es que te atreves a hablar?': y desenvaina la espada, con la que se explica mejor que con el discurso."[32]

Esa reacción es bárbara; y si tiene cabida en el arte, es porque el arte crea su mundo captando los varios aspectos de lo humano. Pero el arte no es toda la vida. Es sólo una faceta de ella, aun cuando la represente con mayor intensidad. Por ser la vida una compleja red de relaciones, su devenir no tiene más recurso que la palabra. El tránsito de la lengua a la vida ha de ser vehículo de sabiduría, esencia mejoradora del género humano. Esa es la lección que Alfonso Reyes saca a contrario sensu meditando sobre el problema de la lengua en el más taciturno de los personajes del cantar cidiano. Ensanchando, luego, el radio de su meditación hacia los héroes de la épica helénica, Aquiles aparece como el más poderoso de los personajes homéricos, y Néstor como el más humano en virtud del don del habla persuasiva. La cólera de Aquiles se madura en los abismos del silencio. En cambio, Ruy Díaz y Ulises son más sabios, porque acompañan la acción con la

---

[32]A. Reyes, *La antigua retórica*, OC, XIII, 371. El episodio de Pero Mudo atrajo la atención de Reyes también en otras oportunidades: Cf. *Simpatías y diferencias*, OC, IV, 570; *Junta de sombras*, OC, XVII, 393; *Pasado inmediato*, OC, XII, 184.

mesura de la palabra. Su heroísmo no infunde pavor; pero el del héroe taciturno incuba la amenaza de agresivas represiones.

De tal modo, un simple problema de lingüística se convierte, en el pensamiento de Alfonso Reyes, en una cuestión de ética colectiva a través de la función iluminadora del habla. El mensaje de la épica—la cidiana y la homérica—ensalza el valor de la palabra en el proceso de humanización de las masas por virtud del verbo meditado: "Enseñar a decir al hombre, adiestrarlo en la dicción, es humanizarlo o 'desanimalizarlo.' "[33]

Es cierto que el impacto de la lengua sobre el progreso humano es fundamental; con todo, Reyes no omite sus fines más limitados dentro del ámbito filológico. A veces su alcance afecta la tradición textual, según anota nuestro autor en una fugaz referencia a otro erudito: "Junto a algunos errores de transcripción, trata de aquellos que provienen al transportar el texto de una a otra época de la lengua (*Poema del Cid*)."[34] En otra oportunidad, su interés se aviva aun frente a ciertas menudencias filológicas referentes a la publicación de dos documentos sellados por el Cid y doña Jimena. El diploma del Cid contiene una dotación en beneficio de la catedral de Valencia. El de doña Jimena, promete otorgar el diezmo de sus futuras ganancias a la iglesia. Con sutil perspicacia, nuestro autor observa que tal promesa equivale a un mero deseo, pues el Cid estaba ya muerto y las condiciones de los cristianos sitiados en Valencia no eran demasiado prósperas. Dejando a un lado el efecto que tales documentos puedan tener sobre anticuarios y filológos, Alfonso Reyes capta resonancias de otro orden: "A vista de los pergaminos arcaicos, toda una época resucita. Ya es como un pequeño drama en dos cuadros."[35]

Su interés por la epopeya no se limita a la corriente peninsular ni a las sagas medievales. En toda épica, él ve un momento dialéctico de la evolución espiritual, una etapa hermosa e ingenua de la conciencia colectiva que experimenta en un mismo instante lo embriago de la acción y del canto. Seducido por ese momento artístico en el proceso civilizador de la humanidad, dirige su

---

[33]A. Reyes, *La antigua retórica, loc. cit.*
[34]A. Reyes, *La experiencia literaria, OC*, XIV, 178.
[35]A. Reyes, *Entre libros, OC*, VII, 359.

mirada también a la épica homérica, y realiza una obra que es gloria continental. El encanto de Grecia se combina con el orgullo de Castilla hasta en el plano filológico, pues destaca, de acuerdo con el helenista Víctor Berard, la influencia de la escuela madrileña sobre ciertos aspectos de la añeja cuestión homérica: "La filología española de los últimos tiempos ha ejercido grande influencia sobre los métodos de estudio de la epopeya homérica (aquí recuerda particularmente las precisiones geográficas que don Ramón Menéndez Pidal ha traído al estudio del *Poema del Cid*)."[36] A la postre, insinúa Alfonso Reyes, las particiones de los estudios filológicos no han de impedir el intercambio de las varias disciplinas, y la extensión de su saber corrobora ese presupuesto unificador en aras de una más honda apreciación del contenido poético de las obras maestras de la antigüedad. No puede esperarse menos de un escritor que reúne en sí la paciencia del erudito y la sensibilidad del artista.

2. *De la historia al mito*: Tras su dedicación al texto, el sabio ensayista anota que la esencia poética del cantar juglaresco gravita alrededor del protagonista. Antes que héroe épico, Ruy Díaz del Vivar es persona real, personaje histórico, presencia humana, por lo cual se adhiere al medio físico de la Península y a los demás seres que actúan en el escenario de su generación. Alfonso Reyes intuye esa realidad y la evoca de distinta manera. A veces es el medio que sugiere al personaje. A modo de ejemplo, hallándose nuestro autor en Santa Gadea, de rebote columbra la relación con el personaje histórico, pues fue allí donde "el Cid tomó la jura al Rey, aquella jura que le hizo al Rey tan poca gracia."[37] En otro caso, se siente sólo el eco de voces que gritan su mensaje, como el lamento de la infanta apoyada por el Cid contra las pretensiones de su injusto hermano: "Siempre a la hora de las distribuciones se escucha, como en el romance castellano, la voz iracunda de doña Urraca:

---

[36] A. Reyes, *Simpatías y diferencias*, OC, IV, 88.
[37] A. Reyes, *Las vísperas de España*, OC, II, 114.

A mí, porque soy mujer,
dejáisme desheredada;
irme he yo por esas tierras
como una mujer errada."[38]

Alfonso Reyes explora el mundo medieval con seguridad y amplitud; y como el saber no lo tiene prendido con alfileres, nos suple respuestas aun a problemas no expresamente planteados. Al pintar una escena de vida antigua, nos informa que desde el siglo VIII se importaban a Europa ejemplares vivos de la fauna oriental. De paso, inyecta fragmentos de historia en la poesía épica, en la más fantástica del género: la épica francesa. Aun en este caso, nos recomienda adelantar con pies de plomo antes de achacarlo todo a simple invento de la imaginación: "Cuando, más tarde, la *Chanson de Roland* habla de osos, leones y camellos ofrecidos a Carlomagno por el sarraceno Marsilio, no todo es invención poética. Estos presentes de los príncipes asiáticos a los emperadores tuvieron su época."[39] Se trata de un antecedente del jardín zoológico que indirectamenta puede aplicarse al episodio del león en la corte del Cid. Con harta frecuencia, se considera ese episodio como uno de los pocos elementos fantásticos del cantar; en cambio, su información ayuda a aceptarlo como un dato realista y plausible, que dice bien con la intención satírica de destacar el contraste entre la robusta hidalguía castellana y la anémica casta de los señoritos aristocráticos.

Circunscrita dentro de su ambiente histórico y social, la figura del Cid cobra un nuevo relieve a través de la meditación alfonsina. Se destaca como el adalid de la clase mejor preparada para el movimiento ascensional de la historia—la pleamar dentro del orden social. La clase hidalga posee las energías más sanas, la moralidad más compacta, el espíritu de abnegación más firme.

---

[38]A. Reyes, *Los trabajos y los días*, OC, IX, 310.
[39]A. Reyes, *La afición de Grecia*, OC, XIX, 361, en que se documenta su testimonio con la autoridad de: G. Loisel, *Histoire des Ménageries* (París, 1912); Ch. H. Haskin, *Studies in the History of Medieval Science* (Cambridge, Mass., 1924). De paso, huelga mencionar que el carácter realista del episodio del león del Cid se defiende en mi artículo "Lo religioso y lo fantástico en el 'Poema de Mío Cid,' " *Hispania*, XLVII (1964), 67–78.

Por encima de la comunión de ideales y fines, el choque de intereses la lleva a enfrentarse a la aristocracia insegura, cruel, intrigante, agresiva. En ese choque, el éxito del individuo más capaz trasciende la esclerótica estratificación de clases y castas. El conflicto de fuerzas sociales fomenta la movilidad del individuo dotado de energía y condiciones de mando. Su triunfo es la única nota optimista en el panorama de antagonismos sociales y privilegios hereditarios. El éxito individual crea al héroe y brinda una solución colectiva. "El Cid representa la parte más ruda de la vida" frente a "la aristocracia afeminada —las manos de los Infantes de Carrión," confirmando el verdicto histórico en favor de la parte del Cid, la cual, con toda su simpleza, está "alzada a dominar."[40]

Así enfocado, el Cid no es un símbolo, sino un representante histórico. Como tal, intuye las razones esenciales del conflicto; aúna a los caudillos de la resistencia preparándolos para el ataque; organiza los planes y recursos asequibles; al fin, dirige a su grupo hacia un triunfo inesperado en la fase de la lucha por sobrevivir, acumulando, alrededor de su propia persona, grandes odios del lado de sus adversarios y grandes cariños entre los rangos de sus adeptos. El conflicto social continúa en el destierro, aun cuando parezca reprimido por las contiendas armadas contra los moros. Bajo el peso de semejantes antagonismos, la rebeldía es el primer impulso natural; pero el verdadero conductor se revela al dominar ese irracional estallido. Su ponderado objetivo es el de interrumpir la alianza entre la Corona y la aristocracia, porque los destinos históricos de Castilla postulan otra orientación. Por lo tanto, los dos propósitos del Cid, escuetamente señalados por Alfonso Reyes, adquieren un valor compensatorio; a saber: "Crecer en provecho, ablandar al rey" (*Ibid.*).

Trátase de dos propósitos que, tomados como fines, son repugnantes, porque coinciden con la codicia y el servilismo. Pero nuestro autor los considera como medios al servicio de un fin superior, determinando, con el cambio de perspectiva, una inversión de valores que permite al héroe hacer alarde de sus dotes mejores. El primer rasgo negativo, verdadera codicia en su punto

---

[40]A. Reyes, *El cazador*, OC, III, 194.

de arranque, se convierte en motivo de generosidad una vez llevado a cabo. Su logro satisface una aparente contradicción síquica—tenerlo para darlo. Lo de tenerlo atestigua el poder del individuo, siendo, para Reyes, "signo de energía acumulada"; lo de quererlo dar reivindica la independencia del héroe frente al objeto, al inerte botín, y restablece la espontaneidad del impulso original: "generosos arrebatos de caudillo bárbaro," en el pintoresco lenguaje de nuestro ensayista. (*Ibid.*)

El otro rasgo aparentemente negativo—ablandar al monarca—trasciende el simple servilismo cortesano por efecto de las personas y circunstancias involucradas. El Cid tiene buenos motivos de recelo por un soberano a quien ha hostigado antes de acatar su autoridad. Se trata del rey que lo ha privado de sus derechos civiles, separado de su hogar, apartado del goce de sus bienes; que lo ha arrojado entre gente foránea después de condenarlo de cohecho. Más tarde la situación se vuelve a su favor, puesto que el éxito militar le devuelve con creces exponenciales lo que la Corona le ha quitado con legalidad, aunque no con justicia. Al mantener inalterado su homenaje de buen vasallo, el Cid no hace concesiones a las dobleces de la sabiduría popular, por las cuales manos besa el hombre que quisiera ver cortadas. Su conducta se inspira en una sabiduría superior. Es el poder del autodominio, gracias al cual el Cid se vence a sí mismo, acalla sus impulsos irracionales, su justificado anhelo de venganza, y por consiguiente se ubica por encima de los egoísmos y trapazas del mundillo aristocrático.

El hidalgo del Vivar conoce muy bien a los hombres, inclusive los reyes castellanos; y por conocerlos, sabe que se precisa tener paciencia y adoptar los medios adecuados para llegar a manejarlos. Por tal razón, nunca se le ocurre desnaturalizarse. Aun en las horas más sombrías del destierro, él sigue considerándose miembro de la sociedad castellana. Y por cierto, es esa una de sus glorias mayores, pues su voluntad de integración social, según destaca Alfonso Reyes, determina el cambio de valores en los dos mencionados aspectos negativos de crecer en provecho y ablandar al rey. Más crece en provecho y más fácil le resulta ablandar al rey. Añádase que más gana y más tiene que compartir con los necesitados que se adhieren a su causa, afianzando así una conciencia social en contraste con la clase dominante. Al ablandar al rey, subsana la afrenta del rechazo sufrido dentro de su sociedad. Por lo tanto, la reparación recibida restablece el orden, sin merma del heroísmo personal. El autodominio del héroe agraviado no es ningún signo de flojedad. Al contrario, demuestra que si con la paciencia se gana el cielo, con la tolerancia política, también, se evita componer el error del individuo con el error de la sociedad. El poeta del cantar intuye un rasgo intrínseco del heroísmo ibérico —su mesura: que no quita lo cortés a lo valiente.

Es obvio, pues, que el concepto de heroísmo no es una facultad simple y unidireccional, que equivale al arrojo del individuo esforzado; es una síntesis axiológica. Y como el héroe no edifica sobre arena, su virtud cunde en las bases sobre las cuales se apoya su liderazgo, esto es, la parte más sana del pueblo. Una nueva esencia democrática brota del poema cidiano. Se basa, ante todo, en la estructura derechera del héroe. Se basa también en el destino literario del poema. De tal barba, tal escama. Nacido de la interpretación del anhelo popular en el alma de un anónimo trovador medieval, el poema circula entre el pueblo merced a la difusión de los juglares. Su atributo inconfundible—el popularismo—anticipa un rasgo dominante en la naciente literatura castellana.[41]

Huelga añadir que ese popularismo, gracias al cual la historia irrumpe en la poesía, reconduce a la epopeya española hacia las entrañas más remotas de la cultura. Los arios gozan con transponer la acción al canto y convertir las más nobles hazañas históricas en cifra poética, perpetuándolas con sus bardos entre el pueblo, en el cual se originan. La poesía redime los horrores de la vida como lucha y reivindica la belleza del heroísmo. Dirigiendo su ojo avizor hacia lejanas ascendencias, Alfonso Reyes no puede menos de encontrarse con aedos y rapsodas, y otra vez subraya el

---

[41]Para una visión de conjunto del fondo histórico-social sobre el cual se proyecta el mito poético del Cid, véase: R. Dozy, *Recherches sur l'histoire et la littérature de l'Espagne pendant le Moyen Âge* (13ra. ed.; Amsterdam: Oriental Press, 1965), vol. II; Ramón Menéndez Pidal, *La España del Cid* (Madrid: Espasa-Calpe, 1956), 2 vols.; Edmundo de Chasca, *El arte juglaresco en el "Cantar de Mío Cid"* (Madrid: Gredos, 1967), cap. VII *et passim*.

rasgo del popularismo en la epopeya castellana. El aedo helénico calza el coturno no sólo por su diferencia de estilo y sensibilidad, sino por su fundamental actitud ante el público: "Si los juglares de la Edad Media recitaban para el pueblo y ante el pueblo en las rutas de los peregrinos que iban a los grandes santuarios, los rapsodas homéricos recitaban para los magnates y capitanes, en las salas de los monarcas. El estilo de las epopeyas antiguas y el de las medievales deja sentir naturalmente la diferencia de los auditorios a que se destinan."[42] Por eso, la épica peninsular tiene una excepcional adhesión a la realidad histórica, aunque tal modalidad hay que entenderla *cum grano salis*, ya que la épica se enfrenta con el Cid histórico captando su lado poético al paso que el Cid se enfrenta con la épica imprimiéndole el sello de su personalidad.

Es natural, pues, que Alfonso Reyes, cuando dirige una mirada poética a algún héroe histórico, se refiera por analogía al Cid. Es lo que ocurre a propósito del popular caudillo italiano Garibaldi, junto con su esposa Anita, cuando los persiguen los agentes de la represión: "Los remeros, desconfiados y asustadizos, los abandonan en una aldea donde nadie quiere recibirlos, como al Cid cuando pasaba desterrado por Burgos."[43] La historia no se repite nunca textualmente, pero la maldad humana cambia muy poco, pese a la variedad de efectos que surte. El miedo que acobarda al pueblo apaga su voz de protesta, y por callarse, lo convierte en cómplice involuntario de los opresores. Ante el silencio de los burgaleses, el Cid reprime su frustración en hondura de sentimiento y se enaltece en actitud hierática sobre el fondo de un arcaico paisajismo implícito: "Silencioso, espoleó otra vez el caballo, seguido de los suyos; santiguóse como es debido al pasar frente a Santa María, y luego cruzó el Arlanzón."[44] Por contraste, sorprende el tratamiento amistoso dispensado por Burgos a Fray Servando Teresa de Mier, un rebelde mexicano contra quien se ensañaba el rigor del gobierno español a fines del siglo XVIII; y Reyes lo subraya ligeramente con una

---

[42]A. Reyes, *La afición de Grecia*, OC, XIX, 381.
[43]A. Reyes, *Norte y Sur*, OC, IX, 78.
[44]A. Reyes, *Las vísperas de España*, OC, II, 112.

irónica referencia cidiana: "Burgos le fué más hospitalaria que al Cid."[45] Como de costumbre, nadie es profeta en su propia patria.

3. *El héroe en el contexto jurídico*: Pese a que las observaciones de Alfonso Reyes sobre el Cid consistan en fugaces atisbos, desparramados en gran número de sus escritos, nadie como él se ha compenetrado con la circular evolución síquica del héroe en distintos niveles. Puesto sobre el plano jurídico, su proceso espiritual adelanta a través de una tríada dialéctica. Hay un punto fijo de referencia: la norma legal. Su negación es el destierro. "El Cid, en el sentido literal, es un 'forajido': un 'echado fuera.' Fuera de la ley, vivirá arrebatando su vida a los otros. Fuera de su tierra, la ganará de los que la poseen."[46] La síntesis de los dos opuestos no se logra por el triunfo de las armas, sino por el ordenamiento jurídico de las tierras conquistadas. De tal modo, la conducta del caudillo vencedor se amolda a los cauces del progreso.

De fijo, el Cid es un hombre agraviado por la justicia, o mejor dicho, por los siniestros manejos de la justicia real. Pero su actitud no se queda estática. En él, hay adelanto interior, porque hay adelanto jurídico a través de la tríada de agravio, acato y reconciliación. Sumiéndose en la acción, reacciona contra la promiscua alianza de justicia e injusticia encauzando el curso de los acontecimientos hacia una forma de revisión jurídica, en que el resarcimiento individual se enlaza con el adelanto de la causa común. Al redimirse individualmente, el Cid fomenta la evolución jurídica dentro de un orden más vasto: "Todo caos tiende a organizarse," afirma Alfonso Reyes, sabio licenciado en ciencias jurídicas; "y la vida airada, hecha institución del agravio, produce actos de legislación."[47] El nuevo orden trasciende tanto el conservadurismo refractario como el radicalismo convulsivo. Al mismo tiempo, abre el camino de una regeneración algo utópica del conjunto organizado, pues el objetivo no es la rígida norma legal,

---

[45]A. Reyes, *Retratos reales e imaginarios, OC, III, 438.*
[46]A. Reyes, *El cazador, OC,* III, 194.
[47]*Loc. cit.,* p. 195. Para una visión de conjunto de los problemas jurídicos de la época, véase: Bernardo Blanco-González, *Del cortesano al discreto* (Madrid: Gredos, 1962), I, 13–160.

sino la justicia: "El Cid, fuera de la ley en tanto que no gana a Valencia, comienza en Valencia un nuevo Estado, a su modo, como quien comienza una Utopía." (*Ibid.*) En el fondo, ese ideal dice bien con el popularismo del poema, pues la justicia es el anhelo más enraizado en el alma del pueblo, y el Cid lo siente al unísono con su gente.

Ese avance en el plano jurídico añade una nueva dimensión a la figura del héroe castellano, por lo cual se hallará hermanado, más tarde, con Roque Guinart, figura novelesca de hombre airado. Atando lejanos cabos literarios, el sabio Reyes considera a los dos personajes—Ruy Díaz y Roque Guinart—como antecedentes de Brigandos, el menos famoso protagonista de una novela filosófica (*Aline et Valcour*), escrita en la Bastilla en vísperas de la revolución francesa. Brigandos tiene su utopía política como el Cid tiene su sueño de palingenesia jurídica; pero eso es lo obvio y no impresiona la imaginación de Alfonso Reyes. Lo que la seduce es el cariz de aparente contradicción interna que se armoniza en el espíritu del hombre airado. Brigandos da con un caballero de Calatrava y lo obliga "a almorzar en compañía de los gitanos, con aquella *mezcla de cortesía e insolencia* que usó en otros tiempos el Cid para con el Conde de Barcelona."[48] Mezcla de cortesía e insolencia: ahí está un rasgo básico del temperamento hispánico, que arranca del prototipo histórico y literario de Castilla.

Ese don de contradictoria armonía acentúa otra faceta original del carácter del Cid y ayuda a entender por qué los acontecimientos determinan en él reacciones tan distintas de las de la gente común. Y nótese que no es efecto del tan declamado estoicismo español. El destierro no lo afecta estoicamente; no estimula ni la resistencia pasiva ni una resignada ataraxia. Al contrario, desata la grandeza de su ánimo; aguza su sentido de la oportunidad; ensancha sus ambiciones; afianza sus dotes de conductor; y fortalece progresivamente la conciencia de su misión histórica. Por tal discordancia, pondera Alfonso Reyes, el agravio del héroe se redime de lo vulgar: "Como otros hacen voto de santidad o

---

[48]A. Reyes, *Los trabajos y los días, OC*, IX, 241. La bastardilla de la cita es nuestra. Cf. el episodio en *Poema del Cid*, vv. 2278-2310 a principios del tercer cantar.

mendicidad, él hace voto de ira." Y añade, rematando el triunfo ético sobre la norma jurídica, que el Cid es "el héroe entre la injusticia."[49] Lo sublime no brota del sentimiento, sino de la paradójica situación de la cual surge: él tiene el corazón lleno de ira porque lo tiene lleno de inocencia. Y como quien bien ata bien desata, su fibra moral y jurídica reverdece en las adversidades. Él tiene fe cuando los otros desesperan. Él se tiene fe cuando todos pierden la confianza en la suprema ley de la vida. A la jungla de la existencia, él opone el peso de su conducta lineal: "Ruy Díaz es la fortaleza misma de la fe y la esperanza."[50]

Su confianza se rejuvenece por el mérito de su justa causa. El galardón que llega a cada etapa de nuevos triunfos alienta el optimismo del héroe y de sus mesnadas. Confianza y optimismo brotan de su sentido profundo de la justicia, que se extiende hasta el enemigo. Al cruzar la frontera de Castilla, el Cid se expone a una encrucijada existencial: ha de elegir entre un destierro oscuro al servicio de algún reyezuelo morisco o una aventura grande y peligrosa. La elección de su plan de vida lo obliga a elegirse nuevos enemigos, y dejar a los viejos a sus espaldas. Elección de caso pensado, preserva su concepción justiciera. El Cid justifica el derecho de los moros a defenderse: que en el fondo, él es tan invasor de las pacíficas aldeas enemigas como lo fueron los moros en otra época contra los pueblos de España. Quien así siente, ha hecho justicia a sus enemigos aun antes de enfrentarse con ellos.

Noble paradoja: el hidalgo agraviado se ha forjado una norma de conducta superior, y por eso trata con justicia y generosidad al enemigo derrotado. Es la antigua clemencia romana que el Cid renueva en sus campañas de reconquista. De su entereza ética mana el optimismo con que se dispone al triunfo en cada ataque y, más admirable aun, al triunfo sobre su triunfo. Es que hay alegría hasta en la lucha aceptada como un derecho implícito en la dignidad humana del adversario. Se evita, con eso, la degeneración de la contienda en conflicto religioso y racial con todos los horrores de ciego fanatismo; además, se previene la

---

[49]A. Reyes, *El cazador*, *OC*, III, 193, 194.
[50]*Loc. cit.*, p. 194.

desintegración moral del héroe puesto a dura prueba: "Esta alegría activa y salubre, que el Cid opone como contraveneno a todas sus desgracias, lo preserva de convertirse en 'hombre airado.' " (*Ibid.*) Al salvarse el hombre, se salva el nombre y su mito. Cuando las antiguas circunstancias épicas se trasladan a la realidad contemporánea, vuelve Alfonso Reyes a remozar su visión con una reminiscencia idealizada del héroe castellano. Ya no anda por Castilla. Visita a Servia, región europea espiritualmente apartada del refinamiento del resto de Europa. Visita a Servia, y evoca del seno de su virgen cultura estampas vivientes de otro tiempo y otro mundo: "Nada más romántico que sus *haiduks*, sus bandidos generosos, que viven airados, como Roque Guinart y como el Cid: en el destierro, porque la justicia les ha faltado; protectores del pobre, mantenedores de la virtud caballeresca, soldados de la independencia, fundadores de monarquías."[51]

4. *Poetización del héroe*: El tránsito del Cid de la realidad histórica al mito poético se realiza por dos caminos: el cantar y el romancero. Alfonso Reyes admira ambas vertientes, pero se inclina hacia la tradición del cantar. La razón no ha de buscarse en el accidente externo de su edición del poema. Se trata de una razón basada en el poder creador del arte. Para él, el Cid juglaresco tiene una envergadura de héroe clásico que "prospera, como Hércules, entre los trabajos"; por esa recia estructura de héroe clásico, afirma que "hay que estudiarlo en el antiguo poema." Ya es obra clásica. "Hay que conocerlo a través de los versos de hierro del juglar."[52]

¿Por qué?

Porque el Cid del cantar, pese al menor refinamiento formal de sus versos, tiene un perfil más coherente en su carga de heroísmo, humanidad y autoridad. Del Cid baladrón, ni eco hay en el cantar. Va de cuenta un caso ilustrativo: la prisión del Conde

---

[51]A. Reyes, *Simpatías y diferencias, OC*, IV, 137.
[52]A. Reyes, *El cazador, loc. cit.*

catalán y su rechazo de tocar comida. Durante la huelga del hambre, el Cid afirma su autonomía frente al encumbrado soberano con notas de risueña ironía, de suerte que restablece el equilibrio después de la violenta pelea: equilibrio que debiera ser propio de reyes y condes, y en cambio, se convierte en atributo de un simple hidalgo confiado en su destino. En el romancero, el Cid carece de semejante sosiego interior. El esfuerzo por acentuar su autonomía se hace con énfasis excesivo, y la rotura del equilibrio cae en cierta contradicción artística, puesto que "la independencia del héroe sólo logra revelarse mediante el recurso de la insolencia contra el rey." (*Ibid.*) Que esa insolencia fuese efecto de exageración juvenil, lo indica Reyes de soslayo al establecer cierto paralelo entre el Cid vengativo y arisco y el hijo menor del omnívoro padre de los dioses en la mitología griega: "Los hijos no se atreven a nada, salvo el menor, Cronos, tema que todavía halla eco inesperado en la leyenda del Cid, donde también el menor de los hermanos resulta el más apto para la venganza."[53]

Debido a su extensión, el cantar podrá encerrar trozos prosaicos y algunos versos de cascabel gordo, pero su estilo juglaresco es eficaz en el dibujo del personaje. Su mayor mérito artístico consiste en lograr la unidad del carácter y su dinámico desarrollo. Dentro de la unidad fundamental, hay evolución síquica del héroe a medida que adelanta la acción del poema. En cambio, el Cid del romancero es fragmentario y su perfil heroico se distribuye en múltiples brochazos simplificados, que adelgazan la complejidad vital de su carácter. El encanto poético, que también lo hay, deriva de su concentración gráfica y de la brevedad del relato: "Aquellos viejos romances que yo, para mi gusto, pongo al lado de los clásicos griegos y de dos o tres autores latinos, sólo se informan en la verdad escueta o un tanto anecdotizada a lo sumo, al punto que hacen del Cid (ese noble Cid a quien ahora entienden muchos tan mal y tan a lo ramplón) un guerrero expulsado que trabaja por ganar su pan y que acecha por los cami-

---

[53] A. Reyes, *Mitología griega*, OC, XVI, 381. La circunstancia de que el Cid, el más joven de los hijos, vengó al padre afrentado por el poderoso conde Lozano, padre de Jimena, se canta tanto en el cantar de las *Mocedades de Rodrigo* como en el romancero, de donde pasó a la tradición del teatro.

nos."[54] Su empuje lírico, injertado en breves narraciones, adquiere un sello de nativa originalidad al interpretar la voz del alma ibérica y forma un género privativo de lo popular elaborado con cariz culto. Lo popular impregna el tema; lo culto dosifica los efectos líricos. Así, pues, este género chico de la epopeya se distingue del módulo puro de la poesía folklórica y da un nuevo aporte a la antigua literatura española: "El Romancero del Cid amplifica breves toques de la tradición cidiana, pero es que tal Romancero no representa un tema popular en pureza, sino una falsificación popular de poeta culto."[55]

La poetización del Cid emerge con distinta perspectiva de los dos focos épicos; pero ni el corpulento héroe del cantar ni el proteico personaje del romancero son dos dimensiones asimétricas del mismo mito. En la superior realidad del arte, ambas facetas se complementan, aun cuando no llegan a la fusión definitiva. De su acercamiento emerge una nueva simbología poética que traslada el mito a las entrañas de lo real e inunda la realidad histórica de los acontecimientos y móviles humanos. La evasión caballeresca se enlaza con el activismo práctico, excitando tanto los resortes de la aventura como el sentido de la tierra y de la colonización. Los dos aspectos divergentes de la figura poética del Cid adumbran, en la meditación alfonsina, los dos polos del alma hispánica en su perenne desarrollo histórico—el caballero y el conquistador. El caballero anticipa al héroe cervantino, en el instante en que se evade de la historia al mundo de la aventura; el conquistador anticipa a Cortés, en el acto de salirse de la imaginación e invadir la historia. Andanzas tras espejismos en el primero; espejismos tras su llegada en el segundo.

Entre esos dos polos, el Cid informa una epopeya esencialmente hispánica, a pesar de cierta tentativa precoz por asociarlo con los héroes de la poesía clásica: "También el *Carmen Campi-*

---

[54] A. Reyes, *Capítulos de literatura mexicana*, OC, I, 241. Cabe preguntarse quiénes son los dos o tres poetas insinuados solapadamente en la alusión alfonsina. Virgilio, por cierto, no sólo por ser el vate épico por antonomasia en el periódo áureo de la latinidad, sino por representar el poeta favorito de Alfonso Reyes. Los demás habrá que elegirlos, conjeturalmente, entre Horacio, tan terso, y los épicos Estacio y Lucano.

[55] A. Reyes, *La experiencia literaria*, OC, XIV, 61.

doctoris compara al Cid con Héctor y Paris cuando se arma en Tamarite para combatir al moro Alhajib."[56] Simple ademán poético. En realidad, el mito del Cid no se desborda de lo hispánico ni siquiera por el esfuerzo de Corneille por universalizarlo en el teatro.[57]

La dualidad del héroe engendra vehementes atracciones y repulsas, pues los hombres pueden idolatrar al oscuro caballero que sube de las entrañas de la vida hasta la esfera del mito, pero no saben perdonar al conquistador que quiere imprimir su heroica personalidad en la vida. El caballero que sujeta la cordura del hombre práctico a la locura del idealista inspirado se universaliza en el imperecedero mundo del arte; pero el conquistador que somete el arrebato idealista a la sabiduría del hombre práctico, ¡ay de ese español! De varón existencial, choca contra los perecederos intereses humanos y desintegra lo universal en lo individual. Con todo, los dos polos definen bien el temperamento hispánico bajo el signo épico: para la historia del arte, el caballero hace extraordinario lo ordinario; para el arte de la historia, el conquistador hace ordinario lo extraordinario.

Con su transición de la vida al arte y del arte a la vida, el mito del Cid se presta para ilustrar lo que Alfonso Reyes considera como aspecto ancilar en las relaciones de la historia que complementa la poesía con un proceso de ensanches temáticos, y de la poesía que integra la historia con sus complementaciones míticas: "He aquí el mejor ejemplo de la historia complementada: la épica

---

[56] A. Reyes, *Mitología griega, OC*, XVII, 169.

[57] Al drama de Corneille, *Le Cid*, alude A. Reyes en *Varia, OC*, VIII, 443. El Cid inspiró a varios autores franceses, entre los cuales huelga mencionar a Victor Hugo, José María de Heredia y Leconte de Lisle. Pierre Corneille se inspiró en las dos comedias de Guillén de Castro, *Las mocedades del Cid* y *Las hazañas del Cid*. Jules Massenet compuso una ópera sobre un libreto inspirado en los dramas de Corneille y Castro. De paso, se deja constancia de la fortuna literaria del Cid en España, indicándose a continuación algunos de los autores que en él se inspiraron: Juan de la Cueva, *Comedia de la muerte del rey don Sancho y Reto de Zamora* por Diego Ordóñez (que inaugura el teatro nacional); Lope de Vega, *Las almenas del Toro*; Tirso de Molina, *El cobarde más valiente*; Francisco Cascales, *Epopeya del Cid*; Fernando de Zárate, *El noble siempre valiente*; Juan Eugenio Hartzenbusch, *Jura en Santa Gadea*; Antonio de Trueba, *El Cid Campeador*; José Zorrilla y Moral, *La leyenda del Cid*; Francisco Navarro Villoslada, *Doña Urraca de Castilla*.

castellana llena las lagunas de las crónicas. Inversamente, es tal el apego histórico de aquella épica que, en las ediciones escolares, llenamos el hueco inicial del *Cid* con un trozo de la *Crónica de veinte reyes.*"[58] La poesía cidiana, invadiendo y absorbiendo la historia, enrosca la objetividad en la subjetividad e inaugura una tradición literaria que abarca "el *Cid*, los romances históricos y tradicionales, los del Duque de Rivas, el viejo corrido mexicano."[59] Por su doble perspectiva histórica y artística, su apreciación se realiza en forma distinta. El historiador, la considera como documento dentro de un proceso cultural; el crítico estético, la ve como un núcleo de tensiones integradas en una *Gestalt* autónoma. Según el enfoque, puede ser un simple precipitado documental o una entidad dinámica; reflejo o fluir; realización o realidad. Dicho con Alfonso Reyes, "el *Cid* es para la historia un fragmento de reconstrucción; para la crítica literaria, un todo poemático, cuyo conjunto sólo padece en virtud del accidente histórico de que le falten pedazos."[60] De tal modo, la cuestión de la historicidad del poema cidiano se desplaza, en el pensamiento alfonsino, de lo rastrero a un nivel estético, que se resuelve en términos del conjunto de la vida cultural. Los productos del espíritu hay que mirarlos con los ojos del espíritu, de suerte que el contraste tradicional se modifica en una nueva simetría de consistencia histórica y esencia artística, en que se suscita, por inducción mutua, un segmento del pasado en la poesía y un ritmo poético en la realidad.

5. *Lo telúrico, lo humano y lo individual:* Sentada esa baza estética, la figura del Cid se enriquece con nuevos valores en la meditación de Alfonso Reyes, por encima de rápidos acercamientos literarios o fugaces referencias circunstanciales.[61] El hé-

---

[58]A. Reyes, *El deslinde, OC*, XV, 95.
[59]*Loc. cit.*, p. 131.
[60]*Loc. cit.*, p. 179.
[61]A modo de ejemplo, se hace referencia a la tradición medieval de Virgilio, considerado como un brujo dotado de poderes mágicos y conocimientos sobrehumanos sacados con socaliña a unos espíritus aprisionados. Cuando los duendes le prometen la sabiduría a trueque de la libertad, Reyes describe la escena con una ingeniosa reminiscencia cidiana: "Virgilio contestó como Raquel y Vidas en el

roe poético cobra nuevos significados. Ante todo, se hace intérprete de la imagen de Castilla en el corazón del hombre pegado a su terruño. Castilla se convierte en una presencia poética. Es una presencia paisajista, dentro de la cual los hombres gozan, sufren y persiguen su destino. Es una presencia espiritual que se acentúa por contraste en el destierro, donde permanece como un eco de recuerdos pasados y expectaciones siempre actuales en la añoranza de robustos corazones. Su nombre, su esencia, su anhelo, justifican el sacrificio y la fidelidad, pues contiene el núcleo de cohesión destinado a enlazar la comunidad de los pueblos hispánicos: "Castilla, 'Castilla la gentil' en el lenguaje del Cid Campeador, es el punto de referencia, el apellido común."[62] El anónimo poeta del cantar es un vate, un vaticinador de las aspiraciones de la comunidad hispánica, y las hace vibrar en la nostálgica evocación de su héroe. Además de ese sentimiento de lo telúrico, se añaden dos nuevas facetas simbólicas que identifican al Cid con el genio de su raza.

La primera es la humanidad del héroe, y la captamos por compasión. Los grandes corifeos de la epopeya occidental—Aquiles, Roldán, Sigfrido, Beowulf—por la inherente hipérbole de su talla heroica, rebozan de lo humano. La apoteosis del héroe absoluto abulta, causando desconcierto. La desgracia del hombre insignificante aplasta, causando indiferencia. Sólo la adversidad del gran héroe inyecta destellos de compasión y humanidad en la epopeya, y reconduce el mito a sus proporciones debidas. Sin hacerlo trágico, el anónimo poeta fija en el Cid la presencia de goce y dolor, atestiguando así una norma constante de la vida. No hay sonrisa que no ande acompañada de lágrimas. No hay éxito que no esté expuesto a la catástrofe. El coexistir de goce y dolor acentúa la dimensión humana del Cid: "Su suerte, o la sensibili-

---

Poema de Mío Cid: 'Non se faze assí el mercado, sinon primero prendiendo e después dando.' Y cuando le hubieron comunicado la ciencia, los dejó salir de la botella": Simpatías y diferencias, OC, IV, 32.
[62]A. Reyes, Los trabajos y los días, OC, IX, 329. Andrés Iduarte, en un trabajo en colaboración con Eugenio Florit, pondera el amor de Alfonso Reyes por Castilla, anotando que "cantó a Castilla no menos que a México": Alfonso Reyes. Vida y obra. Bibliografía. Antología (Nueva York: Hispanic Institute, 1956), p. 32.

dad popular que la interpreta para nosotros, lo quiere ver siempre en la desgracia. Así, cuando al fin se logra que el rey le otorgue su perdón, es fuerza que le sobrevenga otro mal, y los yernos que el rey le da afrentan a las hijas."[63] En breve, su humanidad se define en la alegría de luchar entre desgracias. La fórmula es acaso esquemática, pero su alcance evoca otras fórmulas grávidas de significado antinómico: la tristeza de luchar entre desgracias, en el héroe cervantino; la indecisión de luchar entre desgracias, en el Hamleto shakespeariano; el ansia de gozar entre desgracias, en el personaje donjuanesco; y otras parecidas.

La otra dimensión del héroe cidiano es el individualismo, que también lo consagra como exponente del carácter hispánico. El individualismo es la base de la iniciativa privada, fuerza superior que hacina impulsos y entusiasmos en los momentos decisivos de la vida organizada. En el destierro, se convierte en resorte "de la Reconquista contra los moros, cuyo héroe simbólico es el Cid Campeador"; siglos más tardes, se renueva ese estímulo en "unos empresarios privados, a quienes la monarquía sancionaba después del éxito, como el rey Alfonso iba sancionando las victorias del Cid que a él no le costaban ni poco ni mucho."[64] El individualismo del héroe traduce en acción el anhelo colectivo. Los pobres y los olvidados toman conciencia de su voluntad al adherirse al conductor airado, cuya síntesis de lealtad de vasallo e independencia de forajido ante la Corona demuestra que el individualismo hispánico no es *ni anárquico ni rencoroso*. Esa esencia, que Alfonso Reyes llama *sentido hispano de la vida*, es imperecedera. Por ella, se injerta el individuo en la comunidad y se convierten en aventuras del espíritu las aventuras de la fuerza o del esfuerzo. Por ella, se renueva la esperanza de que a la larga los buenos van a tener éxito sobre los malos. "Malos mestureros— como dice el Cid—perturban a España, a nuestra España, que ha llegado a ser el nombre de una esperanza humana."[65]

Humano e individualista es el simbolismo poético del Cid a través de la visión alfonsina. Humano, por el dolor que acecha

[63]A. Reyes, *El cazador, OC,* III, 193.
[64]A. Reyes, *Última Tule, OC,* XI, 50.
[65]*Loc. cit.*, p. 144.

tras sus goces. Individualista, por la acción directriz de la iniciativa privada. Y en ambos casos nos afecta directamente: en el primero, refleja una imagen de la vida sobre nuestro destino individual, alentándonos al activismo existencial, al goce de luchar entre desgracias; en el segundo, encarna la estructura individual del hombre occidental, quien se salva del anonadamiento del absolutismo político y de la caótica esterilidad del anarquismo gracias a su mezcla de autonomía frente a la autoridad y sumisión ante la comunidad.

Así concebida, la figura poética del Cid no nos deja indiferentes. Es una presencia galvanizadora que incita o excita a tomar partido. Influye a la distancia en el espacio, enviando temblores a las cortes arábigas en la Península y modificando la actitud de la corte castellana. Influye a la distancia en el tiempo, pues sigue encabezando las huestes de los incontaminados que "ganan la batalla después de muertos."[66] E influye también en la actualidad poética del alma alfonsina, que la descubre en el halo de encanto adherido a las sencillas faenas diarias:

Los melones de Madrid,
según entendiendo voy,
si ayer los cataba el Cid,
los cata Jimena hoy.
¡Y a cala los doy![67]

A la distancia de siglos, el mito épico cunde en la morosidad del tiempo y las costumbres. Y cunde en las modulaciones de la vivencia personal, convirtiéndose en imagen lírica en uno de los sonetos más sentidos de la poesía alfonsina ("De mi padre"). El poeta evoca su labor erudita dedicada al poema cidiano. Evoca y visualiza. Imaginativamente, la figura del caudillo épico se levanta depurada por el filtro de la piedad filial y se sobrepone en la figura del general Reyes, el heroico padre de nuestro autor. La virtud de la raza coincide con el orgullo familiar, y la emoción infunde intimidad lírica a una copla que hubiera podido desvanecerse en simple referencia literaria.

---

[66] A. Reyes, *Grata compañía*, OC, XII, 112.
[67] A. Reyes, *Constancia poética*, OC, X, 242.

Un tiempo al Mío Cid consagré mis afanes
para volcar en prosa sus versos y esencia:
la sombra de mi padre, rondadora presencia,
era Rodrigo en bulto, palabras y ademanes.[68]

La esencia épica actualizada en la intuición lírica confirma la intensidad con que Alfonso Reyes sintió la belleza del viejo mundo heroico. Hazaña y emoción informan la épica y, con ella, el latido de toda la cultura hispana. Un eco secular llega a su sensibilidad por una senda ideal que se columbra, cavilando un poco, en un episodio relatado por uno de sus amigos: "Cerca del Castillo del Cid, una pobre mujer que vivía en una choza de tierra ofreció a Reyes un clavel. Vi a mi amigo correr, por el camino del Castillo, paralelo al de la ciudad. Me parecía que la suya era una carrera lírica."[69] En efecto, el recuerdo del Cid despierta en él destellos de intimidad lírica; pero es algo rápido, algo así como una ágil carrera de reminiscencias.

Resumiendo, el diálogo interior entre Alfonso Reyes y el Cid es el diálogo de un escritor universal con un personaje histórico erguido a signo del mito épico en los albores de la lengua. Es un largo diálogo que discurre a través de distintas fases del pensamiento y la sensibilidad. A saber:

(a) Al acercarse al poema, el célebre ensayista concentra la mirada en el texto y toca con buenas manos el complicado teclado de las relaciones filológicas y lingüísticas que encierran el sentido poético;

(b) Ese encuentro no se queda en el plano de la erudición, porque pronto el sabio Alfonso ve el texto como una simple base de apoyo sobre la cual se levanta una realidad poética hilvanada alrededor de un eje humano—Ruy Díaz del Vivar;

(c) El héroe entra en la poesía recargado de historia y capacidad de mando, a la cabeza de la clase progresista contra la élite parasitaria;

---

[68]*Loc. cit.*, p. 418.
[69]José María Chacón y Calvo, "Alfonso Reyes y su impulso lírico," *PSAR*, I, 32.

(d) Triunfando sobre los demás porque logra dominarse a sí mismo, el Cid agraviado por el legalismo oficial se encara con un acto de revisión jurídica algo utópica;

(e) El hombre, el conductor, el reformador son facetas que intensifican el retrato espiritual del personaje en el amplio mosaico sacado de dos fuentes poéticas: el cantar juglaresco y la tradición del romancero;

(f) La tensión anímica del Cid discurre a lo largo de los dos polos extremos del alma hispana, el caballero y el conquistador, esto es, el polo del idealismo aventurero y el del pragmatismo organizador;

(g) Si en un primer movimiento penetra la historia en la poesía, en una nueva fase de la meditación alfonsina es la poesía que se derrama por la historia con tres elementos esenciales del héroe cidiano: lo nacional, identificado con la visión telúrica y espiritual de Castilla; lo humano, intuido como mezcla de goce y dolor, goce de luchar entre desgracias; y lo individual, convertido en resorte misterioso de la iniciativa privada;

(h) Al lado del héroe épico, grande y complejo, hay también un Cid íntimo, hecho vivencia lírica; pero eso ocurre sólo en chispazos transitorios.

Sembrando ideas e intuiciones, Alfonso Reyes ilumina el mito épico y desentraña un personaje de relieve extraordinario. La grandeza del personaje es siempre múltiple reconstrucción poética; pero la grandeza de un poema, en muchos casos, se reduce a una idea simple y concreta. El sabio mexicano, por un impulso de concentración valorativa, destila la fórmula preñada de significado acercando el cantar cidiano al poema dantesco, y la fija en el sedimento de una grande idea: "En Dante, la cosmografía de su tiempo. La idea nacional, en el *Cid*."[70] Tal es el destino de las obras maestras de la literatura. En ellas, la compleja movilidad de su significado poético se renueva—y renovándose se enriquece— sobre la sólida estructura de una idea clara y distinta.

---

[70]A. Reyes, *El deslinde*, OC, XV, 73.

III
Los Próceres Literarios

El pendularismo propio de todo movimiento espiritual, hecho de acciones y reacciones cíclicas, no dejó de hacerse sentir también en la Edad Media, aunque sí con un ritmo muy sosegado. La poesía épica fue quehacer de trovadores anónimos, cuyos aciertos poéticos se trasladaban de pueblo en pueblo con el canto de los juglares, artistas "trashumantes" de genio algo basto. Sus versos fluían con sinuosa variedad, "plegándose al lugar y a la hora," aclara Alfonso Reyes con un símil sugestivo, "como río que sigue las inclinaciones del terreno."[1] La regularidad métrica podía alcanzarse sin que fuera su objetivo inmediato.

Berceo. — En oposición a esa tendencia, pronto se madura el cambio, fomentado por la clase intelectual de la época — los clérigos literatos. Con ellos hay una reorientación estilística, una necesidad íntima de búsqueda formal, un deseo genuino de disciplina, en breve, un proceso benéfico por sus inquietudes, aunque a menudo estéril desde el punto de vista creador. Nuestro autor resume su función dentro del proceso evolutivo en un programa

---

[1] A. Reyes, *Tres alcances a Góngora, OC*, VII, 189.

limitado: "Contaban las sílabas de los versos, hacían estrofas simétricas y usaban de consonantes regulares 'por la cuaderna vía', y citaban autoridades y textos" (*Ibid.*) En la práctica, las dos corrientes coexistían, y es por eso que uno de los poetas cultos de los orígenes, Gonzalo de Berceo, intriga por la actitud juglaresca con que se dispone a un programa literario de distinto alcance: "Uno de los poetas del *mester de clerecía*, poeta no popular por definición, comienza un poema declarando no ser tan letrado para escribirlo en latín, por lo que usará la lengua del pueblo, y pidiendo, como cualquier juglar, que recompensen sus trabajos con un vaso de vino."[2]

Acaso se deba a esa ambivalencia el atractivo que Berceo ejerció sobre el ilustre polígrafo mexicano, quien lo ubica en dos medios en contraste: físicamente, el santo varón parece pasar sus días en la celda del convento, entregado a las lecturas edificantes y al estímulo de verter sus conocimientos hagiográficos al romance paladino; espiritualmente, no pudo substraerse a las seducciones del recital callejero que llegaba hasta su celda: "El maestro Gonzalo Berceo rimaba con sabiduría sus estrofas, y escribía, como hombre docto, en una mesa llena de libros, pero su ideal de poeta lo llenaba más bien el juglar, el libre improvisador de la feria; y puesto a escribir, pretende, mediante una reveladora ficción, envolverse en aquella aura popular que hubiera querido para sí" (*Ibid.*).

Con Berceo, el heroísmo se hace santidad; y si el poeta se sustrae a la vida, por cierto no se niega a la historia. Hay un cambio de actitud, pues el guerrero realiza la historia con la acción, y el santo se le enfrenta con un sentido transcendental. Pero no es ese el aspecto de la poesía berceana que más le interesa a Alfonso Reyes, sino el núcleo esencialmente creador, el poder transfigurador de la palabra que se adueña del tópico y lo con-

---

[2]A. Reyes, *Capítulos de literatura española*. *Primera serie, OC,* VI, 17. A ellos vuelve nuestro autor en *Norte y Sur, OC,* IX, 15, y los considera como intérpretes de la buena voluntad internacional en un nivel inferior, pues "forma ban una clase errabunda, que iba cantando por las calles, e implorando, como el pobre murguista ambulante, bajo las ventanas de los señores los dineros de la limosna o, al menos, el 'vaso de bon vino' que, en pago de su poema, pedía el Maestro Gonzalo de Berceo."

vierte en imagen: "La inteligencia, en fin, realiza el prodigio de convertir en lugar risueño y 'codiciadero para hombre cansado' (como dirá el maestro Berceo), lo que es, en el fondo, una morada del dolor y el padecimiento."[3]

El milagro captado por la mirada transparente del poeta creyente tiene su mística y encanto, y se convierte en poesía intemporal: que si la fe no es poesía, la constelación de imágenes que suscita puede llegar al talante poético. Es lo que ocurre con los *Milagros de Nuestra Señora*, cuya frescura arcaica halla eco en artistas más recientes, según admite nuestro ensayista, quien estaba tan compenetrado con su hechizo medieval que podía captarlo hasta en un poeta de su generación: "Como en los *Milagros de Nuestra Señora* (que Anatole France, cansado de leerlos, pero no saciado, gusta de contar otra vez) de su boca brotarían seis rosas, y son las seis letras del nombre de Mireya."[4]

Otro elemento original que Berceo contribuye en el desarrollo de la poesía española es el ritmo connatural de su sensibilidad, por lo cual el alejandrino se ajusta con versatilidad tanto a lo heroico como a lo sagrado. La misma experiencia capta un moderno autor rioplatense en Alfonso Reyes cuando destaca que "su alejandrino nos trae alguna vez una reminiscencia de Berceo."[5] Es cuestión de sensibilidad y poder renovador, puesto que uno de los resultados del genio consiste en enriquecer la actualidad reinterpretando la continuidad secular del genio de la raza. Y los versos de Alfonso Reyes se hacen clásicos por su zambullida en los zumos de la tradición revivida con alma moderna, o como dijo otro escritor, porque "a veces están matizados de arcaísmo de buena ley."[6]

El gran ensayista poeta sigue con interés la resurrección de los ritmos primitivos desde el siglo pasado, y en particular de "los alejandrinos de catorce sílabas, que ya usaban en los siglos anteriores el Maestro Gonzalo de Berceo y los demás poetas llamados

---

[3]A. Reyes, *Los trabajos y los días*, OC, IX, 377.
[4]A. Reyes, *El cazador*, OC, III, 12.
[5]José Luis Lanuza, "La Ilíada en verso," *La Nación*, 4–5–1952.
[6]Ricardo Arenales, "Un encomio anónimo," *El Independiente*, México, 21–7–1913.

de 'clerecía.'"[7] De la regularidad de esos versos transparece cierto
ángulo de visión estética de la época, pues parece que en un
momento dado todas las artes, de las figurativas a las literarias, se
rigen por cierto común denominador, por un aire de familia en
que cristaliza la sensibilidad y el poder expresivo de los varios
artistas. Es el estilo de la época, al cual hace referencia indirecta
nuestro autor cuando aúna bajo un rubro común la euritmía
arquitectónica con la regularidad de la cuaderna vía: "También
las puertas de las antiguas catedrales, con sus cuádruples festones
de figuritas y motivos trazados en arcos recuerdan de cerca las
estrofas de cuatro versos monorrimos del 'mester de clerecía', a lo
Gonzalo de Berceo, arte de poética todavía culta, todavía inaccesible al pueblo, que seguía deleitándose en las ferias y en los
caminos con los informes poemas del viejo mester de juglaría."[8]
En breve, Berceo representa el esfuerzo de renovación del arte en
su tiempo, que aún no logra despegarse de la tradición anterior.

Alfonso el Sabio. — Alfonso el Sabio de Castilla es el tocayo
espiritual del sabio Alfonso de Monterrey, y los dos comparten en
el nombre el anhelo universal.[9] Su hermandad cultural estriba en
parte en el enciclopedismo de sus conocimientos, en la capacidad
de identificarse con las épocas próximas y remotas en sinergia de
visión y sensibilidad y, sobre todo, en el celebrado "don de la
versatilidad literaria."[10] Con poética modestia, nuestro autor re-

---

[7] A. Reyes, *Tres alcances a Góngora, OC,* VII, 202.
[8] A. Reyes, *A lápiz, OC,* VIII, 287.
[9] Cf. Germán Arciniega, "El segundo Don Alfonso el Sabio," *NacionM,*
27–11–1955.
[10] José Mancisidor, "Las crónicas de Alfonso Reyes," *Nove,* 18–1–1953. Al
juzgar la extensa obra de Reyes como historiógrafo, Manuel Antonio Arango
afirma que fue un "conocedor profundo de historia antigua, medieval, moderna,
contemporánea y perito en todas las nobles artes de todos los tiempos": *Tres
figuras representativas de Hispanoamérica en las generaciones de vanguardia o
literatura de postguerra* (Bogotá: Editorial Prócer, Ltda., 1967), p. 128. Para más
datos, véase: Enrique Díez Canedo, "Alfonso Reyes, historiador de lo inmediato,"
LetrasM, II, 10 (1941); 4; Werner Jaeger, "Alfonso Reyes poseía ese auténtico
sentido histórico," *La Gaceta,* VI, No. 65 (1960), 3; Alfonso Rangel Guerra,
"Alfonso Reyes y su idea de la historia," *UnivNL,* XIV–XV (1957), 31–43; Luis
Alberto Sánchez, "Alfonso Reyes, historiador y diplomático," *NacionC,* 3–10–
1957.

produce el eco de la referencia homónima en una composición dedicada a una culta escritora argentina:

Que, sin ser Alfonso el Sabio,
soy el de la soledosa
recordación.[11]

El antiguo monarca, por así decirlo, creó la prosa de la nada, y la creó con muchas facetas, pues en su obra se atavía el romance con las galas del estilo narrativo, histórico, jurídico, novelesco, científico, doctrinal. Pocos campos hubo que no tocara el Rey Sabio con su equipo de estudiosos e investigadores, quienes merecieron bien de la cultura universal en su afán por unificar y divulgar el saber medieval. Nuestro ensayista compartió el desarrollo de los estudios alfonsíes con Antonio Solalinde, su fiel "compañero de galera."[12] Alfonso X habrá carecido, acaso, de ese acumen político que se suele confundir con el liderazgo, pero humanizó el poder con el saber, y halló tiempo de informarse e informar aun bajo la presión de sus tareas regias. Además, adoptó métodos de investigación de equipo que permiten calificarlo de precursor de los procedimientos de redacción de las modernas enciclopedias.[13]

La obra juvenil del Rey Sabio, quien patrocinó la versión de la antigua zoóepica al castellano, es una simple reminiscencia folklórica en el célebre ensayista regiomontano.[14] En cambio, el don de relacionar las cosas ordinarias con sus orígenes lo acerca al docto monarca y, de tal modo, el dato filológico se convierte en chispa de interés. Pues el verdadero erudito no es estéril colector de papeletas, sino un intelecto despierto a las relaciones entre lo

---

[11]A. Reyes, *Constancia poética*, OC, X, 309.

[12]A. Reyes, *Norte y Sur*, OC, IX, 180. Con nostalgia y dejos de tristeza, nuestro autor evoca más de una vez al malogrado Solalinde: cf. *Pasado inmediato*, OC, XII, 222; *Simpatías y diferencias*, OC, IV, 394.

[13]Cf. A. Reyes, *Tres puntos de exegética literaria*, OC, XIV, 305: "Así componía Alfonso el Sabio sus vastos repertorios, asistido por un grupo de colaboradores, como hoy se redacta una enciclopedia." El hábito de la lectura era algo corriente en las clases cultas de la Edad Media, cosa que subraya nuestro autor en *La experiencia literaria*, OC, XIV, 158.

[14]Cf. A. Reyes, *El cazador*, OC, III, 148.

pensado y lo ocurrido, entre el recuerdo y la actualidad, en suma, un intelecto capaz de convertir aun lo insignificante de un antiguo documento en lo significante del vivir cotidiano. Un par de alusiones alfonsinas vienen al caso. Al dirigir su interés al periodismo, don Alfonso admite el carácter moderno de esta actividad, pero él es de los que esgrimen el saber como rayo catódico en la exploración del quehacer humano en todas las épocas y, por consiguiente, al interpretar cierta legislación de las *Siete Partidas* como una forma de censura sobre las noticias de interés en la formación de la opinión pública, saca conclusiones de más amplio alcance: "Las leyes de Alfonso el Sabio contra los propaladores de falsas nuevas—que hacen pensar en las medidas del gobierno brasileño contra los *boatos* cuando la última revolución populista de 1932—muestran que desde el siglo XIII quería ya nacer una manera de periodismo."[15] En otro caso más ordinario, la meditación sobre una prenda indumentaria, se remonta a su origen sobre la base de un recuerdo alfonsí, según el cual la invención de los calzones, de creer en el testimonio de "la *General Estoria* de Alfonso el Sabio, fue una ocurrencia de la reina Semiramís."[16]

El mérito mayor del antiguo soberano consistió principalmente en haber sido el padre de la historiografía española y en haber captado, en su papel de iniciador, el sentido de la actualidad como continuación del pasado, consciente de que el mecanismo del olvido deshace las acciones humanas en el momento mismo en que se hacen; mientras la historia, repositorio de todo lo olvidado, se redime por la selección de los acontecimientos que se arrebatan al pasado por el recuerdo humano documentado y transmitido. Los historiadores son la contraparte, sin ser la parte contraria, de los artistas, pues "relatan, con fechas y pormenores, los sucesos más insignificantes, en una cronología segura; y, si son viejos, son los verdaderos 'hombres antiguos', padres de la historia, a quienes

---

[15] A. Reyes, *Las mesas de plomo*, OC, V, 365.
[16] A. Reyes, *Simpatías y diferencias*, OC, IV, 50. En otro caso, se refiere con tono burlón a cierta superstición sobre la mala influencia de la desfiguración somática y apoya la presunta verdad nada menos que sobre la autoridad del antiguo monarca castellano: cf. *Varia*, OC, I, 313, en que se refiere que "con razón decía Don Alfonso el Sabio: 'Home de mala catadura non puede fazer buenos fechos.'"

consultaba el Rey Sabio antes de mandar escribir una sola página de sus obras."[17]

Usualmente, el recuerdo pasado se matiza con tintes agradables, cuando no fuertemente impresionantes, y el tiempo—fugaz esencia—se ata al espacio y se fija. La historia rechaza acaso el paisajismo porque anda saturada de territorialidad. El paisajismo halla refugio en la sensación artística y en la obra de arte. Pero hay cierta hermandad ingenua entre paisajismo y territorialidad en la primitiva historiografía castellana, perdida por cierto en la escisión diferenciadora de la moderna sofisticación literaria. Los poéticos suspiros con que los antiguos reyes derretían sus sueños de conquistas han tenido muchos ecos en la poesía peninsular. Alfonso Reyes los conecta con brochazos de mucho colorido remontándose hasta algunos pasajes inspirados de la prosa alfonsí: "Son fragmentos poéticos las salutaciones o increpaciones a las ciudades, loores o denuestos de la corte o de las aldeas, en la literatura española del Siglo de Oro, pasajes a los que sólo falta el verso para confundirse con ciertos poemas de la época. ¿Y no tiene ya ese sabor, en la *Primera Crónica General* del Rey Don Alfonso el Sabio el 'loor de España', uno de los primeros gritos de la prosa castellana, que de lejos y sobre siglos y países parece que anuncia el *Tableau* de Michelet?"[18]

El ejemplo del sabio monarca cundió, y la historiografía se enriqueció con toda una tradición de crónicas y cronicones que permiten reconstruir con mucha aproximación varios períodos pasados. La crónica palatina se convirtió en una institución que tuvo sus altibajos según se la relegara a manos de oscuros escribanos regios o formara objeto de particular atención por parte del

---

[17]A. Reyes, *Calendario*, OC, II, 280. Y añade, voviendo al mismo tema de soslayo, que "el historiador echa mano de cuantos documentos complementarios puede encontrar, sin que olvide aquellos relatos de 'los hombres viejos' que también aprovechó Alfonso el Sabio para construir su *Crónica General"*: *La crítica en la edad ateniense*, OC, XIII, 74.

[18]A. Reyes, *Apuntes para la teoría literaria*, OC, XV, 461–462. Cf. también *Las vísperas de España*, OC, II, 207, en que se alude a "aquella evocación doliente de Alfonso el Sabio, Alfonso el infortunado, que amó a Sevilla como a una mujer y se ató a ella con el nodo, con el lazo en forma de 8 que figura en la divisa de la ciudad, partiendo en dos sílabas la palabra NO–8–DO."

monarca. Después del Rey Sabio, un ejemplar de historia regia bajo el patrocinio inmediato de la autoridad real fue la *Crónica de Alfonso III*, que ofrece para nuestro autor cierto paralelo con la redacción alfonsí: "No por eso hay que imaginarse al Rey escribiendo por sí mismo la crónica; basta que le diera el primer impulso y dirigiera el trabajo de sus escribas. Tendríamos entonces un caso semejante al de la intervención del Rey Alfonso el Sabio en la redacción de sus obras."[19]

Aunque menos admirada, igualmente respetada es la obra poética y científica del antiguo monarca. La poesía de Alfonso el Sabio pertenece, en rigor, a la literatura galaico-portuguesa, y en eso reside uno de sus rasgos seducentes. Desde el punto de vista literario, las *Cantigas* siguen la tradición de la poesía mariana y conglobán extensivamente lo narrativo junto con algunas joyas líricas. Su riqueza métrica tiene un valor que trasciende la mera técnica constructiva, pues logra la fusión del sentido con el ritmo; y el ritmo es el movimiento, o imagen de la vida, que trasiega la sensibilidad castellana a las cadencias de otra lengua. El tránsito de una lengua a otra demuestra cómo el Rey Sabio distinguía intuitivamente entre el firme nervio expresivo del castellano para la obra en prosa y los efectos mélicos del portugués para las composiciones poéticas. En realidad, el docto monarca fue mucho más lejos que esa simple intuición lingüística, ya que su bilingüismo creador subrayaba la intrínseca correlación entre dos facetas simétricas del genio ibérico: "El mismo Rey don Alfonso el Sabio, que da su unidad a la prosa castellana, tiene que pasar a la otra lengua vecina, el galaico-portugués de los trovadores, cuando se ensaya con los metros líricos para cantar los loores de Santa María. El que ama de veras la lengua castellana tiene que amar a la vez la lengua portuguesa."[20]

---

[19]A. Reyes, *Entre libros*, OC, VII, 330.

[20]A. Reyes, *La experiencia literaria*, OC, XIV, 166. Sobre ese mismo tema, nuestro autor nos brinda una observación de carácter estético en *Apuntes para la teoría literaria*, OC, XV, 428–429: "La diferente capacidad o resistencia que ofrece en cada época el material lingüístico puede influir sobre los géneros: cuando Don Alfonso el Sabio, organizador de nuestra prosa, quería escribir sus cántigas en loor de Santa María, se pasaba del castellano al galaicoportugués, lengua que había alcanzado más pronto las agilidades de la lírica … Brunetto Latini escribe su

En lo científico, el valor de la obra alfonsí representa una etapa ya superada, pero que aún tiene validez en el largo proceso que favorecía el empalme de la astrología en la astronomía cuando las fronteras entre las dos disciplinas estaban aún borrosamente confusas. El hallazgo de la observación coexistía con el dato inerte de la tradición aceptada en forma rutinaria; el método científico venía ganando nuevas orientaciones; la intuición certera quedaba sumida en el lastre. Pero en ese lastre científico había un cabrilleo de atisbos que desafiaban a la propia ciencia por ser imaginarios: imaginarios, y no fantásticos, porque en su tensión había algo profético. Una realidad aún sin nombre iba cobrando un contorno íntimo, una traza sedienta de tiempo, porque la intuición era certera; y por eso, el insigne polígrafo mexicano entrevé el signo del Nuevo Mundo en los destellos de las constelaciones alfonsíes: "Acordaos de aquella divinación de estrellas nunca vistas, que vienen intimando luces desde las lucubraciones de Aristóteles hasta las de Alfonso el Sabio."[21]

Don Juan Manuel.—La literatura didáctica está representada por otro notable autor de la sangre real, el llamado infante Don Juan Manuel, varón inquieto, versátil, meditador y activista a un tiempo. Tenía el don de llevar a lo serio aun los temas risueños, y en eso contrastaba con otro coetáneo del género didáctico que sabía extraer esquirlas líricas de la paremiología hebraica e insertarlas en amenas tonadas romances: es decir, el "Rabí Don Sem, llamado el *rabí santo*, o *rabí Don Santo*."[22]

El nuevo género literario refleja una modalidad de la mente medieval, que trata de destacar el elemento reflexivo de la sabiduría convirtiendo así la dimensión impulsiva de la poesía heroica en la sonrisa del hombre en paz consigo mismo, aunque no siempre con el mundo. Por ello, Alfonso Reyes considera el género

---

Tesoro en francés ... No es aventurado decir que el drama indostánico fue aniquilado por la necesidad misma de alternar el sánscrito o lengua noble con el prácrito o lengua vulgar, y por la resistencia de los brahmanes contra ésta última, que hubiera sido la salvación del género, así como en Europa el teatro en el latín claustral de Hrotsvitha se salvó echándose en brazos de las lenguas vulgares."
[21]A. Reyes, *Última Tule, OC*, XI, 14.
[22]A. Reyes, *Cuestiones estéticas, OC*, I, 166.

épico y el lírico como los dos extremos en la evolución del gusto medieval: "Ahora bien, si en los dos siglos anteriores se había desarrollado la épica, domina en la poesía del XIV una tendencia satírica y moral; aquí, más satírica."[23] La sátira didáctica adquiere en el antiguo prócer un cariz nativo, aunque represente una modalidad que pronto se difunde por toda Europa. El atisbo de Don Juan Manuel, con toda su originalidad estilística, es una adaptación de las influencias orientales que volvían a enlazarse con la cultura occidental por el eslabón intermedio de los autores españoles. Desde la India, cruzando las rutas del mundo arábigo, el cuento padece refundiciones locales a medida que se va desprendiendo de la matriz originaria; pero un substrato unificador permanece por encima de tales variedades. En su difusión, ese movimiento había tenido otro antecedente en la baja latinidad peninsular con Pedro Alfonso, autor de la *Disciplina clericalis*, así que los dos escritores hispanos pueden considerarse como los iniciadores europeos del cuento moralizador, cuyos orígenes venían de muy lejos: "Los granos traídos por las escalas del Oriente próximo—Persia, Arabia—llegan, entre otros, a los españoles Pedro Alfonso y don Juan Manuel; todavía germinan, en el Renancimiento, con los Novellieri y con el teatro isabelino."[24]

El cuento traduce el innato placer de narrar de la Edad Media, animado por el mismo resorte que empujaba a los juglares a difundir sus cantares de gestas de pueblo en pueblo, aunque los dos géneros tuviesen distintos propósitos: pues el poema épico exaltaba a los oyentes por el poder vicario de la identificación con los héroes famosos, mientras el cuento se proponía un fin más modesto—el de deleitar—acompañado por el propósito más noble de edificar. *Delectari et docere.* Por tal razón, don Juan Manuel acentúa la moraleja final y la armazón dialogada, aunque ambos recursos sean artísticamente superfluos en lo esencial del cuento, que consta de un aire festivo asociado con un tono pensativo.

En la elaboración literaria, el tema folklórico se integra con nuevos matices y finalidad. Huelga mencionar algunos casos

---

[23]A. Reyes, *Capítulos de literatura española. Primera serie, OC*, VI, 16.
[24]A. Reyes, *Junta de sombras, OC*, XVII, 384.

indicados por el ilustre mexicano para ilustrar el largo camino de un tópico de una cultura a otra. Ante todo, el del ermitaño y el caballero: "Cargada de tradición folklórica, hija remota de la India que había de prolongar sus motivos hasta florecer en el teatro de Tirso, hay en don Manuel una fábula que ilustra la humillación del anacoreta, todo rezos, ante la trabajosa existencia del guerrero."[25] Otro caso también llega hasta el teatro post-renacentista: "La décima de Calderón sobre los sabios ("Cuentan de un sabio que un día") se halla en un relato en prosa del *Conde Lucanor*."[26]

También el cuento de don Illán atrajo la atención del gran polígrafo mexicano por razones parecidas a las que indujeron a Luis Borges a remozarlo en una refundición bastante conocida. Su nota más atrayente es la relación entre magia y tiempo, un tópico que se ha hecho frecuente en la literatura del realismo mágico. El antiguo cuentista castellano dilata la vida interior por la rápida condensación del tiempo cronológico en los esquemas del tiempo estético: "La magia es, en uno de sus aspectos, aceleramiento de la vida: Don Illán el Mágico ha visto desfilar la historia en un segundo, y en el reflejo de unas redomas hemos leído todos nuestros años por venir."[27] La sobrenatural alteración del tiempo permite al sabio mago toledano calar el corazón de los logreros. Por él, el ocultismo acaba de ser una cabalística conspiración toledana del Medievo, se hace transparente, e infunde un cariz artístico a lo didáctico, de tal suerte que la prosa donjuanmanuelina nos consigna una nueva imagen de la vieja Toledo, que viene a enriquecer la plasticidad de formas e imágenes proyectadas en los versos del cantor mexicano:

Toledo tiene dos famas:
sus noches y sus espadas;
cien iglesia, un alcázar
—y corre debajo el agua.[28]

---

[25]A. Reyes, *El suicida, OC*, III 275.
[26]A. Reyes, *Páginas adicionales, OC*, XV, 438.
[27]A. Reyes, *Las vísperas de España, OC*, II, 86.
[28]A. Reyes, *Constancia poética, OC*, X, 92.

El Arcipreste de Hita. —Cara a las edades, Alfonso Reyes se da cuenta de que su supervivencia se realiza merced a las obras maestras de los grandes poetas del pasado —bisagras anímicas que articulan las suturas misteriosas de la civilización. El mundo clásico tiene sus dos fulcros poéticos en Homero y en Virgilio; el mundo medieval, después de cruzar el lento hervor de crisis seculares, halla lo inmediato de su expresión en las lenguas vernáculas, en las cuales va a renovarse el substrato germinante de una unidad lingüística y cultural ya desgajada. Dante —tantas veces mencionado con amor y calor por el genial polígrafo mexicano— es el eje supremo de intersección de la Edad Media en el acto de realizarse intelectual y poéticamente. En el vate itálico la unidad se define y desdobla a un tiempo. La transición pertenece a la acción de los grupos humanos que van diferenciándose culturalmente. Por la frecuencia con que Alfonso Reyes se refiere a Juan Ruiz, Boccaccio y Villon, se nota que los considera como los intérpretes de la crisis del mundo románico y los adalides de una renovación incontenible, aunque aún implícita. Los tres corifeos literarios encarnan la crisis de la conciencia latina en sus tres grandes ramas culturales: la ibérica, la itálica y la franco-céltica.

En ese contexto Juan Ruiz emerge como el prócer literario del mundo hispánico. En él alborea el futuro lindando con el pasado. El sabio Alfonso reconoce su importancia en términos explícitos al juzgarlo como "el más grande poeta español de la Edad Media."[29] Su aprecio se apoya en que el Arcipreste gravita con todo el peso de su originalidad sobre una cultura *in fieri*: "El primero en España que muestra una fisonomía personal e inconfundible."[30] Artista nato, deja tras sí la tradición desequida y emprende el quehacer poético en consonancia con su étimo originario: "poiesis" germinante dotada de efecto creador. Y poeta creador lo considera Alfonso Reyes, pues da vida a caracteres vitales y tridimensionales, encabezando así a los artistas más destacados de las centurias formativas de la literatura española. "Más grandes pintores [léase artistas creadores] fueron el Arci-

---

[29]A. Reyes, *Capítulos de literatura española. Segunda serie, OC*, VI, 279.
[30]A. Reyes, *Páginas adicionales, OC*, VI, 408.

preste de Hita, Rojas, Cervantes y los autores de la picaresca."[31] El poder creativo del artista enriquece la cultura humana con nuevos entes de ficción.

En el encuentro con el Arcipreste, la admiración del sabio mexicano por el viejo poeta español tiene raíces juveniles. El primer *rendez-vous* se documenta en una doble etapa de inicio e iniciación.[32]

El inicio: indirecto, de simple rastreo lingüístico con fines aclaratorios. Al rectificar, entre otras más sólidas enmiendas, el error del docto Coster que atribuye a Gracián un equívoco bilingüe, el entonces joven Alfonso Reyes invoca la autoridad del Arcipreste. Dice Gracián que los sastres dilacionan sus entregas para un mañana inalcanzable a la manera de los cuervos que gritan *cras, cras*.[33] Corroborando su intuición lingüística con la evidencia textual, el joven escritor refuta la incongruencia de Coster con tres válidos argumentos: la existencia del arcaísmo *cras*; su supervivencia paremiólogica; y el caso de disemia onomatopéyica ya documentado en el poema ruiciano.[34] Tales observaciones, contenidas en una meditada recensión fechada en Madrid en 1915, atestiguan la madurez filológica de Reyes escritor. Para la crónica, huelga señalar que Reyes poeta había demostrado su familiaridad con el Arcipreste en un romance medio burlesco sacado a luz unos cuatro años antes (Cf. *infra*).

La iniciación lleva la fecha de 1917, en que sacó a luz su edición del *Libro de buen amor* en la Biblioteca Calleja. Si al

---

[31]A. Reyes, *Entre libros*, OC, VII, 272.

[32]Véase Raimundo Lida, "Alfonso Reyes y sus literaturas," *NacionM*, 1–12–1955, quien menciona "el hervor de investigación laboriosa y placentera cuyos resultados se derraman en periódicos y revistas científicas: estudios sobre el *Cantar de Mío Cid*, el Arcipreste, etc." También nuestro autor recuerda sus "experiencias con los antiguos—el Poema del Cid, el Arcipreste de Hita, Góngora, Lope, Quevedo, Ruiz de Alarcón—que, a fuerza de clásicos, son ejido comunal para todo el pueblo, indivisa propiedad de todos": *Reloj de sol*, OC, IV, 475.

[33]Cf. Baltasar Gracián, *El criticón*, ed. P. Ismael Quilmes (Madrid: Espasa Calpe, 1968), p. 66.

[34]A. Reyes, *Capítulos de literatura española. Primera serie*, OC, VI, 156: "Es sabido que *cras* pertenece a la lengua medieval. Muy posible es que esta forma arcaica se conservara en los dichos del pueblo, y la frase de Gracián, 'Aquel su *cras*, *cras* que nunca llega' tiene cierto aire paremiológico." Cf. el *Libro de buen amor*, cc. 507d, 1256c.

Arcipreste lo encontró antes de lector apasionado, ahora lo presenta al público como estudioso entusiasmado. Pasión y entusiasmo, resortes de su formación española, lo llevaban a la identificación por impulso endopático, pero no enturbiaban su juicio crítico. El propósito de esa edición tantas veces reeditada había sido de divulgación y vulgarización, pero no tenía nada vulgar. A los veinte y pico años de distancia, vuelve a dicho "librito" sin haber perdido ni un grado del calor juvenil con que lo había planeado y llevado a cabo. Lo demuestra la bondadosa condescendencia con que rebate el severo juicio del hispanista francés Félix Lecoy. Al reiterar su objetivo, parece rezar una apología de soslayo. De hecho insinúa el cisma existente entre la tarea algo esotérica del filólogo medievalista y el propósito más flexible del divulgador de las viejas obras maestras. Sin rechazar la sobrestructura de erudición urdida alrededor de la obra — Alfonso Reyes era erudito de cepa genuina — reivindica la labor del estudioso que prescinde del hermetismo filológico para que la legión de lectores no iniciados pueda paladear el núcleo artístico de los antiguos clásicos.[35] Téngase en cuenta que sus trabajos de crítica y estética siguen manteniendo una validez definidora. No sorprende, pues, que en su obra poética mezcle la despedida madrileña con un flechazo contra unos ácidos exegetas ruicianos:

De Juan Ruiz el Arcipreste
traigo unos comentadores
que vienen pidiendo guerra:

---

[35]Véase A. Reyes, *Pasado inmediato*, OC, XII, 219: "Acaso Lecoy me atribuye los errores que se deslizan en las sucesivas reediciones de la librería popular, reediciones que nunca vuelven a pasar por las manos del que ha cuidado el primer texto. No puede en estos casos exigirse el rigor de una edición científica. En cambio, no pareció Lecoy interesarse por el esfuerzo de vulgarización que ese librito representa . . . En rigor, Lecoy, dado el plano de su obra, pudo dispensarse de citarnos. Ya que lo hace, no debió sacar las cosas de quicio." La edición citada del *Libro de buen amor* es la publicada por la Editorial Calleja (1917). A propósito de ediciones críticas de este poema, huelga reproducir el juicio alfonsino sobre uno de los trabajos que la moderna filología ha relegado a un plano secundario: "Lo cual, con todos los respetos debidos, permitirá apreciar la exageración de Menéndez y Pelayo al calificar el texto del *Libro de buen amor* preparado por Ducamin, como 'edición crítica acaso definitiva', no siendo ni lo uno ni lo otro", *La experiencia literaria*, OC, XIV, 174.

más agreste que el agreste
requesón de Miraflores
de la Sierra.[36]

Y decir que a la sazón el Arcipreste no se había convertido
aún en objeto de fervoroso ejercicio polémico entre romanistas,
arabistas, sefardistas y eclecticistas, lo cual ha promovido un
verdadero conflicto de opiniones entre algunos de los más dotados talentos literarios de nuestros días.[37] El sabio mexicano—el
que más sabe más comprende—estuvo por encima de esas escara-
muzas, y mientras los otros se polarizaban en enfoques angulares,
él guardó su firme equilibrio y visión de conjunto, y difundió el
amor por los autores clásicos entre los mismos españoles.[38] Para
él, la misión del crítico carecía de exhibicionismo.

Alfonso Reyes siente la inmanencia del Arcipreste en la
cultura peninsular porque lo español es un atributo connatural de
su estructura síquica. Sumido en las entrañas de las divergencias
de la cultura española, ve al viejo poeta medieval como algo más
que el exponente de un género, movimiento, escuela o período. Es
el pilar de una incipiente continuidad, pese a las diferencias con
que una misma cultura se revela en sus distintas etapas: "Los
clérigos de este siglo y del siguiente—el Maestro Berceo y el
Arcipreste de Hita—ignoraban la vida literaria, en el sentido

---

[36]A. Reyes, *Constancia poética, OC*, X, 242.
[37]La tendencia arabista tiene dos sostenedores principales: Américo Castro,
España en su historia. Cristianos, moros y judíos (Buenos Aires: Losada, S.A.,
1948), pp. 371–469; Ángel González Palencia, *Historia de la España musulmana*
(2da. ed.; Barcelona: Editorial Labor, 1929), p. 203. A esa tesis se opone el
historiador Claudio Sánchez-Albornoz, *España. Un enigma histórico*. Vol. I (Buenos Aires: Editorial Sudamericana, 1956) y "Originalidad creadora del Arcipreste
frente a la última teoría sobre el *Buen amor*," *CuHE*, XXXI–XXXII (1960), 275–
289. La teoría hebraísta tiene su apologista más eficaz en María Rosa Lida de
Malkiel, "Nuevas notas para la interpretación del *Libro de buen amor*," *NRFH*,
XIII (1959), 17–82. Para más detalles bibliográficos, véase C. Gariano, *El mundo
poético de Juan Ruiz* (Madrid: Gredos, 1968), pp. 130–131 *et passim*.
[38]Con razón ha dicho Azorín, *ABC*, 22-7-1950, que Alfonso Reyes "en el
mundo español nos ha hecho comprender—y amar—a un Góngora, un Gracián,
un Ruiz de Alarcón, un Arcipreste de Hita, humanos, conversables, coetáneos y
nuestros."

93

moderno; no hacían tertulia, no tenían café ni redacciones de periódicos."[39]

A veces el acercamiento al Arcipreste ocurre con brochazos recargados de realidad histórica y alusión literaria. A modo de ejemplo, el rey espartano Arquidamas contravino a las manías racistas de su pueblo al casarse con una mujer de baja estatura. Ese detalle recuerda un lejano paralelo literario, y Alfonso Reyes lo aprovecha para señalar que el monarca "cojeaba del mismo pie que el inolvidable Arcipreste."[40] El símil es sugestivo, pues la figura del poeta da relieve al obscuro soberano. De todos modos, la analogía es válida a medias porque la alabanza ruiciana de las dueñas chicas tiene cierto retintín de indefinible ironía. El corte de mujer que seducía al Arcipreste era la buena moza de talla visigótica, cabello rubio y cutis blanco.[41]

Con igual eficacia relaciona personajes y episodios lejanos al escudriñar las raíces del mito y desentrañar un cuadro de vida humana de entre las lobregueces paleontológicas. En el mito egeo percibe el latido de la vida telúrica animada por el ritmo universal de las estaciones y la variedad individual de las múltiples formas vivientes. El cuadro cultural enterrado en la inaccesible prehistoria se ilumina con el reflejo del drama del año según lo dibuja "el gran poema español de la Edad Media—el *Libro de buen amor* del Arcipreste de Hita."[42] Con cierta aproximación la prehistoria se explica por lo histórico al paso que se atisban significados recónditos de la obra de arte. El mito egeo es misterio de fecundación y reproducción en la flora y la fauna, y sus potencialidades poéticas hormiguean en el canto del viejo vate ibérico. La primavera y el retoño parecen aludir, en el atisbo de Alfonso Reyes, a doña Endrina, hija de doña Rama.[43]

La eclosión de vida telúrica, con su movimiento de sístole y

---

[39]A. Reyes, *El cazador*, OC, III, 180.
[40]A. Reyes, *Religión griega*, OC, XVI, 229.
[41]Véase *Libro de buen amor*, cc. 432–435; Dámaso Alonso, "La bella de Juan Ruiz, toda problemas," *Insula*, VII, No. 79 (1952), 3, 11; W. Wardropper, "The Color Problem in Spanish Poetry," *MLN*, LXXV (1960), 415–425; Havelock Ellis, *The Soul of Spain* (Boston: Houghton Mifflin & Co., 1908), p. 79; Américo Castro, *loc. cit.*, p. 414.
[42]A. Reyes, *loc. cit.*, p. 39.
[43]Para una reseña del simbolismo encerrado en el nombre de doña Endrina y

diástole en la pasión del mundo animal, se hace plástica en la hipostasis poética del poeta medieval español, quien por primera vez vuelve la mirada a la vida, capta su espectáculo contrastante, y atándose inconscientemente al mito, proyecta la esencia del contraste vital en don Carnal, "propio dios pagano," y en doña Cuaresma, "caricatura de institutriz protestante." (*Ibid.*) He aquí lo prehistórico columbrado, lo histórico vivificado y lo actual humorosamente aludido—método preferido del sabio Alfonso al frisar el contexto unificado de las culturas humanas, puesto que en su personalidad se daban cita constante el ensayista, el erudito y el poeta. Por esa concomitancia de facultades ve al don Carnal arciprestil enseñorearse por encima de las demás abstracciones y personificaciones medievales. Viene a ser, pues, el avatar de la vida fisiológica en dos esferas, reunidas en su última instancia por la más honda coherencia de la fantasía humana: la religión y la poesía.

Si de la prehistoria capta lo que hay de vitalmente significante en el mito, de la historia sabe analizar con todo rigor las fuerzas e intereses que agitan los centros de acción. Encarándose con la transición de la Edad Media a la Edad Moderna, observa que esta se realizó en vísperas del descubrimiento de América por efecto de una revolución industrial basada en tres ejes económicos: las industria indumentaria (lanerías inglesas y sederías italianas); la industria marítima (astilleros bálticos, con su base de futura expansión imperialista); y la industria del arenque. Sí, señor: la industria de ese modesto pescado, tan comestible y comerciable en las cuadragésimas penitenciales del orbe cristiano. ¡Vaya una ocurrencia! Es la ironía de la historia: acontecimientos inadvertidos, como el éxodo de las manadas de arenques del Báltico hacia el Mar de Norte, pueden forjar nuevo núcleos de poderío económico y político. Al anotar la aparente incongruencia de tal movimiento ictiológico dentro de las pulsaciones de la hegemonía continental, Alfonso Reyes no puede menos de mezclar la parodia de lo épico con la epopeya de lo cómico: "La

---

las explicaciones ofrecidas por gran número de estudiosos, véase María Rosa Lida de Malkiel, *loc. cit.*, pp. 56–58.

95

aparición del arenque en la historia—albores de la Era Moderna—merecería ser contada al modo de la 'batalla entre Don Carnal y Doña Cuaresma' por el Aricipreste de Hita."[44] La historia tiene sus ribetes tragicómicos.

En el recuerdo literario medieval, la mención del Arcipreste de Hita añade unos visos risueños al sesudo ensayo moderno y aparta todo riesgo de pedantería en el recorrido de mar a mar por el tiempo y los documentos. El humorismo es un rasgo humano y artístico que confiere realce al *Libro de buen amor*, y es natural que se transfiera a la poesía de Alfonso Reyes.[45] Cuando su musa se hace leve, la leve musa del Arcipreste se asoma acompañada de genios satíricos. Emergen de entre hileras de siglos y lejanos caquinos: Horacio, estilísticamente sutil; Aristófanes, cómicamente sardónico; Marcial, chisposamente antifilosófico; Villon, groseramente agradable; y Lope de Vega, integralmente hispánico. Se detienen esos y otros ingenios ante un parnaso tirsodemolinizado—pase la calcomanía verbal modelada sobre el término alfonsino—y sonríen en una escena de cándida ficción poética:

Tirso-de-molina-mente
mi musa al balcón me espera:
me auxilia Trotaconventos
con una escala de seda:
el Arcipreste de Hita
me invita a su merienda.[46]

---

[44]A. Reyes, "El arenque y la era moderna," *OC*, IX, 389. Al relacionar el relato juanruiciano con una tradición española moderna, nuestro autor pone en relieve como "en el poema de la Edad Media, Don Carnal se presenta matando y desollando reses. En las modernas prácticas madrileñas, el Carnaval se despide, hoy miércoles de ceniza, con el simbólico Entierro de la Sardina": *Las vísperas de España*, *OC*, II, 58.

[45]Cf. Eugenio Florit, "Los versos de Alfonso Reyes," *RHM*, XXI, No. 1 (1955), en que se afirma que "en el caso de Alfonso Reyes es la sonrisa llena de comprensión, la gracia ateniense, la burlilla del Arcipreste."

[46]A. Reyes, *Constancia poética*, *OC*, X, 51–52. Según se ha mencionado con anterioridad, este poema contiene una referencia autobiográfica, que con mucho acierto destaca Eugenio Florit (coautor, Ignacio Iduarte), *Alfonso Reyes. Vida y obra. Bibliografía. Antología* (Nueva York: Hispanic Institute, 1956), p. 46: "La 'Sátira de la compañía' es otro romance arcaizante (1911), aunque entren en él

¿Cita donjuanesca o manjar poético? Acaso alusión al mito dramático de Tirso, del cual es figura profética el mismo Juan Ruiz. Acaso asociación endopática de un poeta moderno atraído por una robusta personalidad poética de la Edad Media. En ambos casos la figura del Arcipreste poetizada aparece con latido robusto. Es categoría vital. Es cuajo de esencia latina que se impone con firmeza ante el desvanecimiento de la pasión sajona, fijando el contraste de temperamento racial en la imagen cromática de dos grandes nombres: "Lord Byron, a lo pálido; a lo rojo/el Arcipreste aquel de Guadarrama."[47]

Nótese como el poeta clérigo puede convertirse en símbolo en la poesía alfonsina, y en cambio permanece con su plástico perfil de creador en las obras en prosa. Volvemos de rebote al humorismo ruiciano. Alfonso Reyes no se detiene en analizarlo. Lo define salpicando atisbos y contrastes: "Hay otro humorismo heroico, metafísico, romántico, trágico: el de Heine, que es perenne juventud, pálida esbeltez, pobreza sin lecho. Al contrario del humorismo del Arcipreste de Hita, que recuerda la situación — casi oficial y administrativa — del clérigo barrigudo que se arregla con el ama."[48] Tal modalidad del humorismo poético anda de bracero con la picaresca. Enfocándola desde el aspecto del género literario, el sabio ensayista ahonda sus lejanas raíces hasta las aventuras andariegas de Luciano y Petronio. Concentrándose, luego, en el personaje del pícaro, halla a sus prototipos humanos ubicados en la Edad Media: "En la vida real, dice Fitzmaurice-Kelly, pudieron encarnarlo el Arcipreste de Hita y François Villon."[49] Lo cual, con todo el respeto debido, ha de aceptarse a beneficio de inventario.

El visiteo de Alfonso Reyes con el Arcipreste es, a veces, casual plática literaria. Espigando nada menos que ciertos aspectos del estornudo — lo genial no siempre es ajeno de lo baladí — su

---

otros elementos que lo colocan dentro de su Siglo de Oro. Curioso, además, por las referencias a los libros que frecuenta el autor."

[47] A. Reyes, *Constancia poética*, OC, X, 428.

[48] A. Reyes, *Calendario*, OC, II, 342.

[49] A. Reyes, *Entre libros*, OC, VII, 266. Al Arcipreste se lo considera con frecuencia como el precursor de la picaresca: para más datos, véase Gariano, *loc. cit.*, 111.

memoria prodigiosa hurgonea recuerdos y apuntes, y no se le escapa, por supuesto, el ominoso estornudo mencionado en el apólogo del lobo metido a abad.[50] Asimismo, rastreando datos para esbozar un perfil diacrónico de Tristán, no omite la cómica referencia incluida en la cantiga de los canónigos talabricenses.[51] En otro caso, la indicación es repentino chispazo lingüístico que ilumina la más modesta tarea bilingüe: "Al traducir del portugués, os encontráis con una cosecha de palabras castellanas caídas en desuso (el 'de vagar' del Arcipreste de Hita)."[52]

De todos modos, la referencia siempre viene al caso. Hasta el antiguo *enxiemplo* reaparece con su función dilucidadora dentro de otro tipo de literatura didáctica. En un ensayo denso por su intuición fantástica y su apoyo científico, supone Alfonso Reyes, entre teosofismo y gnosis metapsíquica, que los primeros hombres se comunicaban por virtud telepática, por un supuesto "rayo adánico" del cual quedan reflejos rudimentales en los estados subliminares del instinto. Cuando ese poder de transmisión instantánea se atrofió, los hombres se comunicaron por el camino de la mímica, convirtiendo más tarde el ritmo somático en ritmo fónico. En tal proceso la comunicación se desarrolló a través de tres etapas que corren parejas con los ciclos viquianos; a saber: mímica expresiva, que puede ser ritual, arte o simple mensaje; obra de intérpretes, que es talento de individuos versátiles; y adopción de una lengua universal, bien sea la de una cultura dominante (koiné, latín, francés, inglés), bien sea un sistema artificial (volapuk, esperanto). En el curso de ese intenso pensamiento, aflora la anécdota referente al primer nivel de la comunicación, esto es, la mímica: "Por ahí corren chascarrillos sobre los equívocos que origina el hablar por señas. Los dos maestros en mímica discutieron, según uno de ellos, sobre la esencia de Dios y

---

[50]Se trata de un apólogo acéfalo del *Libro de buen amor*, c. 768 *ss.* Véase F. Castro Guisasola, "Una laguna del *Libro de buen amor*," *RBAM*, VI (1930), en que se afirma que convendría titularlo "El lobo que estornudó e imaginó un buen agüero" (p. 130).

[51]A. Reyes, *Capítulos de literatura española. Segunda serie*, *OC*, VI, 279.

[52]A. Reyes, *La experiencia literaria*, *OC*, XIV, 127.

la Trinidad, y según el otro, sobre si se arrancarían o no los ojos mutuamente."[53] Es la tradición del sabio griego y el ribaldo romano poetizada por Juan Ruiz con tono de mimo clásico y farsa sainetesca, brindando una proyección demiúrgica del sentido por el ademán. La dimensión estética de mayor alcance descansa en el traslado de la vida al arte, traslado que el Arcipreste realiza incorporando la variedad del dato autobiográfico en la unidad artística de su poema. Al encararse con ese proceso, el crítico corre el riesgo de extraviarse en los detalles o quedarse en la periferia del problema. La anécdota puede convertirse en problema desviando la investigación entre dos polos extremos. Considérense tres de los tópicos ruicianos. ¿Estuvo el Arcipreste encerrado en la simbólica prisión de la existencia o en una cárcel de "cal y canto?" ¿Compuso las cantigas de serranas como recuerdo personal de una movida excursión o inventó personajes y situaciones con un criterio realista? ¿Es auténtico el autorretrato del talludo clérigo galanteador o se trata de la idealización de un gigante en tierra de enanos?

A pesar de que la evidencia es endeble y la conjetura muy lata, los tres tópicos aludidos con frecuencia apasionan a los estudiosos sin añadir mucho a la comprensión artística del poema. Alfonso Reyes no los evita, pero sí los trasciende al ubicar en equidistante perspectiva lo accidental del episodio biográfico y lo esencial de la estructura poética. El núcleo básico de su enfoque

---

[53]*Loc. cit.*, p. 39. Cf. *Libro de buen amor*, c. 47 ss. Otro *enxiemplo* que intriga a nuestro autor es el famoso cuento de Pitas Pajas, quien, adelantado en años pero no en experiencia, se casa con una jovencita ardorosa y comete luego el garrafal error de dejarla sola por algunos años a fin de dedicarse a los negocios. Pero, de viejo y celoso, antes de marcharse le pintó a la esposa un corderito en un lugarcito algo estratégico del abdomen, por cierto con la santa intención de preservar la castidad conyugal. Al regreso, el bobalicón no halló el cordero por él dibujado, sino un carnero de otra índole. Al recordar ese episodio en *Páginas adicionales*, *OC*, XV, 436, Alfonso Reyes proporciona unos datos útiles para la evolución del tema: "El cuento de Pitas Pajas, pintor de Britania, que hace su aparición en el *El Libro de Buen Amor*, del Arcipreste de Hita, con todo el aire de tema tradicional y afectando orígenes franceses aun por ciertos galicismos—aunque tales orígenes hasta hoy no se hayan esclarecido—, reaparece luego en varios cuentistas franceses e italianos, y al fin en *Le Bât*, de La Fontaine."

es el acto creador, en el cual lo biográfico se ata a las leyes del género literario dentro de su época. La sátira antigua, a diferencia de la moderna, acepta lo autobiográfico como elemento no necesariamente auténtico. Lo ficticio se codea con lo acontecido. El episodio se tiñe de imaginación. El autor se transforma en su propio personaje y, por captarse a través de la fantasía plasmadora, cobra un relieve que a menudo no corresponde al personaje público. "El yo es hoy sagrado; entonces era más bien cómico," afirma el eminente ensayista mexicano, sin negar para cada generación el derecho a sentir la obra del Arcipreste con arreglo a su sensibilidad. "En todo caso, la experiencia humana no puede negarse al gran poeta, y mucha y muy honda ha de haber sido, sin ser ni mejor ni peor que los demás hombres de su tiempo. Pero pocos saben entender con delicadeza las relaciones entre la vida y la obra."[54] De acuerdo.

Es lástima que Alfonso Reyes no haya emprendido un trabajo de conjunto sobre las relaciones de vida y arte en la obra ruiciana; pero nos deja fragmentos grávidos de inteligencia y

---

[54]A. Reyes, *Capítulos de literatura española. Primera serie, OC*, VI, 16. Sobre el problema de la cárcel del Arcipreste, véase; Dámaso Alonso, "La cárcel del Arcipreste," *CuH*, LXXXVI (1957), 165–177, y *Ensayos sobre poesía española* (Buenos Aires: Revista de Occidente, 1946), pp. 113–126; Leo Spitzer, *Lingüística e historia literaria* (Madrid: Gredos, 1955), pp. 134–138; María Rosa Lida de Malkiel, *loc. cit.*, pp. 17–82; Lucius Gaston Moffat, "The Imprisonment of the Arcipreste," *Hispania*, XXXIII (1950), 321–327; Ramón Menéndez Pidal, *Poesía juglaresca y orígenes de las literaturas románicas* (Madrid: Instituto de Estudios Políticos, 1957), p. 210 ss. Sobre las serranas, véase: Thomas R. Hart, *La alegoría en el "Libro de buen amor"* (Madrid: Revista de Occidente, 1959), p. 90; Ramón Menéndez Pidal, *Estudios literarios* (Madrid: Atenea, 1920), pp. 280–296; Pierre Le Gentil, *La poésie lyrique espagnole et portugaise a la fin du Moyen Âge* (Rennes: Philon, 1953), I, 543 ss; John David Danielson, "Pastorelas and Serranillas, 1113–1550: a Genre Study" (Tesis doctoral, University of Michigan, 1960), pp. 72–116; Ester Pérez de King, "El realismo en las cantigas serranas de Juan Ruiz, Arcipreste de Hita," *Hispania*, XXI (1938), 85–104. Sobre el tercer tópico arriba mencionado, el del retrato del Arcipreste, véase: *Libro de buen amor*, cc. 1485–1489; Samuel Gili y Gaya, "El Arcipreste de antes y de ahora," *Clav*, XI (1951), 32; Elisha K. Kane, "The Personal Appearance of Juan Ruiz," *MLN*, XLV, No. 2 (1930), pp. 103–108; María Rosa Lida de Malkiel, "Notas para la interpretación, influencias, fuentes y texto del *Libro de buen amor*," *RFH*, II, No. 2 (1940), 122–125.

sensibilidad, destellos valorativos que combinan el rigor histórico con la penetración estética. El deslinde de lo real, cuando de ello no queda más que un reflejo convertido en signo poético, se realiza por aproximación con la guía de los módulos aceptados por la teoría literaria pertinente. Tómese el caso de las serranas: "Cuando decimos que en tal lugar del Guadarrama aconteció al Arcipreste la aventura de la primera o de la segunda serranilla, nuestro objetivo es fijar en lo posible la geografía del poema, plegarnos a la voluntad inventiva del poeta; pero no pretendemos en modo alguno que efectivamente el Arcipreste haya pasado por esas aventuras reales."[55]

Tómese otro caso, el de la figura del poeta. En la concepción del ensayista mexicano, el autorretrato que Juan Ruiz pinta por boca de la Trotaconventos no ha de tomarse al pie de la letra. El estudioso serio ha de juzgarlo a la luz de la verdad poética, que no coincide necesariamente con la verdad objetiva. La verdad poética afirma que se trata del retrato que el poeta decidió componer para sus lectores. Una vez aceptado este presupuesto, la verdad objetiva pierde casi toda su urgencia y se ubica en la aproximación del justo medio. "Esto sólo significa que así se retrata él en el testimonio mismo de sus versos," subraya con equilibrado juicio Alfonso Reyes. Y continúa: "Tan absurdo sería ver en este retrato un reflejo de la realidad práctica como lo sería el querer, a tantos siglos de distancia y a través de transformaciones tan profundas en los procedimientos de la expresión literaria, imaginar al Arcipreste enclenque y atormentado." (*Ibid.*)

Es obvio, pues, que el escritor mexicano se enfrenta al viejo poeta español hermanando el talento de historiador con la facultad de esteta. El historiador observa la conexión entre las formas

---

[55]A. Reyes, *La experiencia literaria*, OC, XIV, 121. Véase también *Tres puntos de exegesis literaria*, OC, XIV, 262. A las serranas nuestro ensayista las ve como una evolución de siluetas míticas que habían aparecido en el mundo clásico, a la manera de Atalanta, "una heroína de tipo amazónico, arisca y hombruna, diestra cazadora ... abuela remota de la Villana de Vallecas, las serranas que encontró el Arcipreste de Hita por los fríos puertos del Guadarrama y otras mujeres afectas a forcejear con los varones": *Mitología griega. Los héroes*, OC, XVII, 39. Cf. *Religión griega*, OC, XVI, 242, 260.

métricas trovadorescas y la estrofa ruiciana, al paso que el esteta intuye que "el Arcipreste usa el *mester de clerecía* con ánimo revolucionario."[56] El historiador anota lo oriental de la estructura externa de la obra, la sarta de cuentos en un plan unitario, el antecedente picaresco de los catorce vicios de don Furón, la creación de otros antecedentes de la Celestina y las serranillas prerrenacentistas, la presencia de máximas y refranes de origen culto o popular, y hasta propone la reconstrucción del itinerario del poeta por la sierra de Guadarrama. El esteta ahonda lo esencial subyacente por debajo de los varios hechos literarios y columbra la dinámica de la palabra poética "para hacer rendir a la forma todas sus posibilidades latentes." (*Ibid.*) En la interacción de ambas vertientes, la tarea del estudioso cobra el contorno de una misión superior para restaurar, según se ha dicho, "el pasado espiritual para reincorporarlo algún día en la vida común, enriqueciéndolo así y depurándolo con vacunas de la propia sangre" (*Ibid.*).

Atando cabos, las notas anteriores presentan una red de referencias alfonsinas al poeta de Hita, pero no explican los móviles del impacto del poeta medieval sobre el refinado escritor moderno. ¿Por qué razones se sintió este tan allegado al otro?

Aventurarse en explicaciones de tal índole es asunto conjetural. Es muy probable que lo sedujera el substrato de genuina savia española con que el Arcipreste logra configurar en producto original lo que absorbe de las fuentes más abigarradas. Una extensión de esa facultad nativa es el primer esfuerzo por humanizar la antigua literatura española echando gérmenes embrionales de mitos y géneros destinados a madurar en época posterior. Su pareja humorística—el clérigo y la alcahueta—preludia el irónico bipolarismo cervantino. Su poder creador ha soplado en el verbo poético la vida de personajes y animales, de heroínas, juglares, monjas, terceras, clérigos, ribaldos, dioses, pícaros. Tanta vida: tanta que nunca se apaga la algarabía festiva

---

[56] A. Reyes, *Capítulos de literatura española. Primera serie, OC*, VI, 18, 20, 21.

del cortejo humano en pos de don Amor ni el choque pintoresco del mundo animal desplegado alrededor de doña Cuaresma y don Carnal.

Es muy probable que tales valores hayan fijado el nombre y la obra del Arcipreste en la mente de Alfonso Reyes. Con todo eso, hay otra razón más honda por una simpatía literaria de tamaña extensión. Es la presencia. La inmanente presencia que sólo pocos autores logran. En rigor, los versos del Arcipreste carecen de refinamiento formal. ¡Y enhorabuena! Pues de su maciza contextura se yergue una figura maciza, la del autor convertido en signo vital que, generación tras generación, sigue afirmando la presencia de su presencia. El Arcipreste mortal creó al Arcipreste inmortal, al personaje del mítico mundo del arte, en el cual se codea con otros hermanos españoles de igual o mayor relieve—la Celestina, Sancho, el Caballero de la Triste Figura, Segismundo, Don Juan, amén de varios otros. Las generaciones van y vienen, pero esos hijos del intelecto y la imaginación se quedan. La presencia del poeta medieval se ancla en la presencia de sí mismo como personaje y aletea en la vida real.

Es por eso que el sabio Alfonso capta su presencia en los polos extremos de la vida madrileña—la tertulia y la calle. En la tertulia, recoge la presencia del personaje en las imaginativas palabras de un literato italiano que sueña con cantar al viejo poeta encarcelado, evocando en un arrebato de poético furor a doña Endrina, don Melón, don Furón y las serranas.[57] En la calle, percibe la presencia del vate escuchando los cantares de ciegos y

---

[57]El literato italiano a quien se refiere nuestro ensayista es Guido Mazzoni, cuyas palabras nos refiere en *Simpatías y diferencias*, OC, IV, 294: "He estado leyendo al Arcipreste de Hita. Quiero hacer unos versos. Supongo que el Arcipreste está preso. Hasta él llega, por la claraboya, un rayo de sol. El Arcipreste se entretiene en lo que pueden los presos: sopla y ve bailar en el sol el polvillo brillante. El Arcipreste entrecierra los ojos, el polvillo se anima, se transfigura, se convierte en una danza fantástica, y el poeta cree ver pasar a la Trotaconventos, vieja de amor, y la rastra de mujeres que ha cautivado con su gancho; y cree ver a doña Endrina con su cuello de garza, y a don Melón, y a don Furón, y la sierra de Guadarrama, y las pastoras."

103

consigna el sabor de los siglos huidos tras el instante actual en una breve apostilla al pie de su meditación: "Así rezaban las coplas que les componía el Arcipreste de Hita, siglo XIV."[58] La tertulia culta, inamovible ingrediente de la vida literaria ... Los cantares de ciegos, inamovible ingrediente del ambiente callejero ... ¿Seguirá rodando la sombra de Reyes por esos dos polos del Madrid de entonces y de siempre? De hacerlo, su paseo terrestre se vuelve eco de memorias y resuelve la dialéctica concordancia de lo viejo con lo nuevo, de lo real con lo ideal, de lo culto con lo popular. A través de esas coordenadas, su espíritu se mueve con la misma agilidad que su intelecto, y redescubre una presencia. La presencia de una presencia: el viejo Arcipreste-poeta, perennemente anclado en el Arcipreste-personaje.

El teatro medieval.—"Los orígenes del teatro religioso en España son oscuros, como sus conexiones con el drama litúrgico, semilitúrgico y popular de la Edad Media," afirma Alfonso Reyes al enfrentarse a un problema de vasto alcance.[59] Pese a tal estado de dificultad histórica, él ve cierta continuidad entre el teatro clásico y el medieval. Por encima de sus diferencias substanciales, las dos formas empiezan con propósitos religiosos al mismo tiempo que florecen ciertas manifestaciones privativas de lo populachero y lo vulgar. El eminente ensayista mexicano distingue las dos corrientes del teatro clásico y del medieval, pero hace hincapié en su nexo y admite que entre ambas "no hay interrupción absoluta: la corriente continúa, aunque algo escondida y desmedrada.

---

[58]A. Reyes, *Las vísperas de España*, OC, II, 50. Huelga recordar que el Arcipreste compuso algunas líricas de ciegos, aunque queden escasos testimonios en su poema: "Cantares fiz algunos de los que dizen ciegos" (c. 1514). También se destaca, a propósito de esas escenas callejeras, el poder de Alfonso Reyes de transponerse hasta la interioridad esencial de cosas, seres y acontecimientos; lo cual subraya Roberto Fernández Retamar, "En torno a la obra poética de Alfonso Reyes," *Orígenes*, X, No. 34 (1953), 73–76; "Reyes, por lo demás siguiendo una línea muy española (pensamos en el Arcipreste de Hita o en Cervantes, en Goya o en Picasso), hubiera querido meterse en las cosas, irlas al encuentro, aunque fueran los hechos de menos atrayentes eternidad."

[59]A. Reyes, *Capítulos de literatura española. Segunda serie*, OC, VI, 267.

Los que ven el origen del teatro europeo en la liturgia eclesiástica tienen razón en parte; y en parte la tienen quienes lo buscan en las supervivencias paganas . . . El teatro europeo tiene dos fuentes: la religiosa o materia católica predominante, y la profana, prolongación humanística más o menos aplebeyada. Yerran los exclusivistas de uno u otro extremo."[60] Téngase por inicial o intermedia la posición del teatro medieval en relación con el teatro moderno, no cabe duda de que se trata de un embrión vivíparo dentro del género dramático, con dos vertientes que recuerdan la clásica distinción de tragedia y comedia.

La corriente sagrada fue patrocinada por las iglesias del rito occidental y del rito oriental como dramatización de la celebración litúrgica. La profana constaba de los juegos de escarnio mencionados en las *Siete Partidas* alfonsíes y de las representaciones goliardescas, rudas aunque vivaces piezas compuestas por los clérigos vagantes ("humanistas trashumantes" los designa nuestro autor) para celebrar el amor—toda clase de amores—el juego y la gratificación de los sentidos. Libres en el pensamiento, aunque no librepensadores, los goliardos han dejado piezas muy divertidas de sátira clerical. Una tentativa de acercar las dos tendencias, la sagrada y la profana, se realizó durante el Medievo latino: "Hrotsvitha, la monja del bajo latín, 'voz viviente de Gandersheim' (*Ego sum clamor validus Gandersheimensis*), mezcla en sus dramas la Biblia, la hagiografía, la patrística, la doctrina, y las reminiscencias de Plauto, Terencio, Horacio y Virgilio."[61]

Pero esa labor de síntesis tenía sus riesgos, pues el aporte del elemento profano en lo sagrado acababa por rebajar lo religioso,

---

[60]A. Reyes, *La experiencia literaria*, OC, XIV, 177. Repárese que nuestro ensayista aborda el tema de la evolución total del teatro, de modo que esa posición conciliativa no contradice necesariamente la afirmación que hace en otro lugar, en *Norte y Sur*, OC, IX, 115: "También el Teatro Moderno tuvo humilde cuna. Cierto es que arranca, en la profundidad de la Edad Media, de las representaciones litúrgicas que los eclesiáticos y las cofradías religiosas celebraban en el seno mismo de las iglesias: pequeños misterios y moralidades derivados de la Doctrina y encaminados a difundir la buena semilla."

[61]A. Reyes, *La experiencia literaria*, OC, XIV, 78.

y la Iglesia no hallaba más remedio que desterrarlo de su medio. Juzgando por la producción más tardía, Alfonso Reyes halla un hibridismo que no siempre era de buena ley. "Autos hay en el siglo XVI en que Cristo, disfrazado de jardinero, registra a la Magdalena en tales términos para probar su virtud, que ella, como si dijéramos, se tapa los oídos. Y en otros, el irrestañable realismo español se abre paso, no sin rudeza, entre las exclamaciones de San José, que no entiende bien de milagros" (*Ibid.*).

Del primitivo teatro español no sobreviven muchos documentos, y los pocos que hay no permiten una fácil reconstrucción de su desarrollo. Con todo, el gran ensayista mexicano emprende esa tarea apoyándose en la concomitante tradición francesa, y deslinda en el cotejo la variedad de composiciones de ambas literaturas: "Los géneros franceses de edificación (drama litúrgico, milagro, misterio) y de entretenimiento (farsa, 'sottie,' monólogo, sermón festivo), cuyas demoninaciones son algo confusas (la 'moralidad' suele ser religiosa por la intención y profana en la forma) se transforman en España, bajo denominaciones menos rigurosas, en égloga, farsa, representación moral, tragicomedia religiosa, coloquio, auto y, más tarde, auto sacramental consagrado al Corpus."[62]

Los géneros dramáticos del misterio y la moralidad desaparecieron en los otros países al agotarse su vitalidad; pero en España se combinaron las características de ambos tipos en una creación novedosa—el auto sacramental—, en el cual se funden los elementos abstractos y alegóricos de la moralidad con el dogma dramatizado del misterio. "El auto sacramental es, pues,

---

[62]*Loc. cit.*, pp. 78–79. La moralidad dramática, como género, representa la fase de continuación y corrupción del misterio, y aparece con frecuencia en Francia e Inglaterra, según anota nuestro autor en *Capítulos de literatura española. Segunda serie, OC,* VI, 267: "Degeneró pronto en algo como una comedia de carácter. En el teatro español, la 'moralidad', aunque rara, existe desde antiguo. 'Moralidad' parece haber sido la de Enrique Villena, en Zaragoza, 1414, para la coronación de Don Fernando el Honesto. Lo serían, asimismo, el *Auto de la fe* y el de los *Cuatro tiempos,* de Gil Vicente, así como la colección de anónimos de la Biblioteca Nacional de Madrid, insuficientemente estudiada, y otros más. En todo caso, en el siglo XVI existía en España la 'moralidad' como género distinto del 'misterio', aunque se perdió en el siglo siguiente."

peculiarísimo de la literatura española y, salvo muy raras y esporádicas manifestaciones, sólo en ella se produjo. Se lo ha llamado excepción o aberración estética del teatro español."[63]

El auto sacramental, en rigor, encierra el misterio eucarístico, y por eso se relaciona con la fiesta del Corpus, esto es, la gran festividad religiosa que antes del siglo XIII se celebraba sólo en algunas iglesias latinas y que el papa Urbano IV elevó al rango ecuménico en 1263. Según nuestro autor, fue introducida en la Península por Berenguer de Palaciolo, junto con simples celebraciones dramáticas, que no florecieron mucho en la Edad Media. Lo que sorprende es que, con ser tan popular la fiesta del Corpus en Castilla, no hay indicios de tales representaciones hasta muy tarde. Alfonso Reyes basa su observación en la ausencia de indicación explícita en tres fuentes de interés: (a) en las *Siete Partidas*, se alude a las representaciones sagradas en la iglesia, pero no se hace mención del auto sacramental; (b) en los Cánones del Concilio de Aranda (1473), aunque se trata de los abusos teatrales entre los clérigos, no hay datos concretos sobre el auto; (c) en los Cánones del Concilio Hispalense (1512), se toca el mismo asunto sin mención explícita del auto sacramental. De todos modos, quedan documentos muy antiguos que atestiguan la celebración del Corpus en Cataluña y Aragón "con escenas o pequeños dramas religiosos, que algunos tienen por verdaderos autos sacramentales, aunque no se relacionen con los misterios eucarísticos" (*Ibid.*). La documentación es más bien tardía. En Portugal, a comienzos del siglo XVI apareció el *San Martín* de Gil Vicente, y en el mismo siglo su producción se hizo conspicua en Castilla, adelantando en cantidad y calidad con Juan de Timoneda, Lope de Vega, Tirso de Molina y Calderón en pleno Siglo de Oro.

El auto sacramental se celebraba usualmente al aire libre, precedido de una loa y un entremés. Los actores eran varones, ya que "ni la Antigüedad, ni en general la Edad Media conocieron actrices."[64] El dogma eucarístico, fundamental para el género, no

---

[63]*Loc. cit.*, p. 268.
[64]A. Reyes, *Apuntes para la teoría literaria*, OC, XV, 443.

se ejecutaba abiertamente en la pieza para no profanar su sagrado misterio, sino que en una escena dialogada se mencionaba su sentido místico o se alegorizaba con alusiones y parábolas evangélicas.[65] En el fondo, se trataba de obras cultas que requerían una preparación religiosa y, a veces, considerables conocimientos escriturarios en el público.

Al mismo tiempo hubo dos variaciones en el género del auto sacramental. Una engendró una forma de arte que pronto fue expulsada del recinto de la iglesia al escenario movible de los carros teatrales. La expulsión pudo ocurrir como consecuencia de la obra reformadora de Cisneros o como defensa preventiva contra la Reforma, sin perjuicio de la ortodoxia de la pieza tratada en un tono más rebajado y acaso más humano. La otra variedad se reflejaba en el núcleo íntimo del género, pues al lado del misterio eucarístico se celebraba la encarnación del Verbo en la fiesta de Navidad. El cambio de misterio involucraba un cambio de forma y tono con arreglo al espíritu navideño, según indica gráficamente el sabio mexicano: "El drama gozoso de Navidad consiente figuras y escenas risueñas, por su carácter mismo, que se opone a la semana litúrgica de las penas: los Profetas son bufonescos, aparecen Balaam y su burra, Habacuc nutriéndose de raíces, los pastores con su grosero costumbrismo, los Reyes Magos no se entienden en sus distintas lenguas, y hasta el furor de Herodes asume carácter de sainete."[66] Del auto navideño deriva la pastorela, que ha tenido amplia difusión en el mundo hispánico.[67]

---

[65]Siendo la alegoría el carácter esencial del auto sacramental, se incurrió en el peligro de la monotonía temática al ponerse de moda sus piezas dramáticas: "La necesidad de renovarla en cada nueva fiesta (una o aun dos veces al año: el Corpus y su Octava) hizo a los poetas extremar el sentido alegórico. Al punto que alguno, agotadas las historias bíblicas, echó mano de la historia profana y, confundiendo motivos épicos y teológicos, presentó a Carlo Magno conquistador de Tierra Santa, muriendo en la Cruz, y a Galalón (el traidor típico de la epopeya de Roncesvalles, en la *Canción de Rolando*) vendiéndolo por treinta dineros": *Loc. cit.*, p. 270.

[66]A. Reyes, *Páginas adicionales*, OC, XV, 492.

[67]En más de una ocasión, el gran ensayista subraya la perseverancia de la pastorela en la tradición dramática hispana. En *La experiencia literaria*, OC, XIV, 79, afirma que "de los autos de Navidad vienen las pastorelas que todavía se representan en nuestras aldeas y en nuestros campos. Entre sus antecedentes ya

Una ulterior distinción tuvo lugar más tarde entre teatro popular y culto, pero se trató de vasos intercomunicantes que mantenían su individualidad aun cuando hubiera libre intercambio en sus temas.[68] Con toda su arborescencia, el teatro medieval peninsular llegó a la época renacentista con una dinámica evolutiva y una riqueza de temas secundarios que aluden a la vitalidad posterior. En la panorámica visión alfonsina, el adelanto recorrió varias etapas; a saber:

(a) En su núcleo germinal, empezó a latir bajo el impulso litúrgico que subrayaba el elemento coreográfico del culto, casi recordando el gesto de actores y coro clásicos;

(b) Pronto se desprendió de la nave y siguió las rutas del escenario móvil bajo el género del misterio;

(c) Con el tiempo se convirtió en la moralidad, saturada de reflexiones y de personificaciones abstractas;

(d) Los juegos de escarnio y los diálogos dramáticos de los goliardos representaron la faceta cristiana del *comos* griego;

(e) El teatro religioso adquirió una nota peninsular con el auto sacramental, atado al misterio eucarístico, que tuvo un desarrollo aparte con el auto de Navidad, aunque se suele asociar los dos tipos bajo el rubro común de autos;

---

cultos debe recordarse a Lope de Vega, *Los pastores de Belén*." Entre el auto sacramental eucarístico y el auto sacramental navideño hubo distinción cronológica, pues la segunda forma parece ser la más antigua, remontándose hasta el siglo XIII, según indica de paso nuestro autor en *Capítulos de literatura española. Segunda serie*, OC, VI, 275: "Con respecto a la 'pastorela' de que vienen a ser cortejo, recordemos (para evitar confusión entre ésta y el auto sacramental) que ella es la continuación, en nuestro siglo, de otro género de ilustre prosapia: el viejo Auto de Navidad, cuya existencia en Castilla consta ya desde el siglo XIII. Lope de Vega concentra el género en su libro de verso y prosa *Los pastores de Belén*. En América, este género alcanzará verdadera originalidad. Ejemplo: las *Pastorelas*, del P. Fray José Trinidad de los Reyes, en Honduras."

[68]La reciprocidad entre los dos géneros recuerda las relaciones que a la sazón existían entre los dos mesteres poéticos: "Cuando ya ha aparecido la bifurcación entre el teatro popular y el teatro culto, todavía el autor culto puede solicitar los motivos populares, al modo que Berceo —poeta de clerecía— se acordaba aún de que su musa había nacido en las ferias y, en compensación de sus poemas eruditos, solicitaba todavía el vaso de buen vino con que se premiaba a los juglares": *La experiencia literaria*, OC, XIV, 74.

(f) La modalidad popular desembocó en las formas de la farsa y la égloga;

(g) El género culto fué prolífico y se realizó en la tragicomedia celestinesca y de sus derivaciones, junto con la comedia humanística o de influencia italiana.

El verdadero teatro español estaba destinado a brotar de la interacción de esas corrientes y contracorrientes. Por una serie de factores histórico-religiosos, América heredó muchas de esas tradiciones medievales, adaptándolas a las nuevas formas de sentir y pensar que se iban madurando en las relaciones constantes entre el clero y los indios. En el trasplante de la conciencia dramática española en el Nuevo Mundo, la Edad Media trascendió sus términos cronológicos y se trasladó como tradición religiosa antes que como género literario.[69]

---

[69]Véase A. Reyes, *OC*, VI, p. 271: "Los conquistadores trajeron a América las costumbres de sus fiestas religiosas, procurando darles aquí mayor solemnidad y aparato para, por medio de una suerte de catecismo visual, sofocar los hábitos idólatras de los aborígenes. El género del auto religioso se bifurcó entonces: por una parte, los españoles emigrados continuaron a su modo celebrando las fiestas del Corpus; por otra, los misioneros continuaron a adaptar, traducir y componer nuevas representaciones adecuadas a la educación espiritual del indígena, y aun se esforzaron por aplicar a fines cristianos los 'mitotes' y danzas de los indígenas; tendencia esta última que Fray Juan de Zumárraga consideró peligrosa, porque conducía a los catecúmenos a pensar 'que en estas tales burlerías consiste la santificación de las fiestas.'"

IV
Contribuciones Neolatinas

(A) El Medievo Itálico

La Edad Media de la emergente cultura italiana se proyecta en la mente de Alfonso Reyes, como sonrisa de latina riqueza, con el santo, el explorador, el vate, el lírico, el narrador, en fin, toda la gama que va desde la inspirada caridad del hermano de Asís hasta la procaz vena de la musa boccaccista. Es un mundo de singulares contrastes que se vuelcan en la literatura. Y por remoto que ese mundo se halle de la sensibilidad actual, no deja de repercutirse en el pensamiento del ilustre ensayista con simbólica correlación fáunica entre la narrativa francesa y las florecillas franciscanas: "La vida instintiva de 'nuestros hermanos feroces' (Renart) o de 'nuestro hermano lobo' (San Francisco) no tiene misterio para un moderno."[1]

La figura de San Francisco tiene una frescura de vida y de santidad que siempre hace tilín en las grandes almas. No porque predique el amor fraterno entre los grandes y los pequeños, sino porque lo practica, fundando un movimiento de reforma sobre la renuncia de los intereses mundanales. Alfonso Reyes no escatima

---

[1]A. Reyes, *Los trabajos y los días*, OC, IX, 332.

111

su aprecio al ensalzar "la piedad cristiana, que hace pensar en los solitarios bosques y que evoca, 'de plano derecho,' la grande alma de San Francisco de Asís."[2] Su contagio es universal. Por eso, acaso, se traslada hasta los animales, seres más sensibles, en el fondo, que las bestias humanas: "Y cuando San Francisco predicaba en lengua india a las aves, éstas, en efecto, venían a posarse en su mano."[3]

Una lejana resonancia de su dulzura llega hasta tierras de América merced a la predicación de su Orden, pero la sugestión del fundador sólo permanece como eco de su cantar de amor y hermandad por las criaturas todas y como reminiscencia de la saga mística recogida en los *Fioretti*, paralelamente, un poco, con la castellana ingenuidad estética de Berceo y con una épica de contenido ascético llena de confianza en el corazón humano. El heroísmo del santo de Asís consiste en el dominio de lo humano por el misterioso poder de la caridad, aún no acartonada en los esquemas de las reglas monásticas. Por cundir hondo, él es el primer reformador religioso del Medievo.

En la misma época, aparece otro reformador italiano, pero en lo político, quien deja una huella fugaz en el pensamiento de Alfonso Reyes: "Abelardo es lo que es en la historia (no en el progreso específico de las ideas, desde luego) porque tuvo como discípulo al revolucionario Arnaldo de Brescia."[4] De todos mo-

---

[2] A. Reyes, *Capítulos de literatura mexicana*, OC, I, 273. La fuerza de la cual brota la piedad franciscana es un espejismo interior que hace juego, en cierto sentido, con el clima de bella intoxicación espiritual propia del mundo medieval. Su esencia es un llamado místico, del order iluminativo, que nuestro autor define en estos términos: "Iluminación es el instante en que Francisco de Asís se niega a seguir la alegre partida, porque ha descubierto otra novia mejor que las mortales. No siempre acontece de súbito: véase la fatiga con que se orienta Agustín, a través de mil veredas tortuosas y por entre un espinero de pecados, herejías, dudas y arrepentimientos": *El deslinde*, OC, XV, 394.

[3] A. Reyes, *Letras de la Nueva España*, OC, XII, 325.

[4] A. Reyes, *Grata compañía*, OC, XII, 160. Arnaldo de Brescia, predicador y reformador político-religioso del siglo XII, fue desterrado a Francia en 1139. En París apoyó a su maestro Abelardo en la polémica con San Bernardo. Obligado a otras peregrinaciones, volvió al fin a Roma, en donde participó en el movimiento republicano en la administración de la ciudad. Se distinguió sobre todo en la predicación contra la corrupción clerical. Sostenedor del ideal de la pobreza absoluta, fue un precursor de San Francisco de Asís. Sus ideas sobre la separación

dos, entre estos prohombres medievales, prácticos y teóricos a la vez, hay otro que le interesa sobremanera a nuestro autor, pues su sed de espacio empieza a fomentar el interés del hombre por el planeta en el cual le toca vivir. Trataremos de seguir cierto orden en el pensamiento alfonsino sobre los varios autores que mejor representan el Medievo italiano.

Marco Polo (1254-1323)—Es el autor que ha seducido siempre la imaginación humana con solo relatar hechos y situaciones reales. Sale este singular varón de Venecia, la perla del Adriático, ciudad personalísima por su cultura y espíritu emprendedor, cabeza de puente entre el Occidente y el Oriente, ubicada, según subraya Reyes, "en el cruce de los mercados" y llamada a conjugar "una corte de verdaderos agregados comerciales que derramaban desde allí sus informaciones."[5] El contacto con esas informaciones, ora verídicas ora fantásticas, aguza la curiosidad del ilustre veneciano y lo lleva por todo el Oriente a contemplar la realidad de un continente aún envuelto en mágica ensoñación. De regreso de su viaje, en el cual hasta exploró remotas comarcas aún desconocidas por los mismos aborígenes, Marco Polo se convierte en narrador en el sentido literal del término. Las contiendas entre su patria y la república de Génova son motivo de que se halle en prisión con Rusticiano de Pisa, quien escucha sus relatos y redacta un libro en lengua de oil, intitulado, según la tradición, *Libro del Señor Marco Polo, vecino de Venecia, apodado Milione, en el cual se narran las maravillas del mundo*; a secas, el *Milione*. Con este libro, el relato histórico-social pasa al rango de obra de arte. Su valor—fruto de verdadera simbiosis entre el narrador y el redactor—es documental, a más de literario. Tal vez por eso, debiera clasificarse bajo un rubro específico entre las disciplinas más o menos técnicas: "Baste recordar a Marco Polo, creador de la moderna geografía."[6]

---

entre poder eclesiástico y poder temporal, junto con la renuncia de los bienes materiales entre los prelados, le granjearon el odio de los poderosos. Al fracasar su programa político, acabó ahorcado en 1154. El efecto de su predicación se hizo sentir por algún tiempo entre estudiantes y clérigos reformistas, quienes se organizaron en pequeñas sectas arnaldistas.

[5]A. Reyes, *Las mesas de plomo*, OC, V, 365.
[6]A. Reyes, *Última Tule*, OC, XI, 26.

En realidad, a aquel lejano precursor no lo acuciaba ningún prurito científico, sino un anhelo de lejanía física envuelta en irrealidades fantásticas. Lo desconocido, que encoge a los seres pequeños en un rincón ecológico, dilata en los grandes la sed de aventura y excita el espíritu de observación. En la visión de Alfonso Reyes, el antiguo explorador vive en un momento particular de la historia humana, apoyada en el fulcro de contracorrientes culturales, en que el espejismo corre simétrico con la realidad, el horizonte remoto se refleja en una ilusión presente, lo imaginado se desliza en lo existente, y el deslumbre de latitudes se sobrepone por encima de los aprietos de la vida diaria y del medio circunstante. Marco Polo está sumido en ese ambiente en que el caudaloso aporte de leyendas folklóricas vuelca nuevos panoramas ante la mirada asombrada del hombre medieval. Venecia gozaba, a la sazón, de una tradición marinera que la exponía constantemente a las rutas levantinas de las especias, y la osadía no ponía coto ni a la codicia de sus mercantes ni a la curiosidad de sus viajeros. Las cruzadas, en el nombre de la fe o so su especioso antifaz, habían creado su acervo de mitos y maravillas. El viaje de Marco Polo, pues, es la respuesta a una llamada que llegaba con mil sugerencias del Oriente, polo galvanizador del mundo antiguo. *Ex Oriente lux.* Sus travesías suplen pábulo a sus expectativas, a las expectativas de todos: "Los países de Marco Polo," dice nuestro ensayista, "siguen dando nombre a los sueños de la humanidad."[7]

La imaginación medieval se había encandilado con inventos asombrosos que venían de los orígenes de la tradición clásica. El mismo libro de *Alexandre*, concebido acaso con las mejores intenciones históricas, es una de las poetizaciones novelísticas más fantaseadas de la Edad Media.[8] Un nuevo proceso vital actúa en

---

[7] A. Reyes, *Páginas adicionales*, OC, IV, 577.

[8] Alfonso Reyes abarca con erudita mirada panorámica el origen y evolución del mito del héroe griego en varias literaturas: "El apetito de lo maravilloso aumenta aun, a partir del siglo XI, por la leyenda de Alejandro el Grande. La novela consagrada al capitán macedonio por el Seudo-Calístenes y traducida por Julius Valerius no aplacó del todo aquella sed . . . Pero mayor fue el éxito de la novela griega en la traducción del Arcipreste León (siglo XI)": *La afición de Grecia*, OC, XIX, 362.

forma reversible, puesto que el mito impele a la acción, y luego la empresa fomenta el florecimiento de nuevos mitos, irradiándolos con el cabrilleo de las olas marinas. El mar tiene su mágica sugestión sobre el alma humana. Su atractivo es un desafío. El dominio de sus rutas y baluartes apuntala el poder. Sugestión y poder: por sus sendas penetra el hombre fascinado en la historia, decidido a disipar fantasmas y barreras tradicionales. La epopeya homérica, en la concepción alfonsina, consigna al canto una trayectoria de anhelos humanos que llegan hasta el antiguo explorador veneciano y continúan después de él: "Los viajes de Odiseo dan testimonio de este ambiente de maravilla que siempre acompaña las empresas en busca de los 'pasos de mar.' Desde entonces hasta los días de las exploraciones polares, pasando por Simbad, Marco Polo y Colón, toda extralimitación de las fronteras conocidas parece respaldada por sobrenaturales cóleras oceánicas y por ejércitos de fantasmas, hombres estrafalarios, monstruos de felicidad o de horror."[9]

El relato de Marco Polo evoca al paso que describe. La realidad paisajista y cultural conjura el hechizo de lo exótico, y de ahí deriva el poder cautivador de su obra. La sensibilidad del hombre práctico europeo se enriquece con nuevos matices anímicos y añade a su percepción una distinta manera de ver las cosas. Nuevas alternativas culturales y civilizaciones se integran en su concepción de la vida y del mundo. Se madura en él un doble ángulo de visión—el nativo, europeo; el adquirido, oriental—que se ensambla coesencialmente frente a las maravillas de una naturaleza diferente, frente a una humanidad pintoresca, a ceremoniales suntuosos, a ciudades imponentes, a vergeles extraños, aromáticos, magníficos, frente a una visión caleidoscópica de

---

[9]A. Reyes, *Geógrafos del mundo antiguo*, OC, XVIII, 317. Al lado de las maravillas encontradas por Ulises en su larga peregrinación, otro manantial que ceba la imaginación popular arranca de la leyenda de Hesiodo en contaminación con la tradición bíblica: "La utopía clásica de la Edad de Oro poco a poco se convierte en el sueño del Paraíso Terrestre ... Mandeville, Marco Polo, Cristina de Pisán popularizan esta creencia ... Brunetto Latini, el maestro de Dante, contribuye a la proliferación de supuestas tierras incógnitas. Y el Aliaco, suma autoridad de Colón, cree en la existencia de gente beatísima, los hiperbóreos casi inmortales": *Última Tule*, OC, XI, 42.

ejércitos, cortesanos, multitudes urbanas, cultos, rituales, hablas, utensilios, productos, estilos y formas; por lo cual, el asombro del viajero serpentea por el relato y se desborda a la vida. Surge así una nueva corriente literaria —la literatura de viajes— que llena la imaginación europea de nuevas visiones.

El juego entre la realidad y la imaginación se prolonga por casi dos siglos, hasta tomar su rumbo definitivo con el descubrimiento de América. Tanto fantasear, aun cuando degenera en turbias y abultadas exageraciones, ayuda a organizar los farragosos conocimientos medievales en un cuerpo de creencias que se mantendrán vivas en la tradición literaria, según puntualiza Alfonso Reyes: "Del *Milione*, en efecto, proceden esas peregrinas descripciones de ciudades de mármol, oro, plata y piedras preciosas que se reflejan en los ríos majestuosos, y la idea de ese Catay deslumbrador donde la Edad Media acumuló monstruos y endriagos."[10] Su copiosa multiplicidad crea una literatura fantástica destinada a tener repercusiones prácticas de vasto alcance: "La *Historia Rerum*, de Pío II, proveyó a Colón la materia de otras imaginaciones y sueños; y el Cardenal d'Ailly le llenó la fantasía de grifos, dragones, basiliscos, unicornios, serpientes policéfalas, tarascas y quimeras, y otros engendros que participaban de dos naturalezas, y que unas veces proceden de la Antigüedad clásica y otras de los *Bestiarios* medievales" (*Ibid.*). En el entrevero de atisbos y confusión, las letras vienen dibujando el contorno imaginario de un continente real, creando su mística y desafiando el interés de aventureros, exploradores, viajeros y traficantes.

Pese a que el libro de Marco Polo apareció por primera vez en una redacción francesa, pronto seguida de las versiones italiana y latina, se ha considerado siempre como parte de la literatura italiana. En verdad, constituye una de las obras menores si se la compara, desde el punto de vista literario, con la artística producción de los grandes del "Trecento"; pero es una de las obras mayores si se tiene en cuenta su originalidad y su impacto futuro. Recuérdese que la ruta occidental del descubrimiento de América se proponía llegar al Oriente pintado en los relatos anteriores.[11]

---

[10]A. Reyes, *loc. cit.*, 41–42.

[11]La atracción de las maravillas orientales, apoyándose en la esfericidad de la

Al integrarse en la literatura italiana, el *Milione* viene a llenar su vacío épico, si por épica se entiende la tradición de sagas heroicas a la manera del Cid o de los Nibelungos.[12] Pero la épica como género literario no puede disociarse de lo épico, esencia artística que fertiliza todo género narrativo. Así, pues, se realiza una nueva faceta de la épica, en que al héroe de proporciones sobrehumanas en contiendas armadas se substituye el personaje comprometido en la lucha espacial. Su triunfo no depende de una forma de carnicería heroica. El choque entre inmensas masas armadas cede el paso a un nuevo espíritu de acercamiento aun con pueblos desconocidos. Lo humano no tiene fronteras. A la epopeya del brazo armado sigue la de la curiosidad mental. A la conquista territorial sigue el esfuerzo por dominar el enigma de lo desconocido. La narración de Marco Polo realiza, así, una nueva forma de épica humana en el cruce de continentes poco antes que, en el cruce de otros trasmundos, el más grande poeta italiano realizara otra forma de épica divina.

Dante.—Dante es una presencia muy persistente en la retina intelectual de Alfonso Reyes. Y no es de asombrar, pues el poeta universal de Italia no podía menos de despertar múltiples intere-

---

tierra, orienta más tarde a los exploradores a dirigirse hacia la misma meta por la dirección opuesta. Reyes encuentra algunos antecedentes de la ruta occidental entre los navegadores venecianos de la Edad Media, como si un presagio de América se hiciera sentir con un siglo de antelación: "Parece que a fines del XIV, los hermanos Zeno, unos venecianos, exploraban el Atlántico septentrional, y algún tiempo después Querini, veneciano también, naufraga en los términos de Noruega": *loc. cit.*, XI, 27.

[12]La épica fantástica italiana, por cierto de poca importancia literaria, es materia bien conocida por el insigne polígrafo mexicano, según atestigua su minucioso estudio sobre la evolución del mito de Eneas: "Se supone que los rasgos del *Eneas* más divergentes de Virgilio pueden provenir de las tradiciones semipopulares y semiclericales, como las que vinieron a juntarse en esos extraños *Fatti d'Enea* (2ndo libro de la *Fiorita d'Italia* del hermano Guido de Pisa), que suelen añadirse a la historia de Italia en ciertas peregrinas compilaciones italianas. También es el caso de recordar los ocho últimos cantos del *Trojano*—fines del XV—que formaban un poema aparte, cuyo título pudiera ser *L'Aquila Nera*, obra de un tal Angelo di Franco, donde hay una historia de Eneas; pero sus relaciones con el poema que ahora examinamos no han sido aún esclarecidas. Dígase otro tanto de una *Eneida volgare* en 24 cantos, impresa en Bolonia por 1491. A mediados del siglo XV, Eneas Silvio Piccolomini, más tarde Papa Pío II, novela a su modo ciertos amores de Menelao, trasladados a un ambiente más medieval que renacentista. Pero el héroe de esta insulsa novela sólo tiene de Menelao el nombre": *Los héroes*, OC, XVII, 173–174.

ses en quien ha sido calificado de mexicano universal. Para él, Dante es el genio bifronte que logra la plenitud de la época anterior y, al mismo tiempo, columbra la configuración de lo venidero. Al ubicarlo en esa coyuntura crucial de los tiempos, con razón lo define como la "última flor del medievalismo";[13] esto es, la flor del pasado incubando la semilla del porvenir. La figura de Dante adquiere muchas facetas en la meditación del gran ensayista mexicano porque el genio es siempre múltiple aun en su sintética afirmación. Y como las reflexiones sobre Dante se refractan y difunden por los vasos capilares del *corpus* alfonsino, trataremos de conglobarlas bajo siete rubros aglutinantes; a saber: (1) la tradición clásica; (2) el comienzo de la nueva épica; (3) la familiaridad con el poeta; (4) la tensión lírica; (5) el numen profético; (6) el crisol de lo sublime; (7) la poetización de Dante. A continuación, se deslindan esas facetas dantescas según emergen de los varios manantiales del pensamiento de Alfonso Reyes esparcido en vivaces fragmentos grávidos de significado.

1. *La tradición clásica*: Pocos escritores en nuestro siglo han reunido en sí una acentuada sensibilidad moderna con un dominio profundo de la antigüedad clásica a la manera de Alfonso Reyes. Eso explica por qué ha captado con perspicuidad el aporte de la herencia clásica en Dante, con lo cual se puntualiza su posición de precursor del humanismo literario en el mundo occidental. El representante de esa tradición durante la Edad Media es Virgilio, cuya metamórfosis mítica se ha mencionado con anterioridad.[14] Para Dante, el poeta imperial es el maestro de estilo,

---

[13]A. Reyes, *Los héroes, OC*, XVII, 174. Nuestro ensayista siente una como constante histórica en el aparecer de ciertos genios definitivos al clausurarse algunos ciclos de la civilización humana. Son como el canto del cisne de las edades. Tal parece ser la función de Dante en la conjunción de la Edad Media con la Era Moderna, según puntualiza el docto escritor apropiándose el juicio de otro gran pensador: "Pensando . . . en Dante para con la jerarquía eclesiástica medieval, Jaeger ha exclamado: Parece ley del espíritu que, cuando un tipo de vida llega a su ocaso, encuentre alientos para dar a su ideal la formulación definitiva, como si a la sollama de la muerte cobrara su equilibrio inmortal": *Juntas de sombras, OC*, XVII, 475.
[14]Véase el estudio virgiliano en *Simpatías y diferencias, OC*, IV, 30. Véase también: Juan Antonio Ayala, "Las Geórgicas. Presencia de Virgilio en México,"

sin que eso lo haya atado al rango de imitador rastrero. En verdad, Virgilio resumía el canon estilístico medieval, pues sus obras más conocidas representaban los tres niveles aceptados: el estilo humilde, o bucólico; el estilo mediano, o geórgico; el estilo elevado, o heroico. El poeta cristiano, al adoptar el romance como vehículo de la expresión, anhela lograr en el nuevo idioma la altura artística alcanzada por su maestro clásico.[15] Su éxito trasciende la esfera de lo individual y ata la continuidad lingüística romance a las glorias literarias del pasado gracias a las contribuciones del genio. Las grandes personalidades se encuentran a la distancia de siglos. En breve, el célebre escritor mexicano establece la transición de la cumbre clásica a la medieval enmarcándola entre dos pilares poéticos: "El nombre y la fama de Virgilio cubren toda la época que llega hasta Dante."[16]

De las muchas facetas de Virgilio en la Edad Media, Dante acepta la más humana—la de la actividad poética—y desecha la mágica. Es así como lo convierte en guía ultramundano a la luz de la razón: "Filósofo para Dante, astrólogo para Boccaccio, Virgilio es para algún novelador una especie de gitano que dice la buenaventura al emperador Augusto, a cambio de un mendrugo.".[17] Eso de que Virgilio es maestro y símbolo de la filosofía humana para el gran florentino es una idea aceptada y corriente. Pero Alfonso Reyes enriquece tal noción con un aporte novedoso y significativo; es decir, el vate latino presenta la vieja escatología pagana con una nueva concepción del más allá que iba a incorporarse en toda la épica a lo divino en el mundo occidental. "Por último," afirma

---

VUM, 27–10–1963; C. Meirelles, "Discurso por Virgilio," *Diario de Noticias,* Terça feira, 18, 19–8–1931.

[15]Huelga mencionar la declaración hecha por Dante frente a su maestro antes de emprender la travesía de los tres reinos ultramundanos, en *Inf*, I, 82–87:

O degli altri poeti onore e lume,
vagliami il lungo studio e 'l grande amore
che mi ha fatto cercar lo tuo volume.

Tu se' lo mio maestro e 'l mio autore:
tu se' solo colui da cu' io tolsi
lo bello stile che m'ha fatto onore.

[16]A. Reyes, *Los héroes, OC*, XVII, 157.
[17]A. Reyes, *Simpatías y diferencias, OC*, IV, 32–33.

nuestro ensayista, "Virgilio (*Eneida*, VI) transmitirá a Dante, a Milton, al mundo, la idea de la separación entre las almas de los justos y los malvados, cuya fortuna venidera depende de su merecimiento, no ya del favor ni del azar: ni de Zeus ni de Tyché."[18]

Una actitud dantesca divergente frente a la concepción de su maestro se observa a propósito de Ulises. De entre los héroes homéricos, Virgilio escoge a un personaje secundario como progenitor de la estirpe romana, esto es, al *pius Aeneas*. Con mucho atino, el manso poeta patavino destaca el rasgo de la *pietas* en el medio imperial, en que el heroísmo era, con harta frecuencia, ostentoso membrete exterior para encubrir crueles holocaustos humanos en conflictos armados, desfiles de prisioneros despersonalizados bajo estériles arcos de triunfo, ambiciones de generales y codicia de procónsules so pretexto del bien común. La astucia de Ulises, que fue virtud de héroe absorto en el esfuerzo por sobrevivir y regresar a su humilde Itaca, hubiera sido desatino alabarla en una urbe cosmopolita. Allá, desdichadamente, era talento demasiado común entre políticos, pretorianos, aventureros y cortesanos de toda calaña. Por ello, Virgilio nos presenta a Ulises como exponente heroico de la masa levantina que se volcaba a Roma para sacar ganancia de ríos revueltos. Además, Ulises es héroe tenazmente pegado a lo griego, en quien la peripecia cosmopolita realizada por tierras y pueblos desconocidos no altera su sólida identificación provinciana. "Roma, con Virgilio, le arrebata el posible honor de haber sido su distante abuelo, y se lo confiere a Eneas, el héroe troyano. Dante lo repudia."[19] Y con

---

[18] A. Reyes, *Religión griega*, OC, XVI, 122–123.
[19] A. Reyes, *La gloria de Grecia*, OC, XIX, 369. Otra razón por la cual Virgilio pudo rechazar a Ulises como progenitor de su raza se debe a que con su regreso se cerraba el poema homérico, pese a que eso no acababa necesariamente sus trabajos. Es conjetural especular por qué Reyes echa un velo sobre la heroica interpretación de Dante a propósito de Ulises, a quien se le condena al fuego interno por las mismas razones que impelen a Virgilio a verlo bajo una luz desfavorable. La visión dantesca, no cabe duda, ennoblece al héroe homérico haciéndolo naufragar ante una misteriosa isla, puesto que esa isla se recarga de sentido simbólico: acaso aluda al enigma existencial, o a un nuevo desafío edénico del *nec plus ultra* prohibido a la mirada humana, o a la romántica ironía del destino humano que se anula en el mismo acto de realizarse, o al anhelo por una isla beata, una especie de utopía, o una prefiguración del remoto con-

razón. Dante era el poeta del amor, y Eneas se había deslucido en su papel de amante infiel. Ulises queda condenado en el infierno dantesco por su fraude anterior, pero se rehabilita en el plano humano, pues en su vejez el héroe itacense se irgue a un plano de más alta sabiduría. Ya no es el héroe que justifica los medios con miras a su angosto fin, sino el hombre sabio que ensalza el tesón humano en busca del definitivo misterio existencial y ofrece la vida para ese fin. De todos modos, huelga subrayar que el clasicismo de Dante se mantiene dentro de la corriente latina, a través de la cual absorbe lo helénico, puesto que él, a la par de otros autores anteriores o coetáneos, "sólo conoció a Grecia de trasmano."[20]

2. *El comienzo de la nueva épica*: Dante es el poeta épico de la cristiandad, que fija en cifra poética el anhelo colectivo de una época comprometida, al mismo tiempo, en su proyecto existencial y ultramundano. Sus rudos tiempos de pasión y luchas políticas, con hacer precarias las condiciones de vida, fomentaban la visión épica, esto es, las hazañas llenas de victorias y derrotas, por las cuales la experiencia colectiva se traslada a la esfera del verbo épico. En Dante, la unidad del poema épico consiste en el simbolismo del viaje individual, a lo largo del cual la intención lírica aviva los múltiples episodios narrativos que se hilvanan alrededor del protagonista constantemente expuesto a multitudes de espíritus aún saturados de humanidad y recuerdos. La noción de hazaña épica, en el plano culto, relaciona la actividad humana con la misión religiosa, y en ese sentido Alfonso Reyes ve en el poeta florentino el primer representante de una gran épica orientada hacia horizontes más vastos: "De los odios civiles de Italia, la visión eclesiástica del mundo, la difusión del Cristo, la emoción de los descubrimientos y conquistas, brota una nueva epopeya: Dante, Tasso, Ercilla, Balbuena, y hasta con los Cronistas de Indias un nuevo tipo de Historia."[21]

---

tinente americano. Los dos últimos aspectos estarían en línea con el pensamiento de nuestro ensayista, pero no se nos olvide que él no es ni un dantista ni un dantólogo interesado en toda información *de vita et moribus*, según se puntualiza en este trabajo.
[20]A. Reyes, *Los héroes*, OC, XVII, 174.
[21]A. Reyes, *Páginas adicionales*, OC, XIV, 366.

El significado temporal y religioso de su poesía ensancha el significado universal de Dante sin sacarlo de su raíz latina. Trátase de una identificación cultural y racial, pero no racista. En realidad, los racistas buscaron justificar su universalidad arrancándolo de su matriz, cosa que nuestro ensayista zahiere como perversión de cierta forma de arrogancia germánica. "Después es la locura. El germanófilo Houston Stewart Chamberlain cubiletea la historia hasta convertir en nórdicos a Dante y Jesucristo."[22] Es tan absurda tal pretensión que Alfonso Reyes la pone en solfa al achacar una paternidad espiritual ajena a un su amigo rioplatense, parodiando a los racistas hiperbóreos: "Ricardo Güiraldes tuvo un preceptor mexicano. No saquemos la cosas de quicio, pero convengamos en que con menos demuestran algunos filólogos que Dante perteneció a la raza germánica."[23] En fin, eso de relacionar a Dante con autores menores es una vieja práctica que sólo fastidia cuando se la toma en serio.[24]

La dimensión épica de Dante tiene que ver también con el acontecer humano en la telaraña de relaciones con sus contemporáneos. Desgraciadamente, parece una constante histórica el hecho de que la incomprensión humana se desata contra los hombres superiores. El destierro es como el desgarro de un miembro del organismo original. El poeta, que de su matriz cultural se ceba para luego enriquecerla, con el destierro siente morir una parte de sí. "En Dante," afirma el mexicano universal, "al principio de su *Convivio*, donde menos podría esperarse, aparecen ciertas consideraciones pesarosas sobre el mal que le han hecho los ciudadanos de Florencia, al desterrarlo y obligarlo a ganarse el pan por tierras

[22]A. Reyes, *Tentativas y orientaciones*, OC, XI, 248.
[23]A. Reyes, *Norte y Sur*, OC, IX, 109.
[24]Véase la indirecta de Reyes contra el crítico hondureño que compara a un poeta de segunda plana con Dante: *El cazador*, OC, III, 128. Su tono se hace festivamente sarcástico cuando comenta los desatinos de Julio Cejador al traducir un famoso soneto dantesco "a fuerza de redaños poéticos quitándoles alfeñicados perendengues y tapujos toscanos... tan horro de los arrequives de la clericalla por de fuera cuanto preñado de sus mataduras y garambainas por de dentro": *Burlas literarias* (México: Archivo de Alfonso Reyes, 1947), p. 11.
[25]A. Reyes, *La experiencia literaria*, OC, XIV, 118.

de Italia."[25] En el divino poema, esa nota dolida se convierte, so color de profecía épica, en apóstrofe recargado de densa angustia lírica:

> Tu proverai sì come sa di sale
> lo pane altrui, e come è duro calle
> lo scendere e'l salir per l'altrui scale.
> E quel che più ti graverà le spalle
> sarà la compagnia malvagia e scempia
> con la qual ti cadrai in questo valle.[26]

En esas condiciones, aun la distancia que media entre la realidad del desterrado y la fama del poeta se achica con menoscabo de esta última. Paulatinamente, las indignidades que amargan sus bocados de pan cotidiano acaban por envilecerlo. "Quien de lejos sólo era, a los ojos de sus admiradores, el poeta, ha desmerecido al mostrársele de cerca con todas sus imperfecciones de hombre."[27] Épica es, pues, la hazaña del genio que se realiza en medio de los aprietos diarios y convierte su escape de las pequeñeces circundantes en obra maestra de primer orden. La dura existencia elimina a los ineptos y foguea a los grandes.

3. *La familiaridad con el poeta*: Por la frecuencia con que le sale al paso, Alfonso Reyes parece tener una familiaridad casi nativa con la poesía de Dante. Lo más notable de ello es que no se trata nunca de marcescente alarde erudito, pues la referencia o el recuerdo viene siempre al caso en el conjunto del contexto. Hasta la anécdota adquiere un nivel más alto en el ensayo alfonsino, aun cuando se trata de un episodio desfavorable. A modo de ejemplo, menciona el caso de Ventura de la Vega en punto de muerte, quien sale, frente a parientes y amigos ansiosos de escuchar sus últimas palabras, con un dislate incongruo: "¡Carga *el* Dante!—les confiesa."[28] Al fin y al cabo, no todo estudioso puede entender la poesía dantesca con igual disposición favorable. Los genios siempre tienen detractores al lado de sus admiradores, siendo estos

---

[26]Dante, *Par*, XVII, 58–63.
[27]A. Reyes, *loc. cit.*
[28]A. Reyes, *Las vísperas de España, OC*, II, 56.

quienes más se acercan a la altura de su prez. En otra oportunidad nos cuenta el famoso mexicano que "Gabriel Alomar, en un rapto de impaciencia contra el exceso de preocupaciones formales, comenzó a decir: —El terceto, cuya única justificación es Dante . . . Y Eugenio d'Ors vino a atajarle suavemente: —Al contrario, querido Alomar: Dante, cuya única justificación es el terceto . . ."[29]

Como es de esperar, el poder del arte dantesco se desdibuja en sus imitadores. Lo grande tiene el sello de la unicidad, aun cuando el imitador sea el mismo Quevedo: "En la epístola en tercetos al Conde Duque de Olivares—donde, por lo demás, la afectación hueca es evidente, a despecho de las reminiscencias del canto XV del *Paraíso*—el sueño de la Edad de Oro se convierte en tétrica pesadilla."[30] Lograda o no, la resonancia dantesca la capta Reyes aun donde pocos pudieran sospecharla. Repárese, de pasada, en cierta reverberación de la visión medieval captada en un poeta de fina sensibilidad modernista: "Díaz Mirón parece como fascinado por los ojos, al punto que a veces es incapaz de cerrarlos ante la fealdad misma. Le hemos oído comentar, con gusto y sentido, la representación de la serpiente, línea que anda y undula, en Dante."[31] La familiaridad de Alfonso Reyes con Dante es amplia y se extiende hasta el conocimiento bibliográfico, pese a que la bibliografía dantesca ha tenido un desarrollo asombroso.[32] A veces se entretiene en brindarnos datos que no pasan de ser meras curiosidades literarias.[33]

De todos modos, la referencia más apropiada es la que se da al citar a ojos vistas algún verso lapidario del Dante, puesto que uno de los signos de su grandeza literaria consiste en su,

---

[29]A. Reyes, *La experiencia literaria, OC,* XIV, 101.

[30]A. Reyes, *El cazador, OC,* III, 132.

[31]A. Reyes, *Tres puntos de exegética literaria, OC,* XIV, 276.

[32]A modo de ejemplo, al reseñar un trabajo sobre el interés de los Dominicos por Dante, editado en Florencia en 1931, Reyes demuestra que empezó a familiarizarse temprano con los estudios dantófilos: *Entre libros, OC,* VII, 360.

[33]Entre las curiosidades concernientes al divino poeta en América ha de incluirse la información alfonsina de que unos "gusanos provistos de papeles en regla venían de Italia y viajaban ricamente entre las páginas de un ejemplar de la *Divina Comedia* dirigido a la Universidad de Cornell": *A lápiz, OC,* VIII, 291.

digamos, citabilidad. Es así como Alfonso Reyes evoca de rebote una escena dantesca ante la visión romántica de la naturaleza americana representada por un autor francés: "Chauteaubriand —este verdadero creador de la 'selva virgen,' donde los árboles gritan como en Dante."[34] Esa imagen del animismo vegetal, de origen virgiliano, vuelve a asomarse a través de una sugestiva reminiscencia dantesca: "Aquí debe releerse el pasaje de Dante: Y me gritó su tronco:—¿Por qué me rompes?"[35] También merece mencionarse uno de los versos más citados de Dante parafraseado por el gran escritor mexicano: "No te engañe lo fácil que es llegar hasta aquí."[36] Al Reyes erudito, exhaustivo colector de jitanjáforas que se han hecho justamente célebres entre los estudiosos, no se le escapa un sibilino ejemplar dantesco, esto es, el famoso "Pape Satán."[37]

A esas referencias, de valor más o menos ocasional, pueden añadirse otras que destacan el trato familiar que venimos subrayando. Algunas tienen un simple interés filológico.[38] Otras representan una actualización del sentido dantesco. A modo de ejemplo, la indiferencia con que las bellas hembras modernas ignoran la ávida mirada de un admirador transeúnte tiene poco en común con el recato de las doncellas medievales. Y sin embargo, Alfonso Reyes no halla mejor paralelo literario que un recuerdo dantesco para definir, medio en broma y medio en serio, su momentáneo desasosiego: "Y soy tan desdichado cuando pasan

---

[34]A. Reyes, *Simpatías y diferencias*, OC, IV, 284. Cf. *Inf*, XIII.
[35]A. Reyes, *Los trabajos y los días*, OC, IX, 323. Cf. *Inf*, XIII, 33: "E'l tronco suo gridó:—Perché mi schianti?" Este episodio recuerda una análoga situación virgiliano: "Quid miserum, Aenea, laceras? Jam parce sepulto." (*En*, III, 41.)
[36]Véase A. Reyes, *El triángulo egeo*, OC, XVIII, 250, en que pone en boca de Minos el famoso verso de Dante: "Non t'inganni l'ampiezza de l'entrare" (*Inf*, V, 20).
[37]A. Reyes, *La experiencia literaria*, OC, XIV, 222.
[38]Repárese en la referencia culta contenida en "Las grullas, el tiempo y la política," OC, III, 85–86: "Dante—¿no es él?—nos habla también de unas grullas que revoltean gritando por el aire" (Cf. *Inf*, V, 46–48; *Purg*, XXVI, 43–46). También dantesco es el tono de la siguiente alusión alfonsina, contenida en *Tentativas y orientaciones*, OC, XI, 206: "Y aquí comienza el gritar y el rechinar de dientes" (Cf. *Inf*, III, 101–102; V, 26–26).

de largo, como Dante con su Beatriz, junto al puente aquel donde ella no quiso devolverle su saludo."[39] La *mirada* de la mujer inspiró muchos cantares dulcestilnovistas como imagen de imán amoroso; en la concepción del gran florentino se convirtió en atractivo cósmico, capaz de elevar al hombre querido por encima de las esferas celestiales hasta la cándida rosa. Su vigor poético sigue guardándose, a la distancia de siglos, en la sensibilidad de Alfonso Reyes, quien ve reflejarse en la mirada de las mujeres por él admiradas "los ojos de las 'mujeres angelicadas' de Dante."[40] Con lo cual se comprueba una vez más que el gran ensayista echa mano tanto de la imagen como del símbolo dantesco con esa naturalidad que deriva de un íntimo trato con la esencia de la poesía del antiguo vate.

4. *La tensión lírica:* La *donna angelicata* representa la culminación lírica de varios movimientos literarios medievales que gravitaban alrededor del feminismo poético, en irónico contraste con la falta de una conciencia feminista en lo social. La corriente mariana había inaugurado el encumbramiento de la mujer bajo el disfraz teogónico, en verdad recargado de sugestiva ambivalencia por la dualidad aparentemente contradictoria de la virginal maternidad de María. La poesía trovadoresca había humanizado la sensibilidad religiosa en novedosas fórmulas poéticas, no siempre líricamente acertadas. Sobre esos moldes provenzales, la poesía galaico-portuguesa y la primitiva escuela siciliana habían imprimido un sello de originalidad local. Pero el adelanto lírico se realiza con el dulcestilnovismo toscano, en que se valoriza a la mujer por fomentar los valores humanos y permitir un ascenso en la dignidad del hombre merced a una forma genuina de amor. Dante, al concebir a la mujer como ángel encarnado con una misión redentora—la de desenredar al hombre amado del laberinto de los yerros humanos y devolverlo al camino de la salvación—logra la síntesis de lo medieval: en suma, el signo terrenal se

---

[39]A. Reyes, *El calendario, OC,* II, 354.
[40]A. Reyes, *Las vísperas de España, OC,* II, 212. Cf. también *Cuestiones estéticas, OC,* I, 56–57.

ve en función del simbolismo sobrenatural; la belleza física es destello tangible de la hermosura celestial; el amor humano se reivindica en toda su plenitud por eslabonarse con el amor divino. Con la concepción dantesca, la tensión lírica logra el apogeo vertical del tema amoroso. Al modificarse el gusto tras el rescate de la originalidad poética, la mirada se dirige al aspecto humano del amor. Juan Ruiz parece realizar la revolución, o evolución, del gusto europeo. Con él, el amor divino cede el paso al buen amor, esto es, el sano amor humano, cuyos efectos metamórficos no atañen al destino ultramundano del hombre, sino al afinamiento de sus valores personales. En breve, entre el Arcipreste de Hita y Dante hay una diferencia substancial de ideales y sensibilidad; y sin embargo, el gran ensayista mexicano descubre un hilo conductor entre los dos poetas: "El enamorado de doña Endrina, transformación inmediata del seudo-Pánfilo, puede ser una mera evolución del tema impuesto por la 'donna angelicata' de Dante."[41] Pese a lo audaz de la aserción, es posible asumir que en la trayectoria del avance literario visto al vuelo se concilien ciertas modalidades que de buenas a primeras parecen ser incompatibles.

Trasladándose a la esfera de la representación, Alfonso Reyes reconoce el poder caracterizador del verso dantesco, en el cual se definen con rápidos brochazos siluetas tridimensionales por encima de interminables multitudes relegadas al claroscuro del fondo. Carácter y perfil adquieren una corpulencia real en almas que se suponen incorpóreas, sobre todo en el reino infernal, que se hace muy concreto gracias al escultórico verso del gran poeta. Por ser tal, sus siluetas humanas adquieren un temple de vida vivida que a veces el ensayista regiomontano capta en el discurrir de la existencia diaria en unos rincones hispánicos, como si se hubieran trasladado de la visión poética a la realidad de todos los días. En el coro angustioso de quejas de seres lisiados se

---

[41]A. Reyes, *Tres puntos de exegética literaria*, OC, XIV, 262–263. Sobre este tópico acaso convenga ir con la soga en la mano, aunque en la evolución de las escuelas y de los gustos literarios cualquier negación del pasado no es necesariamente negación dadaísta. Es, más bien, una nueva orientación que supera las anteriores y adopta, a veces, algunas de sus actitudes con un criterio selectivo en orden al *Zeitgeist* dominante.

distingue la del ciego mendigo; y su estampa se le antoja tal que "Dante la hubiera incrustado en sus tercetos."[42] De tal modo, la tensión lírica de la poesía dantesca halla eco en el autor moderno por sus dos rasgos más hondos: la concepción de la mujer y la imagen del ser dolido.

5. *El numen profético*: Una de las facetas del proteico genio de Dante que nuestro autor aborda con originalidad americana es la de su poder profético vislumbrado en cifra poética. Su numen logra atisbos anticipadores que le merecen el membrete de vate en el sentido originario de la palabra. Su poema encierra arcanos que cada siglo descifra a su manera, lo cual le confiere una de las vetas de perenne actualidad. Alfonso Reyes alude a una clave novedosa: la presencia de América durante su ausencia histórica. En tiempos de Dante, América no es siquiera un nombre para el hombre occidental; pero Alfonso Reyes, americano universal, ha individuado su presencia utópica y espacial en el ser medieval ansioso de evadirse de su estrechez. El folklore y la poesía anticipan la historia fantaseando un contorno geográfico al otro lado del Atlántico. Dante, al ahuecar las entrañas de la tierra para dar receptáculo a la estructura infernal, imagina la prolongación simétrica del cerro del purgatorio a los antípodas de la Jerusalén terrestre. Idealmente, se trata de un cerro de expiación y expectativa. En la práctica, tras la imagen sagrada se columbra un aspecto mejor del mundo ("la mondana cera") a la luz de la constelación sureña:

Surge ai mortali per diverse foci
la lucerna del mondo; ma da quella
che quattro cerchi giugne con tre croci,

con miglior corso e con migliore stella
esce congiunta, e la mondana cera
piú a suo modo tempera e sugella.[43]

[42]A. Reyes, *Las vísperas de España*, OC, II, 49.
[43]Dante, *Par*, I, 37–42.

En ese enigma, la visión del poeta prevé la meta de navegantes y exploradores, por cierto desdibujada en alas del deseo y la imaginación. En efecto, subraya nuestro ensayista, fue la imaginación poética la que formó una conciencia activa y armó, más tarde, las carabelas y los corazones para la gran hazaña. "Los aventureros que buscaban las rutas de las especias saludaban con igual emoción la gritería de las gaviotas que anunciaban la costa o la deslumbrante Cruz del Sur que parece cintilar desde los profundos sueños de Dante."[44] El sueño de la Edad Media da comienzo a la Era Moderna. Dante antecede a Colón. De tal modo, el vate cuyo don profético se ha usualmente limitado a los destinos patrios de Italia, en la meditación de Alfonso Reyes adquiere una dimensión verdaderamente universal que lo naturaliza en tierras de América. El vaticinio sale de las tierras de donde saldrían luego los exploradores: "Confundido entre las narraciones egipcias, perdido entre las mitologías de la Atlántida, entrevisto por Séneca en la última Tule, vislumbrado en las constelaciones que fulguran en la *Divina Comedia*, previsto por aquellos navegantes portugueses e italianos que eran a un tiempo humanistas y descubridores, el Continente americano, antes de ser una región geográfica, era ya un anhelo apremiante y casi una necesidad práctica de las gentes."[45] Esa intuición merece destacarse en todo su alcance, porque demuestra como el vuelo poético anticipa el tiempo y traza nuevas rutas espaciales más allá de las fronteras conocidas. Sin ser dantólogo, Alfonso Reyes barrunta una proyección dantesca que a menudo se escapa a los estudiosos ceñidos a la letra más que al espíritu del poema.

Al acierto territorial hay que añadir una dimensión social mucho más noble. Es la concepción utópica, tan querida de poetas y reformadores, la cual se resiste a morir bajo los embates del egoísmo y los intereses creados. Con ello, Dante se ata espiritualmente a Cervantes levantando un himno a la utopía pasada con los versos que "pone en boca a Cacciaguida (*Paraíso*, XV), para

[44]A. Reyes, *Pasado inmediato*, OC, XII, 246.
[45]A. Reyes, *Última Tule*, OC, 72–73.

cantar la antigua Florencia."[46] La concepción utópica se localizará más tarde en el nuevo continente, en donde la sencillez nativa prometía una forma de felicidad humana que parecía imposible de rescatar en la civilización europea.

6. *El crisol de lo sublime*: Para que la visión utópica se levante por encima de la simple justicia social y promueva la plenitud existencial, se precisan dos ingredientes que a veces no parecen ser de este mundo—el ideal y lo sublime. Sin ser lo mismo, tienen ambos un misterioso vínculo en común que fomenta el ascenso vertical del individuo. Sin la presencia de un ideal y la presencia, aunque fugaz, del sentimiento de lo sublime, la vida humana corre el riesgo de mecanizarse y volverse insípida experiencia o inerte faena. Con ellos, la vida cobra su verdadero sentido, puesto que lo material no queda negado, sino valorizado para más altos fines. Por supuesto, el ideal dantesco trasciende la realidad hasta el nivel místico sin confundirse con el anonadamiento individual. Sus raíces son occidentales. Acaso convendría afirmar que echa las raíces del misticismo occidental, en el cual la evasión mística no entumece los resortes de la acción práctica. El ideal trascendental da sentido y unidad a la serie de actos desconectados de la vida diaria y relaciona lo finito con lo infinito. "La humanidad necesita vivir, y pues necesita vivir, hace falta un ideal. Por él, Alighieri recurre los nueve círculos del Infierno para acudir al llamamiento de Beatriz—a quien amó en silencio—por él Santa Teresa—alma de vivo fuego—quema su espíritu como lámpara votiva frente al inmóvil Crucifijo."[47]

En ese nivel, parece apropiado el acercamiento de Dante con Santa Teresa, pues en ambos la experiencia mística cobija el común denominador de la pasión latina orientada hacia la reforma del individuo. El uno se encara a la cambiante perspectiva de los tres reinos ultramundanos para redefinir la misión del hombre en esta sede terrestre; la otra recorre las moradas místicas

---

[46]A. Reyes, *No hay tal lugar*, OC, XI, 344. Cf. *Par*, XV, 97–133.
[47]A. Reyes, *Varia*, OC, I, 315.

para sacar nuevas energías en su obra de reformadora religiosa sin protesta. El ideal polariza la acción, sostiene al individuo en los reveses periódicos, y lo alienta en su ascenso, realizando la paradójica imagen poética de que más se sube y menos se siente el peso de la subida. Es que en el ideal ha hallado la base de su verdad identificándola con la verdad absoluta. De ahí deriva que ambos autores hayan enriquecido su lengua con corrientes de espiritualidad antes ignoradas, logrando la inefable esencia de lo sublime. La noción de lo sublime se introduce en la meditación humana en la época helénica. Como concepto estético se ha hecho corriente, pero su realización es muy rara en todas las artes, y en la poesía en particular, según admite Alfonso Reyes, pensador versátil en los complejos problemas de la creación literaria.[48] En ese

[48]Para una apreciación cualitativa de la copiosa labor realizada por Alfonso Reyes en el campo de las teorías estéticas y del análisis crítico y literario, véanse sus obras fundamentales: *Cuestiones estéticas*, OC, I, 11–171; *La crítica en la edad ateniense*, OC, XIII, 15–348; *La antigua retórica*, OC, XIII, 349–558; *La experiencia literaria*, OC, XIV, 21–231; *Tres puntos de exegética literaria*, OC, XIV, 237–309; *El deslinde*, OC, XV, 17–423; *Apuntes para la teoría literaria*, OC, XV, 424–494; *Capítulos de literatura mexicana*, OC, I, 173–312; *Capítulos de literatura española*, OC, VI, 17–345; *De un autor censurado por el "Quijote,"* OC, VI, 346-405; *Cuestiones gongorinas*, OC, VI, 11–169; *Tres alcances a Góngora*, OC, VI, 170–234; *Tránsito de Amado Nervo*, OC, VIII, 11–57; *Letras de la Nueva España*, OC, XII, 280–390; *Los poemas homéricos*, OC, XIX, 23–90. Véanse también los siguientes trabajos: Alone, "Alfonso Reyes, crítico literario," *UniversalC*, 26–11–1939; Manuel Olguín, *Alfonso Reyes, ensayista* (México: Ediciones de Andrea, 1956); James Willis Robb, *El estilo de Alfonso Reyes* (México: Fondo de Cultura Económica, 1965); Luis Garrido, *Alfonso Reyes* (México: Imprenta Universitaria, 1954); Manuel Florentín, "Ensayos críticos: Alfonso Reyes," *CuC*, XXVII (1922), 115–128; Cedonill Goic, "Alfonso Reyes o el deslinde literario," *AUCh*, CXVIII (1960), 71–77; Pedro Gringoire, "Para la historia de la crítica," *ExcelsiorM*, 15–2–1942; David Hernández, "Alfonso Reyes as a Literary Critic" (Tesis doctoral, University of Illinois, 1965); Phillip Young Koldewyn, "Alfonso Reyes as a Critic of Peninsular Spanish Literature" (Tesis doctoral, University of California, 1965); Alejandro Lasser, "Las ideas literarias de Alfonso Reyes," *NacionC*, 17–2–1953; Luis Leal, "Teoría y práctica del cuento en Alfonso Reyes," *RI*, XXXI (1962), 101–108; Raimundo Lida, "Alfonso Reyes y sus literaturas," *NacionC*, 1–12–1955, pp. 1, 6; Ángel Luis Morales, "Alfonso Reyes y la teoría literaria," *Asomante*, XVI (1960), 59–75, y "Teoría literaria y literatura en Alfonso Reyes," *RI*, XXXI (1962), 89–94; Jean Michel Minon, "Une théorie littéraire au Mexique," *RLV*, XXV (1960), 37–374; Alfredo A. Roggiano, "La idea de la poesía en Alfonso Reyes," *RI*, XXXI (1962), 109–115.

sentido es muy explícito. Para él, lo sublime se verifica por vez primera en las lenguas vernáculas gracias a ciertos inalcanzables pasajes de la poesía del gran florentino. Intensidad, hondura y poder estremecedor se logran al mismo tiempo: "Longino . . . trató de la sublimidad, cuya captación de la cosa literaria, antes de los tiempos modernos, sólo encuentra equivalencia en Dante."[49] La gran verdad de la poesía dantesca es una verdad poética cifrada en la esencia de lo sublime. Por lo tanto, su validez queda inalterada, aun cuando se haya modificado su contenido con el transcurso del tiempo: "Hoy admiramos algún verso imperecedero de Dante, aunque refleje una noción astronómica rectificada."[50]

Hasta este punto Alfonso Reyes ensayista ha venido desentrañando, por atisbos rápidos, algunas categorías esenciales de la poesía dantesca. Pero Alfonso Reyes es también poeta fino y sensible, uno de esos poetas capaces de alimentar el fuego de la inspiración con los datos de su inmensa cultura personal. Procedamos, pues, a aquilatar esta última faceta de su meditación sobre el vate itálico.

7. *La poetización de Dante*: Ya se ha visto que lo de imitar a Dante es la manera más segura de rebajarlo. Lo contrario puede ocurrir cuando la reminiscencia dantesca fluye como chispazo espontáneo que se incorpora a lo justo dentro del nuevo contexto poético. Repárese en el siguiente hemistiquio trasplantado del divino poema al cálido cantar alfonsino:

En siete frescos puse los retratos
de siete gremios, y mis flores están
labradas en las puertas de "mi hermoso San Juan."[51]

Si en esos versos Alfonso Reyes sabe hacer suya la nota de afligida nostalgia adherida a los lugares queridos, en otro caso aplica la salutación dantesca a un poeta amigo. Aquí se destaca

---

[49]A. Reyes, *La crítica en la edad ateniense, OC*, XIII, 30.
[50]*Loc. cit.*, p. 301.
[51]A. Reyes, *Constancia poética, OC*, X, 92. Cf. el "mio bel San Giovanni" dantesco, en *Inf*, XIX, 17.

que lo circunstancial no impide fijar ciertos rasgos de la persona de Dante poetizada:

Venerad al altísmo poeta
que en el turbión y en la procela canta.[52]

Las tormentas interiores del poeta corren parejas con los torbellinos de la vida política en que le toca actuar. Las palabras alfonsinas de *turbión* y *procela* se aplican a toda época de conflictos, no tanto para definir la condición de los tiempos como para enaltecer al genio que, al lograrse dentro de las dificultades, se demuestra más grande que la vida misma. Dentro del vórtice histórico, Dante se le antoja como un turbión que agita la gran mole del universo para someterla a las fuerzas configuradoras de su poder creador:

Y Dante mal domado,
turbión del abismo preso,
ruge y tiembla en el vientre de los caños,
mientras el agua brava
salta el circo de roca,
y abriendo ala de nube
se salva de caer en los Infiernos.[53]

El Dante poetizado de Alfonso Reyes adquiere proporciones titánicas sin desformar el contenido de su humanidad. Irónicamente, ese gran varón que pudo condensar en el verso todos los signos del universo visible e invisible, que pudo recorrer con la imaginación todas las etapas de las distancias astrales, vino a simplificarse en mito poético él mismo por su viaje infernal. De esa estampa no se pasa el mismo Reyes, pese a que reconozca en sede crítica el excepcional poder del poeta del reino de la luz: "Y Dante, el tremendo Dante, en cuyo *Paraíso* puede usted embriagarse de luz divina."[54] El reino de las tinieblas ejerce un siniestro atractivo, que ora se origina de la arrogancia que el hombre

---

[52]A. Reyes, *loc. cit.*, p. 92. Cf. *Inf*, IV, 80–81: "Onorate l'altissimo poeta:/ l'ombra sua torna, ch'era dipartita."
[53]A. Reyes, *loc. cit.*, p. 109.
[54]A. Reyes, *Reloj de sol*, *OC*, IV, 419.

comparte a menudo con Capaneo, ora reside en la compasión por el ángel desterrado por parte de un dios impasible, ora nace del amor por el peligro que seduce la imaginación aun dentro de un mundo poético.

En breve, el gran mexicano se enfrenta a Dante a ratos frecuentes y nos brinda facetas nuevas de su arte o de su figura poética. Su importancia parece consistir en el poder anticipador de su mensaje. Pero su modernidad estriba en columbrar un nuevo tipo humano, que Reyes llama "hombre total," reminiscente acaso de la silueta dantesca sumida en los albores de un renacentismo implícito: "El hombre total, el hombre total en el tiempo, hecho un solo anhelo desde el primer día de la codicia infantil, ha dicho, como Dante en la *Vita nuova: Ecce Deus fortior me, qui veniens dominabitur mihi.*"[55] ¿Justifica eso que se le llama a Dante hombre moderno o el primer hombre moderno, según pretenden algunos? No necesariamente. Lo moderno no ha de medirse con criterio cronológico, es cierto, pero al genio de Dante le alcanza haber sido la cumbre del Medievo.[56] De la lejanía temporal nos consuela constantemente su voz que sigue recordándonos la dignidad de lo humano desde la bífida llama del espíritu de Odiseo:

> Riconoscete la vostra semenza:
> nati non foste a viver come bruti,
> ma per seguir virtute e canoscenza.[57]

Es verdad que Alfonso Reyes es asistemático en su meditación sobre el divino poeta. No sólo lo cita, sino que se cita con él en muchas oportunidades a lo largo de su gran carrera literaria. Son citas íntimas, en que se capta de todo. La profunda cultura latina pasa a formar el substrato artístico de la incipiente épica cristiana; la intensidad lírica confiere vitalidad a una épica sal-

---

[55]A. Reyes, *El cazador, OC,* III, 94.

[56]Es lo que sostiene Alfonso Reyes en *Cuestiones estéticas, OC,* I, 66: "Sé que es de moda, cuando de historia literaria se trata, el referir los fenómenos a etapas colocadas arbitrariamente y al azar, acá y acullá, según el capricho o el acaso, y decir, verbigracia, que el Petrarca (o Dante, según otros quieren) es el primer hombre moderno, figurándose haberlo definido con esta referencia extraña de todo punto a la misma naturaleza de los fenómenos sociales."

[57]Dante, *Inf,* XXVI, 119–120.

picada de enigmas proféticos; la evasión mística se levanta al nivel de lo sublime por vez primera en las nuevas literaturas que iban surgiendo en Europa sobre las ruinas de una unidad cultural irremediablemente perdida. La familiaridad del erudito se refleja en la vivencia poética. De esa variedad de encuentros no surge el cuadro, sino el mosaico. El fragmento se yuxtapone con el fragmento; la anécdota con el atisbo; el comentario con la intuición fecunda; el recuerdo histórico con la experiencia lírica; la consideración transitoria con el acierto permanente. La visión del mosaico, en su conjunto, se armoniza con flexibilidad interior. Es la manera de dibujar siluetas del gran escritor mexicano.

En su trazado serpentea la vida, porque Dante fue poeta vivo en cuanto se concentró en el significado seminal de la misma vida. Por eso la vida se ancla a su obra, según expresa figurativamente el famoso ensayista: "Dante pretende que la *Vita nuova* —como la vida misma en nuestro planeta, según cierta biología aventurera—'creció de una semiente caída por azar del cielo'."[58] La vida reside en la frescura de la poesía, y la poesía en la lozanía de la vida. Rocío del cielo parecen las dos al poeta. Todo lo inexplicable es divino. Y divina es también la explicación de lo inexplicable, pues arrastra a la imaginación y al intelecto humanos hacia una aventura sin fronteras. Por ese camino, la vida poéticamente caída del cielo es como el fuego hilozoísta que revierte a su esfera. En verdad, Alfonso Reyes no sólo demuestra que ha entendido a Dante, sino que lo ha sentido; no sólo que lo ha sentido, sino que lo ha querido. De tal modo atestigua el sello de su propia grandeza ante la de un genio universal—por afinidad selectiva. Así es.

Petrarca.—Si Alfonso Reyes nos convence de que al divino Dante lo siente en todo su alcance humano y artístico, a verdad decir, no causa la misma impresión en lo que se refiere a otro prócer de la literatura italiana, Francisco Petrarca. Frente a la poderosa personalidad dantesca, este poeta lírico aparece como hombre dotado de temperamento ondulante, como artista que no causa una transición, sino que la vive en constante crisis, inaugu-

---

[58] A. Reyes, *Tres puntos de exegética literaria*, OC, XIV, 268.

rando un *ismo* (el petrarquismo), indudablemente grávido de futuras repercusiones y, al mismo tiempo, atado al resbaladizo proceso de las modas literarias. Petrarca no es el solitario hito de luz inagotable, sino el intermitente emisor de tibios destellos. En él, la oscilación de la sensibilidad carece tanto de dramatismo como de arrebato épico.

Su desahogo es modulación lírica que, con toda su multiplicidad de motivos e inquietos movimientos anímicos, halla su unidad y límite en la temática de su canto. Esencialmente consiste, según el célebre escritor mexicano, en el "asunto de la belleza y crueldad de la amada, asunto que con Petrarca invadió a Europa."[59] Ni el tema de la belleza ni el de la crueldad mujeril eran totalmente originales, pero en Petrarca se expresan con notas y tonos novedosos. Los excesos renacentistas acaso agotaron esa temática y la estilizaron en convencionalismos reiterativos. No importa si ha sido causa o efecto de un cansancio interior o de alguna pose egocéntrica: lo cierto es que Alfonso Reyes muestra mucha indiferencia por el petrarquismo y poca afección por su originador.

El elemento poético de Petrarca que más eco parece haber tenido en la sensibilidad del ilustre ensayista es el que menos tiene que ver con el tema amoroso. Surge de un anhelo más hondo. Es el grito que irrumpe de la herida interior del poeta ante las trágicas condiciones sociales de Italia. El patriotismo afligido se enraíza en el sentimiento y mana purificado de cierto sentimentalismo que colora el asunto amoroso de su lírica. Nos referimos a la famosa oda "Italia mia, benché 'l parlar sia indarno" (*Canzoniere*, CXXVIII). En ella, el poeta humanista se levanta por encima de la nota obsesiva de su musa y dirige, con dignidad de canto, su llamamiento apaciguador a los riñosos caudillos de señorías y ducados italianos, quienes fomentaban las luchas fratricidas. Tan sincera es su voz poética que Reyes recoge el eco del epílogo lírico y lo dirige a los representantes de los estados desunidos del Sur en el congreso por el día americano: "De suerte que si todo el programa de labores hubiera de resumirse en una palabra, esa pala-

---

[59] A. Reyes, *Letras de la Nueva España*, OC, XII, 338.

bra sería el grito de Petrarca: ¡*Pace, pace, pace!*"[60] El sosiego y moderación de ese célebre poema, "Io parlo per ver dire, /non per odio d'altrui, né per disprezzo" (vv. 64-65), subrayan la faceta menos destacada de su autor, esto es, la sinceridad y calor soplados en los versos de un poema comprometido.

Es una lección de perenne actualidad para más de un *poeta laureatus.* El artista endiosado por la aureola de popularidad entre sus contemporáneos podrá ubicarse por encima del juego estéril de facciones y partidos, pero no puede substraerse de su responsabilidad moral ante la deshumanización del hombre engolfado en los cruentos conflictos políticos. Es así como, al expresar un juicio de conjunto, Alfonso Reyes está dispuesto a reconocer cierta belleza en la dualidad elusiva del cantor de Laura, y halla la mejor síntesis en las palabras de un poeta francés, que con aquel tiene no pocos puntos de contacto: "Lamartine ha escrito de Petrarca: 'Para unos es poesía; para otros, historia; para éstos, amor; para aquéllos, política. Su vida es como el poema de una grande alma.' "[61]

En sus fugaces referencias, el gran pensador mexicano hace hincapié sobre dos polos anímicos de Petrarca, el tema del amor y el asunto civil, y los dos los capta con acierto. En cambio, parece que se le escapan no sólo la tensión interior y riqueza de tonalidad lírica con que afloran los dos asuntos inspiradores, sino también cierta variedad de motivos poéticos. A saber: la inestable inquietud de la personalidad del poeta consubstanciada en su canto; el conflicto entre voluntad e inteligencia como móvil lírico; la antítesis entre lo divino y lo humano que convierte en poesía el zigzagueo síquico; cierta antinomia historicista entre fe y razón; en fin, una definida reorientación del espíritu medieval que anticipa el humanismo ético.

Otra limitación, nos parece ser el juicio que Alfonso Reyes expresa sobre uno de los primeros relatos de alpinismo consignado en la obra del antiguo poeta. Se trata de la ascensión del monte Ventoux, o Ventoso, narrada en la epístola latina a Dioniso de

---

[60]A. Reyes, *Última Tule, OC,* XI, 63.
[61]A. Reyes, *Páginas adicionales, OC,* IV, 528.

Borgo San Sepulcro, culto escriturario agustino.[62] Petrarca corrobora la importancia de su hazaña alpina con una referencia histórica: "Philippus Macedonum rex, ipse qui cum populo romano bellum gessit, Hemum montem Thessalicum conscendit." También el gran mexicano pondera el aspecto práctico, o deportivo si se quiere, de la empresa: "Petrarca, como Burckhardt, se atrevió a la ascensión de una alta montaña; los viejos lo detenían al paso con malos augurios y amenazas: nadie, en el largo espacio de cincuenta años, había intentado tamaña audacia."[63] Pero algo parece fallar en el poeta cuando alcanza la cumbre más alta de la montaña, llamada el "Hijuelo" por alguna forma de curiosa antífrasis. La expectación del lector se queda defraudada: "Petrarca no se detiene hasta contemplar las nubes bajo sus pies. Y cuando sin duda os esperáis que el poeta estalle en una de esas exclamaciones solemnes y largas que sólo arranca la contemplación del abismo desde las cumbres . . ." (*Ibid.*) ¿Qué ocurre, pues? Parece que su ánimo permanece frío, aun cuando se siente librado en vilo en el aire serrano. La emoción se deslee en las referencias clásicas del Olimpo y del Athos, cuya mítica grandeza se hace creíble ante el espectáculo del monte Ventoso. El artificio resulta obvio. La situación real no se enrarece en lo intemporal del sentimiento. La espontaneidad interior no fija el gesto reflejo. En eso, el poeta saca las *Confesiones* de San Agustín y repara en el primer párrafo que salta a sus ojos.

Coincidencia o designio, topa con el siguiente pasaje agustiniano, en que se encarece la senequiana contradicción del hombre entregado a la evasión: "Et eunt homines admirari alta montium et ingentes fluctus maris et latissimos lapsus fluminum et oceani ambitum et giros siderum, et relinquunt se ipsos."[64] Todo ello

---

[62]F. Petrarca, *Rerum familiarium Libri XXIV*, cap. iv, 1. Sobre esa excursión, véase: Giuseppe Billanovich, "Petrarca e il Ventoso," *IMU*, IX (1966), 390–401; Michele Saponaro, "Petrarca sul Ventoso," *Giornale d'Italia*, 8 4–1939, p. 3; G. Körting, *Petrarca. Leben und Werke* (Leipzig, 1878), I, 105 ss.

[63]A. Reyes, *Capítulos de literatura mexicana*, OC, I, 210.

[64]S. Agustín, *Confesiones*, X, viii. La idea ha sido relacionada por algunos estudiosos con el principio de la valoración de la interioridad, de lo genuino de la persona, aludido en el "secedere et conscientia esse contentum" de Séneca: cf. *Epístolas morales*, VII, 1, en que se desprecia lo material y se encarece lo esencial, lo espiritual. "Cogitate nihil praeter animum esse mirabile, cui magno nihil mag-

podrá ser santo y bueno y también profundo; pero su efecto desentona. El empaque, real o aparente, lleva a Alfonso Reyes a formular un juicio de carácter general sobre el aspecto paisajista de la poesía petrarquista: "Y todo esto porque Petrarca, ante las bellezas naturales, no sentía la solicitación de expresarlas, ocupado en muy ajenas meditaciones: porque no había descubierto aún lo bello en la naturaleza" (*Ibid*.). Sin querer insinuar que el ilustre escritor mexicano haya tocado a teja vana ese aspecto del arte de Petrarca, nos permitimos disentir, como en la amistad platónica, por lo de que primero es la obligación y luego la devoción. Que si las epístolas latinas confirman el punto de vista alfonsino, huelga enmendar la plana cuando se trata de la poesía del *Canzoniere*.

Allí, el sentimiento de la naturaleza brota con toda su hermosura en vivaz empaste de impresiones sensorias e imágenes interiores. El poeta—verdadero precursor, en ello, de la lírica posterior—no sólo capta lo bello de la naturaleza, sino que traduce el espectáculo paisajista en genuina emoción poética. Echese un vistazo a la famosa canción CXXVI, auténtica zambullida del sentimiento poético en el erotismo de las cosas naturales ras en ras con el cuerpo de la amada:

Chiare e fresche dolci acque
ove le belle membra
pose colei che sola me par donna;
gentil ramo ove piacque
(con sospir mi rimembra)
a lei di fare al bel fianco colonna;
erba e fior di che la gonna
leggiadra ricoverse
co' l'angelico seno;
aere sereno
ove Amor co' begli occhi il cor m'aperse:
date udienza insieme
a le dolenti mie parole estreme.

num est" (VIII, 5). Cf. G. A. Levi, "Pensiero classico e pensiero cristiano nel Petrarca," *Atene e Roma*, XXXIX (1937), 86; A. Bobbio, "Seneca e la formazione spirituale e culturale del Petrarca," *Bibliofilia*, XLIII (1941), 224–291; P. O. Kristeller, *Studies in Renaissance Thought and Letters* (Roma, 1956), p. 265.

La modulación lírica subraya, con harta frecuencia, la pincelada campestre o la asociación de la naturaleza libre con el corazón enamorado. Repárese, a modo de ejemplo, en el contraste intensificador entre la soledad interior del enamorado y la amplitud espacial en que está sumido: "Solo e pensoso i piú deserti campi /vo mesurando a passi tardi e lenti" (XXXV). Nótese la variedad de efectos en el repetido contacto de la sensibilidad con la belleza natural. Casi sin solución de continuidad. He aquí: el suspenso del ocaso en un horizonte inundado de sombras, luces y emoción, "Ne la stagion che 'l ciel rapido inchina /verso occidente e che 'l dí nostro vola /a gente che di lá forse l'aspetta" (L); el brumoso talante del contemplador ante "l'aere gravato e l'importuna nebbia" (LXVI); la alusiva consonancia entre el nombre de la mujer amada y la planta homónima en la aérea libertad del monte: "Erano i capei d'oro a l'*aura* sparsi" (XC); el contrapunto entre el latido amoroso y la campiña esmaltada en las "rime aspre e di dolcezze ignude" (CXXV); la copiosa colección de idílicas impresiones en la canción sucesiva; el apaciguarse momentáneo de la pasión a la sombra de "un pino alto od un colle" (CXXIX); el refrigerio de una "fontana" o el soplo de la brisa entre "le belle frondi" (CXXV, CXLII).

En verdad, Petrarca ofrece un maridaje ininterrumpido de emoción lírica e impresión paisajista. A los casos aducidos añádanse otros más. Por ejemplo, la luz cambiante del "celeste arco" (CXLVI). La inocente envidia por "lieti fiori e felici, e ben nate erbe" (CLXII). El sobresalto de sentimientos entre "boschi inospiti e salvaggi" (CLXXIV). El murmullo musical de "mille spiagge in un giorno e mille rivi" (CLXXVIII). Las caricias evocadoras del aura entre "verdi frondi" (CXCVI). La vista pintoresca del "rapido fiume" y de "i dolci colli" (CCVIII, CCIX). La sensación de nocturna inquietud "quando 'l sol bagna in mar l'aurato carro" (CCXXXIII). Nótese también la riqueza de imágenes primaverales "al tempo novo" y la recarga adjetival de la lujuriante naturaleza en el "fresco ombroso fiorito e verde colle" (CCXXXIX, CCXLIII). Escúchese el lánguido trinar de los "augelli" o el apóstrofe a "valle-fiume-fere-aria-sentier-colle" mientras la mirada se pierde en la amplitud de imágenes "stando un giorno solo a la fenestra" (CCLXXIX, CCCI, CCCXXII). En fin, vuélvase a saborearse la frescura inimitable del famoso soneto CCCX:

Zafiro torna, e 'l bel tempo rimena
e i fiori e l'erbe, sua dolce famiglia,
e garrir Progne e pianger Filomena,
e primavera candida e vermiglia.

Ridono i prati, e 'l ciel si rasserena;
Giove s'allegra di mirar sua figlia;
l'aria e l'acqua e la terra è d'amor piena;
ogni animal d'amar si riconsiglia.

Ma per me, lasso, tornano i più gravi
sospiri, che del cor profondo tragge
quella ch'al ciel se ne portò le chiavi;

e cantar augelletti e fiorir piagge,
e 'n belle donne oneste atti soavi
sono un deserto, e fe ꞏe aspre selvagge.

En esos casos, en esos y muchos más, se sentirá siempre brotar la emoción paisajista de Petrarca, embellecida por la mirada ávida de espacio y la presencia de una pasión inextinguible.[65] Claro que todo eso es fácil de abroquelarlo bajo el membrete de convencionalismo; pero es cierto que el antiguo poeta no tiene ninguna convención de la cual asirse. Los petrarquistas, sí. Y por eso, acaso, el cansancio que el petrarquismo sembró en las trasnochadas evocaciones renacentistas y post-renacentistas ha contribuido a entibiar la reacción de Alfonso Reyes sobre ese punto. Además, el paisajismo de Petrarca es obra de encaje, es decir, reiterativo aun en su variedad de matices, anticipable hasta en lo imprevisto de su riqueza, unicorde a pesar de su multitud de

---

[65]El sentimiento de la naturaleza en la obra de Petrarca ha sido estudiado en un excelente ensayo en latín por Sophia Brianza, "Quomodo F. Petrarcha rerum naturam senserit atque in carminibus italico sermone compositis effinxerit," *Latinitas*, XIII (1964), 44–53. Cf. también J. H. Whitfield, *Petrarch and the Renascence* (Nueva York: Russell & Russell, 1965), pp. 89–90; James H. Robinson, *Petrarch. The First Modern Scholar and Man of Letters* (Nueva York: G. P. Putnam's Sons, 1914), p. 297 *et passim*; Natalino Sapegno, *La poesía di Petrarca. Commento alle "Rime"* (Roma: Bulzoni, 1964–65), 2 vols.

notas. No ha de sorprender, pues, que una gran alma, el alma alfonsina identificada con el turbión de humanidad dantesca, padezca de cierta impaciencia al acercarse a las involuciones síquicovisivas de la poesía petrarquista. Al fin y al cabo, las preferencias literarias tienen su porqué. *Et de hoc satis.*

Giovanni Boccaccio.—Nacido en París de padre florentino y madre francesa, Boccaccio es el genio más prolífico del siglo XIV. Su copiosa producción abarca el cuento como chispazo artístico, la novela como género nuevo, la lírica erótica como epílogo de la tradición anterior, y varias obras de divulgación y erudición. Su prolífica actividad en lo literario, su atractivo de hombre mundano y discreto, su magisterio como lector público, su obra humanística, sus varias misiones como embajador de la señoría florentina, son factores externos que lo acercan a la figura de Alfonso Reyes en sus múltiples actuaciones públicas y privadas.

La enciclopédica labor llevada a cabo por Boccaccio organizando, catalogando y describiendo los antiguos mitos grecolatinos constituye una de las fuentes de la obra alfonsina sobre antigua mitología. Y que el ilustre investigador mexicano la tuviera medida a palmos se deduce de un detalle revelador, al señalar la errónea transcripción de Demogorgon en lugar de Demiurgo, según aparece en el bachiller "Juan Pérez de Moya, autor del siglo XVI, acaso inspirado en la *Genealogia Deorum* de Boccaccio."[66]

También otras obras de Boccaccio son familiares a nuestro escritor. Ante todo, huelga mencionar el *Filóstrato*, poema heroico-erótico, que tuvo su resonancia en la ulterior evolución de la novela europea: "Por 1340, Boccaccio escribió un poema llamado *Filóstrato*, en que desarrolla a su modo el *Román de Troya*: Briseida es hija de Calcas (aquí sacerdote troyano que se unió a los griegos). Briseida despierta el amor de dos enemigos. Troilo el troyano y Diomedes el griego. Pero Boccaccio comienza ya a confundir el nombre de la dama y la llama Griseida, y convierte al

---

[66]A. Reyes, *Mitología griega, OC*, XVI, 573.

licio Pándaro en mediador de sus amores."[67]

Otra de sus obras que atrae la atención de Alfonso Reyes es el *Ameto*, o *Comedia de las ninfas florentinas*, obra de carácter erótico-mitológico redactada en prosa, con varios trozos de poesía intercalados a lo largo de la narración. Sobre el fondo rústico-idílico de la amena campiña toscana, se yuxtaponen siete cuadros labrados en contaminación de símbolos medievales y galantes motivos intemporales: en ellos, discurre el relato de los amores de siete ninfas ante el inculto pastor Ameto, quien las había sorprendido bañándose en un río y se había quedado ena-morado de una de ellas, Lía. Escuchando el relato, Ameto experi-menta cada vez algo nuevo: "Las siete ninfas florentinas deshilan, en torno a la fuente, las madejas de sus historias, y el rudo cazador Ameto se va enamorando de la última que habla, como verdadero hijo de los sentidos."[68] Tratando de deshilvanar el sentido íntimo de esa obra de las apariencias eróticas, el célebre ensayista da en la tecla por verlo cifrado en un principio de redención humana: "Es así también como la sensualidad del Boccaccio, ya fatigada, se redime de la venenosa Venus Terrestre a los encantos de la Venus Urania" (*Ibid.*).

En el nuevo clima de erotismo poético, Boccaccio lleva a sus consecuencias pedagógicas la función redentora del amor pro-puesta en la tradición "dulcestilnovista" italiana: pero ya no se trata de una redención escatológica, sino de una catarsis terrenal. Pues, bajo el impulso del enamoramiento, se desbasta al varón primitivo de lo opaco de su ignorancia y primitivismo, se libera el núcleo espiritual de la persona, y de tal suerte el alma humana adquiere dominio consciente de sus facultades, de su sabiduría, del goce de lo bello y, sobre todo, del poder de sublimación que sobrepone el amor divino en el amor humano y lleva a intuir el misterio de la divinidad. Se remata así la metamorfosis espiritual

---

[67] A. Reyes, *Los héroes*, OC, XVII, 169. Al ponderar los deleites de la lectura en otros tiempos menos arrebatosos que los nuestros, nuestro autor hace refe-rencia a la prolongación de ese mito en la literatura inglesa: "En el *Troilo y Crésida*, de Chaucer, Pándaro llega al palacio de su sobrina, y la encuentra acompañada de sus amigas en un salón embaldosado, en torno a una doncella que les lee la Historia Tebana": *La experiencia literaria*, OC, XIV, 93.
[68] A. Reyes, *Las vísperas de España*, OC, II, 79.

del hombre enamorado: "Al cabo, de los siete amores nace como una celestial resonancia. Las siete ninfas deseadas resultan ser las siete virtudes, y baja entonces por el aire, con las palmas abiertas, Aquella del cuerpo luminoso, coronada de astros, de quien todos nos acordamos, y a la que estamos anhelando volver."[69]

Alfonso Reyes vuelve a ponderar el lado sentimental de Boccaccio a propósito de su influencia precursora en una corriente literaria que engendró obras de mucho bulto para su época, aunque pronto naufragara en el puerto con los cambios del gusto literario. Se trata de la novela sentimental. Del antiguo autor italiano, ésta recoge el sentimentalismo concentrado en Fiammetta, pesarosa mujer enamorada, que, por el olvido de su amante, se derrite en lágrimas y suspiros. En realidad, se trata de una antífrasis narrativa que invierte los papeles y crea a la heroína en contraste con el tipo humano del cual deriva, esto es, María d'Aquino, hija habida en buena guerra por el rey Roberto de Nápoles, a quien se la recuerda como mujer de muchos ardores carnales y de no menos vueltas afectivas. En la novela sentimental, el análisis de las penas amorosas se compone con el poder ennoblecedor del amor y se reanudan dos tendencias: la trascendental dantesca, a lo divino; la vertical boccaccista, a lo humano. Estas dos tendencias medievales afectan dos distintos aspectos del género novelesco renacentista, según subraya el gran escritor mexicano: por un lado, la concepción general de la novela aparece "fundamentalmente fertilizada en la imitación del Boccaccio"; por el otro, el lirismo de las excelencias femeninas y de su intrínseca superioridad refleja "la nueva interpretación de lo eterno femenino que palpita en los sonetos de Dante: *la donna angelicata*."[70]

---

[69] A. Reyes, *loc. cit.*, 80.

[70] A. Reyes, *Capítulos de literatura española, OC,* VI, 70. En uno de sus brillantes enfoques monográficos, nuestro autor hace hincapié mayormente en la influencia de la concepción dantesca. "Ya adivináréis, con sola esta breve exposición, la interna belleza de la obra, la cual resulta justamente de las cualidades que más acusan el siglo en que se la escribió, en combinación con la desusada profundidad psicológica y con cierta clásica manera en el decir, que adquiere a veces la grandeza de un himno. La *donna angelicata*, como en los inmortales de Florencia, influye y domina el desarrollo íntegro de la historia": *Cuestiones estética, OC,* I, 56–57.

Por encima de las obras menores, el mexicano universal se siente particularmente atraído por el *Decamerón*, obra que representa la contraparte del poema dantesco con el establecimiento de la comedia humana en la literatura europea y lleva a su remate definitivo la renovación del gusto iniciada en la generación anterior por el genio singular de Juan Ruiz. El conocimiento que de esta obra tiene Alfonso Reyes, demuestra su manera endopática de absorber a los clásicos. Para él, ya no se trata de saborear lo procaz de un cuento erótico o lo dolido de una historia sentimental, sino de fijar los cien relatos dentro de la atmósfera artística que su autor quiso y logró suscitar. Esta se realiza por la síntesis entre la tétrica realidad exterior — Florencia azotada por la peste negra de mediados del siglo XIV — y la efervescencia vital que la caída de las inhibiciones desata en los jóvenes. Lo exterior parece lo accidental de la obra, pese a la vivacidad realística con que su autor lo capta: "En *El Decamerón*, Boccaccio presenta una partida de damas y caballeros que, expulsados por la peste del siglo XIV, se entretienen en contarse historias — recurso imitado al siglo siguiente en el *Heptamerón*, de la Reina Margarita de Navarra."[71] Y sin embargo, ese elemento exterior no sólo relaciona la obra con la vida, no sólo acentúa lo ameno con lo horroroso de la muerte pandémica, sino que ata el valor del arte de Boccaccio a toda la gama de matices que borbollean de lo trágico a lo cómico. De tal modo, más que en el pretexto estructural, más que en la simetría arquitectónica del cuadrado de diez cuentos por diez días, la unidad artística de la obra se ancla en la síntesis entre la tragedia social y el hallazgo artístico. Alfonso Reyes lo destaca con toda claridad: "Y aunque esta alusión a las vicisitudes del tiempo, levemente tocadas, apenas sirve de pretexto o punto de partida, yo nunca he podido, a lo largo de la lectura, borrar ya de mi imaginación el saborcillo trágico del excipiente en que van transportados los relatos galantes, y que presta un trágico encanto a su mismo gusto disoluto, propio contraste que se ha dado siempre en medio de las catástrofes sociales" (*Ibid.*).

---

[71]A. Reyes, *Apuntes para la teoría literaria*, OC, XV, 475–476.

La fuga de la peste acentúa su presencia. El impacto que tiene en la evolución o revolución de la ética humana se fija en la estructura artística de la obra: "La sola idea de que se vive en un ambiente provisional puede alterar el criterio de las costumbres. Véase la primera jornada del *Decamerón*: es un cuadro vivo de las transformaciones sociales producidas por la idea de la provisionalidad, cuando la peste florentina de 1348."[72] El acercamiento físico determinado por las calamidades colectivas determina un acercamiento de espíritus, y con ello fomenta nuevas ideas y principios, según anota el famoso polígrafo al relacionar la quinta boccaccista con la tienda patriarcal: "Las redes de la moral se aflojan, y se apodera del ánimo una sed trágica de placeres. Lo caballeros y las damas se entretienen contando cuentos: es para olvidar que los asecha la Muerte. Asimismo, la vida bajo la tienda fue siempre ocasión a nuevas filosofías y religiones: de la tienda semítica ha venido el sistema que nos gobierna" (*Ibid.*).

El motivo de la peste alcanza su significado trascendental en la esfera purificada del arte. Los trágicos acontecimientos van arrastrados por el turbulento curso de la historia, pero su representación permanece como serena percepción del espíritu humano. Si la ética queda modificada y desurdida en el juego del instinto sin frenos, del horror sin miedo, de la vida desprovista de expectativas y repleta de lúgubres expectaciones, no cabe duda de que, con la estructura existencial, se refunde y refunda también la visión del arte, lográndose esencialmente como visión. Y como tal, es color, trasegando imágenes de intensidad sensoria y emotiva; es sombra, adumbrando el fuego de la pasión con el frío aliento de la muerte en asecho; es luz, revelando la flexibilidad anímica por encima de los intereses y convenciones prevalentes; es relieve, destacando las formas y atractivos del cuerpo humano ansioso de deleites; es tono, avivando la escena con la mirada ávida de una generación decimada. Es una visión que entierra el pasado como horror y desentraña el porvenir como esperanza. En esa traza artística, la naturaleza es el último refugio para el hombre amenazado, y es también el grato refugio de la imagina-

---

[72]A. Reyes, *Simpatías y diferencias. III serie, OC*, IV, 229.

ción creadora: "El *Decamerón* es un tapiz de figuras reclinadas en distintas actitudes sobre las rocas y los árboles," afirma nuestro escritor; "damas y caballeros que se han acogido a la montaña, han huido de la ciudad, donde hace estrago la peste. Lo que de ellos nos interesa es esta hora estática final; cuando, envueltos en una atmósfera nueva, y ya sin urgencias, van a vivir solamente para contarse historias, echados sobre la yerba como en cualquier sueño de Watteau."[73]

Boccaccio pinta al paso que describe y narra. Es el narrador mejorado en tercio y quinto sobre los rudos cuentistas tradicionales, quienes, sin haber dejado de tener su vigencia moral, ya carecían de validez artística. Con él, la narrativa halla el fin de su arte en el arte, y la moraleja, cuando aflora en forma conspicua, se ahoga a sovoz en el coro de risa y regocijo del relato. Ese propósito, aparentemente liviano, tiene su propia sabiduría si se lo lleva a cabo con todas las de la ley, de su ley estética. La risa sin fines chocarreros e histriónicos es un correctivo dotado de su lección moral. Lo de *delectari et docere* es precepto de largo arraigo, y se precisa un gran artista para realizarlo. Su logro enriquece la literatura universal y cautiva toda clase de público, aun entre personas de mucho peso y mucho pulso. Es lo que subraya Alfonso Reyes a propósito del cuento breve: "Pienso que os pasan por la mente los nombres de Boccaccio y de Margarita de Navarra, y que recordáis *decamerones* y *heptamerones* de aquellos, que, en otros siglos, solazaron los ocios y divirtieron a monarcas y a cardenales; aquellos que el pueblo florentino, exaltado por la palabra de Savanarola y de Fray Domenico de Pescia, daba al fuego en hoguera pública."[74] En su tanto, el narrador no calza menos puntos que monarcas y prelados. Y si toma la leve ruta del homorismo, es porque este género se presta a reproducir artísticamente una imagen muy seria de la vida en el acto mismo en que parece ponerla en solfa. "Y notad," añade el sabio mexicano, "que, en muchos casos, los que se dedicaban a género tan agradable y tan frívolo fueron varones doctos por extremo y

---

[73]A. Reyes, *Tren de ondas*, OC, VIII, 356.
[74]A. Reyes, *Cuestiones estéticas*, OC, I, 160.

capaces de mantener la tesis de Pico el florentino, y muchas veces hasta escribieron sus cuentos en latín" (*Ibid.*). El gran artista crea el gran género donde antes prosperaba el chiste o el sermón.

Concluyendo, puede afirmarse que Alfonso Reyes, sin reparar en migajas, habla alto en el enfoque de los autores medievales italianos. Así, por grandes brochazos e intuiciones reveladoras. Sus simpatías convergen hacia tres autores, los tres del género narrativo, quienes logran tres aspiraciones eternas en el hombre. A saber: la busca de lo desconocido por el camino de la aventura terrestre, con Marco Polo; la justificación del amor por los caminos del más allá, con Dante; la exploración del goce y del intricado itinerario del corazón humano dentro de un contexto social, con Boccaccio. Los tres difieren de polo a polo en su estatura y significado literarios. A todo tirar, Marco Polo puede considerarse como una figura literaria sólo en un sentido vicario, pese a que su influencia se haga sentir largo y tendido en un campo que él roza a toca penoles. En el siglo XIV, el verdadero literato emerge con Boccaccio, pues en él el acto creador lleva de remolque la perseverancia del investigador humanista y la honradez del vulgarizador del saber. Pero lo sublime, *rara avis in terris*, se alcanza únicamente con el genio universal de Dante. Con él se detiene el tiempo en la palabra poética, cifra germinante del pasado en el perenne restauro del presente.

(B) El Medievo Francés

Alfonso Reyes estuvo familiarizado con la inmensa producción literaria del Medievo francés, tanto en lengua de oil como occitana, según prueba su afirmación de tener en preparación un curso sobre "los primeros siglos de la literatura francesa (de lo que he dado anticipación a propósito de San Balandrán)."[75] Ese interés por el antiguo santo se relacionaba con las tradiciones utópicas medievales, pero no se limitaba a eso la literatura de los orígenes, representada por más de cincuenta vidas de santos, entre las cuales sobresale la famosa *Vie de Saint Alexis*, primor de

---

[75]A. Reyes, *No hay tal lugar*, OC, XI, 337.

asombrosa y asombrada epopeya ascética. Recuérdese al mencionado Abelardo, quien imprimió un sello de originalidad al escolasticismo, atrajo a un gran número de estudiantes con su docencia en la catedral de París y echó las bases de la futura corporación universitaria de la ciudad. En realidad, Francia tuvo muchos géneros literarios durante la Edad Media, con un florecimiento excepcional de obras que se difundieron por toda Europa alentando el espíritu aseglarado en una era avasallada por un clericalismo pandémico. La tradición literaria fue igualmente fértil en la corriente aristocrática y en la popular.

La tradición heroica.—Uno de los géneros más originales fue la epopeya, que se realizó en varios ciclos heroicos con las famosas *chansons de geste*. La familiaridad de nuestro ensayista con Bédier sugiere su familiaridad con los problemas filológicos de aquella época. Entre esos cantares se distingue la *Geste du Roi*, con los famosos adalides de Carlomagno y la obra maestra relacionada con el mundo hispánico, la *Chanson de Roland*, cuyo móvil inicial es la misión del alevoso Ganelón a la corte del rey moro de Zaragoza. La traición urdida por él a fin de vengarse del hijastro Roldán es motivo de la batalla de Roncesvalles, histórico rincón de España, en que Roldán sucumbe a la asechanza de un inmenso ejército mahometano junto con la flor y nata de los héroes franceses.

El rasgo más acentuado de esta poesía heroica es lo fantástico; pero el ojo clínico de Alfonso Reyes descubre notas realistas donde otros sospechan elementos imaginarios: por ejemplo, en la presencia de animales feroces, según se ha ya indicado a propósito del león del Cid, pues a la sazón los monarcas acostumbraban "instalar unos como jardines zoológicos para entretenimiento del pueblo."[76]

Alguno de los aspectos fantásticos es resabio de la tradición clásica que reaparecía en los cantares difundidos por los varios centros del sistema feudal francés. El caso del obispo que da muerte a un brujo mahometano, quien había tenido la oportuni-

---

[76]A. Reyes, *La afición de Grecia*, OC, XIX, 361.

dad de visitar el reino del más allá merced a sus ensalmos, parece una simple influencia de brujerías toledanas; pero el gran escritor mexicano va y ve más lejos y sugiere que "bien pudiera ser una reminiscencia, consciente o inconsciente, de la visita del Eneas virgiliano—en esto, parangón del Odiseo homérico al mundo de las sombras."[77] Asimismo, de gran clasicista, Alfonso Reyes halla sutiles correspondencias entre la tradición de la antigüedad y la epopeya francesa no sólo en el tópico tradicional, sino también en los matices anímicos esparcidos por ciertas evocaciones o escenas sugestivas: "Como el Tajo de Roldán se admira en las montañas de Roncesvalles, así los viajeros admiraban, bajo el pórtico del Erección, la huella" de otra hazaña, es decir, la disputa de Atenea y Poseidón para ganarse el patrocinio sobre la ciudad.[78] Gracias a su enorme cultura, Alfonso Reyes venía hallando un contexto unitario en las varias relaciones del género épico.

Trovadores y bardos.—Mientras en el Norte belicoso y germanizado se volcaba el deleite atávico en las *laisses* épicas, el Sur de Francia—más afín en el habla y la sensibilidad a la Península Ibérica, por ser crisol de razas semitas, griegas, iberas, latinas y celtas—incubaba una lírica original que ha sido considerada, en su género, como la primera expresión vernácula, hasta cuando se descubrieron las arcaicas *jarchas* de la aljamía peninsular. Herederos de las primeras influencia latinas, los provenzales "cantaron en una *lingua rustica romana*, lo que da a su vida el prestigio de una leyenda medieval."[79] La importancia de los trovadores occitanos no estriba en el poder del genio, sino en la novedad de la temática y las actitudes poéticas. El endiosamiento se aparta de la tradición hagiográfica y se traslada a la dama del castillo. Al amor sagrado sucede el amor profano, so disfraz de lírica exaltación. Y con eso, se da una renovación del gusto que ha tenido más suerte que el frígido repertorio de las fórmulas poéticas de los trovadores. Pues su obra fue el rescate de la personalidad del poeta por el aprecio de su creación. "Durante la Edad

---

[77] A. Reyes, *Mitología griega. Los héroes, OC*, XVII, 764.
[78] A. Reyes, *Mitología griega, OC*, XVI, 415.
[79] A. Reyes, *El cazador, OC*, III, 112.

Media," anota Alfonso Reyes con intuición intrahistórica, "ha habido, desde luego, gentes que vivían más o menos de hacer versos; pero cuando la influencia de los trovadores se combina con las primeras vislumbres del Renacimiento, aparece el *hombre de letras*, y aparece la *pléyade literaria*."[80]

La historia deparó un destino injusto a los poetas provenzales. Su vocación artística se realizó no sólo en el canto del amor cortés, sino también en su práctica; y como el sigilo de los enamorados no siempre se condensó en las suspirosas penumbras de alcobas cortesanas, la sospecha vino a chocar con la moralidad sagrada y consagrada. Para los fautores del orden establecido fue fácil juego asociar a los trovadores con los herejes maniqueizantes, con los cuales acaso simpatizaban más por amor de novedad que por sincera convicción religiosa. Se hizo haz de tirios y troyanos, y se les echó el sambenito encima. "La suerte de los albigenses se decidió en la batalla de Muret (13 de septiembre de 1213)," anota el insigne mexicano con visos de tristeza; y con ello se desmoronó el destino de los artistas y el sueño de establecer una confederación meridional, en que los varios grupos étnicos de aquel sector mediterráneo lograsen expresar su identidad cultural en una entidad política. La gran oportunidad estaba al alcance de mano, sigue anotando nuestro autor: "Pedro de Aragón, tan gran bebedor como gran guerrero, arrastraba consigo huestes de cien mil hombres en auxilio de su cuñado el de Tolosa. Pretendía detener su avance Simón de Monfort con sólo un millar de valientes. Todas las previsiones caían en favor de los albigenses. Y, sin embargo, Simón de Monfort los puso en fuga al primer encuentro, mudando el signo de la historia."[81]

La diáspora siguió a la hecatombe. El eco del canto de los desdichados trovadores se desparramó fuera de Cataluña y prosperó luego por toda Europa gracias a una gran mujer. Hija de un trovador encumbrado, Leonor de Aquitania llevó el gay saber al Norte cuando se casó con el rey Luis VII (1137); y quince años después, a raíz de su divorcio, continuó dispensando su patro

---

[80]*Loc. cit.*, p. 180.
[81]A. Reyes, *Tentativas y orientaciones, OC*, XI, 249.

cinio a los poetas de otra nación por haberse casado con el futuro Enrique II de Inglaterra. Por su trámite entraron en la literatura europea los primeros asomos novelescos. Leonor participó en la segunda cruzada junto con su primer esposo, por lo cual fomentó el interés por lo oriental y trajo al Occidente las tradiciones helénico-frigias. Cuando se incorporó, con el segundo esposo, a la corte anglo-normanda, apreció el fondo poético de las leyendas célticas y promovió la resurrección del mundo bretón. Las dos corrientes, la de la cruzada y la céltica, dieron lugar a dos ciclos literarios muy famosos en la literatura francesa y en la europea: el artúrico y el del *roman* clásico.

El ciclo clásico.—De las dos obras del ciclo clásico que más se popularizaron en Europa, una fue el *Roman d'Alexandre*, compuesto entre 1147-1177 por Lambert le Tort, en versos dodecasílabos, el famoso alejandrino francés que nunca dejó de seducir la percepción del ritmo de Alfonso Reyes poeta. Esa obra dio también origen a la redacción del *Alexandre* peninsular y a su adaptación del alejandrino. La otra obra, según se ha observado con más detalle en los cursos y recursos de los mitos medievales, se relaciona con la tradición homérica. Para nuestro ensayista, "el mayor de los poemas de asuntos clásicos es el *Román de Troya*, de Benoît de Sainte-More, poeta del nordeste de Francia allá por el 1160. La obra consta de unos 30 mil versos, más larga que la *Ilíada* y la *Odisea* juntas."[82] La obra tuvo un éxito de dudoso merecimiento, y vino a injertarse en la mencionada etiología genealógica de los grupos franco-germánicos siguiendo el antecedente virgiliano; esto es, se invocó la descendencia de los antiguos troyanos para los nuevos grupos dirigentes, con bases no menos arbitrarias que las de Casiodoro, quien "se las arregló para injertar la ascendencia romana a Teodorico el Ostrogodo, el ejecutor de Boecio."[83] En efecto, la obra fue un "plagio" del trabajo latino del Guido de Columnis, pero en una época de mucha elasticidad en lo referente a la propiedad literaria, su difusión e impacto no

---

[82]A. Reyes, *Mitología griega. Los héroes*, OC, XVII, 165.
[83]*Loc. cit.*, p. 167.

152

fue menor que el original. Las dos obras influyeron más tarde sobre el *Troy Book*, por Lydgate, a comienzos del siglo XV; lo cual atestigua la larga vigencia del ciclo clásico inaugurado mucho antes en la literatura francesa.[84]

El ciclo artúrico.—El ciclo artúrico, conocido también como ciclo bretón o "materia de Bretaña" (*matière de Bretagne*) es el que acaso más cautivó la atención del sabio mexicano. Para empezar, cabe precisar que es convencional referirse a tres ciclos ("*matière de France*" con sus cantares de gestas; "*matière de Rome la grant*" con sus novelas de fondo clásico; y "*matière de Bretagne*" con sus héroes de las mesa redonda) y que se trata siempre de literatura caballeresca, inspirada en asuntos dotados de un común aire de familia y con frecuencia elaborados por el mismo autor. El rey Arturo fue un personaje histórico que existió entre los siglos V-VII, durante el período de las invasiones anglosajonas, cuyas hazañas como caudillo de la resistencia celta contra los invasores están apenas mencionadas en las crónicas locales. Siglos después, Jofre de Monmouth redactó su *Historia Regum Britanniae*, según él, sobre la base de antiguas fuentes celtas, aunque lo más probable es que lo haya inventado casi todo, fundiendo y refundiendo elementos folklóricos, históricos, mitológicos e imaginarios. Directamente de esa obra, nos informa nuestro autor, "proviene la alusión a la lucha entre Citús (Artús o Arturo) y Mordret que se halla en los *Anales toledanos primeros* (v. 1217), así como la que hace Alfonso el Sabio en su *Grand e general estoria*."[85]

La obra de Monmouth sedujo por su clima fantástico y fabuloso, por sus ensalmos irreales y mágicos, por su sugestión maravillosa y picante. Un autor anglonormando, Roberto Wace (1119-1175), de la corte de Enrique II el Plantageneto, fue el primero en hacer una elaboración romance, *Le roman de Brut ou gestes des Bretons*, e introducir el término de Tabla Redonda, que se hizo en seguida muy popular.[86] Luego el tema llamó la atención

---

[84]*Loc. cit.*, p. 169–170. Cf. *supra*, Cap. I, "Los mitos."
[85]A. Reyes, *Capítulos de literatura española. Segunda serie, OC*, VI, 278.
[86]Wace fue también autor de un *Roman de Rou*, que se ha considerado como

de un poeta francés que ya se había distinguido en otros ciclos novelescos, Chrétien de Troyes, y por él se difundió por toda Europa. La acción tiene como centro de referencia al rey Arturo, ora como recuerdo de la figura de Carlomagno en la epopeya francesa por su selecto cuerpo de paladines, ora como simple héroe epónimo ensombrecido por la angustia de la infidelidad de la esposa. El móvil de la acción es místico y heroico: "Los caballeros de la Tabla Redonda, con la popular leyenda del Santo Graal y sus variadas referencias al tema de la consagración del vaso en que José de Arimatea recogió la sangre de Cristo; con su Percival, su Tristán y su Lanzarote del Lago —leyenda que, hecha profunda y mística por Wolfram de Eschembach, ha generalizado más tarde el teatro musical de Wagner— son sus asuntos principales."[87] El objetivo vuelve a ser la lucha contra los infieles —en este caso, los paganos del Norte— y en el conflicto religioso se afinan las virtudes supremas del caballero cristiano dirigidas hacia la busca inspiradora del Santo Graal; esto es, el vaso hecho con un rubí caído de la diadema de Lucifer en su lucha contra Dios, consagrado por Cristo durante la última cena y usado por José de Arimatea para el fin ya expresado.

La ética de este ciclo heroico tiene dos vertientes: la galante y la caballeresca. En el primer caso tenemos un grupo de héroes que se dejan llevar por la pasión amorosa: Erec queda totalmente sumido en su amor por Enida hasta cuando ella lamenta, durante el sueño del amante, su olvido de las virtudes caballerescas; Iván o Iwain (*le chevalier au lion*), cumple hazañas increíbles para recobrar el amor de la caprichosa Ludina; Cligés llega al punto de dar al traste con héroes y heroísmo para conseguir el amor de Fénix, la bella dama ante la cual se deshacen todos sus bríos. Por otro lado, el código caballeresco acentúa la aventura, el arrojo ante los peligros, los nobles hechos, la gloria en la lid y los torneos, y halla su expresión en otros héroes: en Galván, o Gawain, el dechado de

---

la principal fuente de inspiración para el artista que compuso la famosa alfombra de Bayeux, anteriormente mencionada.

[87] A. Reyes, *loc. cit.*, 272.

toda virtud, cuya fuerza aumentaba o disminuía según se levantara o pusiera el sol; en Percival (el puro), el héroe crecido al amparo del amor materno, el amado de la cándida Blancheflor o Blancaflor, quien tiene la visión del Santo Graal en la corte del rey Pescador y lo busca durante cinco años de duras pruebas para aprender, al fin, que la mancha de la culpa y la tentación le impide alcanzarlo; en Galaad, el hijo natural de Lanzarote, el esforzado héroe capaz de arrancar a las entrañas del lecho del río la espada que ni los héroes más valientes habían logrado sacar, el caballero sin mancha y sin pavor a quien cupo el privilegio de lograr el vaso sagrado y contemplar sus misterios.

Entre ambos grupos se levantan dos héroes, Lanzarote del Lago y Tristán, quienes unifican tanto el código galante como el caballeresco. Lanzarote ama a la reina Ginebra, la esposa del rey Arturo, y es correspondido. La pasión que aleja a los demás héroes de las hazañas, acentúa en él el impulso heroico, porque su amor culpable se ceba en la acción y la fama de sus empresas lo enaltece a los ojos de la reina adúltera, justificando la relación ilícita por la norma del amor cortés—la discreción. La conciencia del adulterio acentúa la pasión en los encuentros extraconyugales hasta cuando la revelación del sentimiento cristiano purifica a la reina por la renuncia. Entonces Lanzarote se reintegra al ideal cristiano de la catarsis por el vasallaje al servicio del rey y por la mortificación de la carne bajo los envilecidos trapos de ermitaño contrito.

Tristán fue el otro personaje del Medievo europeo popularizado por los troveros franceses. También él sucumbe al amor adúltero por Isolda, la hermana menor de Ginebra, cuya mano él pide en nombre de su rey, Marcos. Entre los dos se enciende una pasión incontenible por efecto de un filtro erotógeno. La equivocación con que se les suministra la poción es símbolo de la fatalidad. La pasión engendrada lo arrastra todo, la palabra dada, el vínculo de vasallaje, el honor, hasta redimirse en la tragedia de su ineludible densenlace.

La tradición artúrica, según el testimonio del sabio regiomontano, está documentada en Cataluña desde 1170, pero su florecimiento en la literatura castellana se verifica con el *Amadís de Gaula*, y "se introduce en España por Galicia y Portugal, cuyas poblaciones, además de las afinidades étnicas, tenían antigua comunicación con los demás pueblos célticos."[88] El rey Arturo, quien "herido por la traición de su sobrino y llevado por las hadas a la isla de Avalón, permanece oculto para rescatar un día a su pueblo," tiene cierto paralelo con el mesianismo encerrado en "la superstición relativa al rey don Sebastián." Además, la falta de una épica portuguesa autóctona fomentó la difusión de la materia de Bretaña, formando una corriente que luego gravitó sobre la poesía castellana. La tradición oral hubo de ser bastante difundida, según se colige de "los cinco Lays de Bretanha, del siglo XIII, derivados todos más o menos directamente de Francia, que constan en el Cancionero Colocci-Brancuti" (Ibid.).

La tradición erudita documenta la presencia de los temas caballerescos con creciente persistencia en los siglos XIV-XV. Alfonso Reyes los rastrea a través de varias fuentes; por ejemplo, la burlona alusión a Tristán en el *Libro de buen amor* (c. 1343); los nombres de Galván y Lanzarote dados a dos halcones en el *Libro de caza*, de don Juan Manuel; las referencias a la "farpa de Tristán" y al mago Merlín en el *Poema de Alfonso XI*; el testimonio del canciller Pero López de Ayala de que aun los moros estaban al tanto de las historias artúricas, y la confesión, en el *Rimado de Palacio*, de que él mismo sacaba deleite de aquellos relatos caballerescos; las frecuentes alusiones en los poetas del Cancionero de Baena (Pero Ferrús, Fray Migir, Micer Francisco Imperial, Ferrant Sánchez de Talavera); el *Victorial* de Gutierre Díez de Gámez. Luego sus héroes pueblan los "Libros de Caballería y, por este camino, irrumpen en la literatura española."[89] Su auge y disolución se verifica en Don Quijote, el sabedor de todo código caballeresco y de todo pormenor relacionado con aquel imaginario mundo de héroes y heroínas. Con todo eso, la eclosión de la corriente artúrica fue más bien tardía en España, lo cual se debe a que "esta manera sentimental y soñadora, ajena a las tradiciones de la Edad Media, se aviene mal con el realismo viril de la imaginación poética hispana."[90]

---

[88]*Loc. cit.*, p. 278.
[89]A. Reyes, *Páginas adicionales*, OC, XV, 435.
[90]A. Reyes, *Capítulos de literatura española. Segunda serie*, OC, VI, 277.

La mezcla de lo ideal y lo real, lo sentimental y lo heroico, lo absurdo y lo plausible, lo tímido y lo atrevido, confiere al mundo artúrico una variedad de color y colorido que presenta siempre el lado hermoso, aunque escapista, del Medievo. Por eso Alfonso Reyes se refiere a ese espejismo mítico cuando quiere puntualizar ciertos aspectos románticos o fabulosos de otras épocas: por ejemplo, la ternura del héroe italiano con su esposa o la fidelidad de un antiguo cortesano clásico.[91] Y por ser el ciclo bretón tan rico y variado, brotan de él nuevas ramificaciones destinadas a enriquecer la literatura universal. Entre ellas, Alfonso Reyes menciona la posibilidad de una derivación de gran interés en la tradición peninsular: "La estatua vengadora de *Don Juan Tenorio* pudiera encontrar antecedentes en la del *Artús de Bretagne*, pero es mucho más cierto asegurar que se trata de un motivo general de folklore."[92]

La corriente burquesa. —Frente a esa literatura fantástica de nivel aristocrático surge una corriente burguesa con una orientación decididamente opuesta. Entre las dos se ubica la historiografía que, con ser la contraparte de lo legendario, da cabida a toda clase de acontecimientos. El mayor historiador francés de la Edad Media no se escapa a la atención del gran mexicano, quien

---

[91]En la visión de nuestro autor, el árbol plantado por los campesinos italianos en memoria de Garibaldi y de su esposa, la brasileña Anita, recuerda una vieja imagen artúrica. "Lo cuentan los layes bretones: de los sarcófagos de Tristán e Isolda, salieron dos ramas que se abrazan y siguen amándose para siempre. El árbol de Anita Garibaldi cumple la leyenda medieval: partido en dos brazos anhelantes, el árbol se enreda y se acaricia en sí mismo bajo el cielo, ya mitológico, de Río Grande do Sul": *Norte y Sur, OC,* IX, 79. En otra época, la familiaridad entre una reina enamoradiza y un cortesano seducente parecía llegar a su epílogo. Con toda naturalidad, nuestro ensayista alude al mito bretón. "Combado, que se sabe hermoso y teme las consecuencias del trato a solas con su soberana, se mutila previamente para no incurrir en deslealtad. (Compárese, en contra, la leyenda de Tristán e Iseo)": *Religión griega, OC,* XVI, 280. En un momento de debilidad, la reina quiere satisfacer su pasión, pero el joven castrado le descubre su condición. Enternecida, la frustrada mujer le brinda su cariño; pero el rey, por celos, lo echa a la cárcel, y cuando se entera de la verdad, lo colma de honores. La santidad heroica halla aplauso en el sacrificio, pero carece de interés y atracción.
[92]A. Reyes, *Capítulos de literatura española. Segunda serie, OC,* VI, 281.

señala las "estrechas relaciones de semejanza entre un suceso que refiere Jean Froissart en sus *Crónicas* y otro ... cuyo relato se halla en la *Crónica* del Rey de Castilla Don Alfonso XII, atribuida a Juan Núñez de Villazán."[93]

El elemento vivificador de la corriente burguesa es un chorro de maliciosa vivacidad que opone la visión pícara de la vida al idealismo dulzón o heroico de la poesía cortesana. El *fabliau*, género típico, revela otra faceta del siglo XIII: la de la plebe que reivindica lo vulgar en una novedosa cifra artística, entregándolo a la palabra inmediata y al movimiento de una narrativa sucinta, gráfica, animada. Lo grosero subraya la indirecta satírica. El hampa se desbasta por la burla. El mundo rameril se desviste de lo sórdido por su humor de brocha gorda. Las raíces son folklóricas y, por eso acaso, su fondo instintivo abarca una humanidad animalizada que sobrevive en la jungla de las relaciones diarias con la misma perspicacia de una fauna humanizada. El *fabliau* corre parejo con el *Roman de Renart*: el vivo se identifica con el zorro; el concupiscente, con el lobo. Por cierto, esa visión de una humanidad que se levanta a cada caída y vuelve a su redil tras cada escapada no es nada nuevo. Es un rasgo simpático del hombre comprometido en la lucha por subsistir, sin ideales ni idilios ni gloriosas hazañas. Y de entre sus siluetas de pillos y busconas brota la vislumbre anticipadora de un personaje que se hará clásico en las letras hispánicas: "El tipo de pícaro, que ya despunta en el *Satiricón*, de Petronio, aparece en Luciano y lo hallamos más tarde en el *Román de Renart* y los *Fabliaux* y otras populares obras de la Edad Media."[94]

Para nuestro autor, las dos corrientes, la cortesana y la burguesa, con el tiempo se enlazan, no para fundirse, sino para coexistir como reflejo de la misma variedad que existía en la vida

---

[93]A. Reyes, *Entre libros, OC*, VII, 357.

[94]*Loc. cit.*, p. 265. Conectando lo circunstancial con lo pasado, nuestro autor recuerda a un compañero de colegio que se aplicaba a la fauna local con la afición de un antiguo espigador de apólogos. "El curioso Sánchez, mucho más que a la verdadera zoología, se daba a juntar anécdotas sobre el folklore indígena relativo a la fauna mexicana, anécdotas que, aunque divertidas en sí mismas —y es lástima que se hayan perdido— no pasaban de ser una prolongación del *Roman de Renart* o las fábulas del coyote": *Pasado inmediato, OC*, XII, 189.

real. Trae a colación la doble redacción del *Roman de la Rose*, obra no necesariamente híbrida, pero sí dualística en su concepción, desarrollo y paternidad. Sale la primera parte de la pluma de un idealista cortesano, Guillaume de Lorris, a comienzos del siglo XIII; la completa con medio siglo de retraso un poeta cínico, Jean de Meung. El uno descubre, tras el velamen de la alegoría, el anhelo caballeresco del amor idealizado, y su logro se encierra en el símbolo de un beso dado a la rosa escogida en el vergel de Cupido. En pugna o alianza con opuestas abstracciones —Vejez, Pobreza, Envidia, Odio, Razón, Buena Acogida, etc.—el cálido beso del amante alcanza, por una abrupta ironía romántica, el triunfo junto con su derrota, pues el poeta acaba por quedar prisionero con su guía (*Bel Accueil*).

El segundo autor arranca de esa prisión de amor para dar al relato una vuelta racional. Su cínica mirada hiela el anterior mundo de ensueños. La idealización de la mujer se materializa en sorna misógina. El arrebato caballeresco se condensa en la embozada crítica de los intereses prácticos de la corte. El alegorismo de vicios y virtudes choca con una visión más realista del mundo eclesiástico. Y las tres abstracciones de Naturaleza, Razón y Sabiduría, con ser abstracciones, aluden a una filosofía más concreta de la vida, puesto que la filosofía explica la raíz dicotómica del poema: "Al lado de la observación realista, aparecen ciertas preocupaciones filosóficas simbolizadas en la imaginación de Guillaume de Lorris (1ª parte del *Roman de la Rose*) y en la escolástica de Jean de Meung (2ª parte del *Román de la Rose*). La segunda mitad del siglo XIII es la época de San Buenaventura, Santo Tomás y Dante."[95] Con este poema ambivalente, el genio francés afirma en una época aún temprana su gran capacidad de síntesis en percibir y representar la realidad.

El drama.—El género dramático halla en Francia su centro germinal tras la caída del teatro clásico. Ya se ha visto que su resurrección ocurre por obra de la misma Iglesia que lo había enterrado, ya que la liturgia admitía implícitamente lo teatral en

---

[95]A. Reyes, *Páginas adicionales*, OC, XV, 492.

el despliegue cultural y en el simbolismo de los misterios. La evolución del teatro medieval se sigue con continuidad panorámica en la literatura francesa más que en la de otros países. La primera fase es religiosa y corre pareja con la poesía cortesana. Después de la escisión entre el culto y su propio subproducto teatral, la literatura francesa y la franconormanda producen el género dramático del *misterio*, vinculando la tradición escrituraria con leyendas hagiográficas más tardías. El *milagro* es una ampliación del mismo género que subraya la intervención de lo divino en los momentos cruciales de la existencia. El encumbramiento de la Virgen al rango de corredentora fomentó el milagro mariano tanto en la composición lírico-narrativa como en la coreografía teatral. Con posterioridad, la *moralidad* se saturó de abstracciones y trasladó al escenario el gusto literario promovido por el *Roman de la Rose*, destacando los elementos religiosos, morales y satírico-políticos, todos carentes de verdadero valor artístico. El teatro religioso tuvo su época: el siglo XII. En el siguiente no desapareció, pero sí decayó en la competición con el teatro profano, que se vino manifestando con una vitalidad incontenible y hasta irrumpió en algunas escenas de la producción sagrada, según subraya nuestro sabio escritor.

En la representación de la pieza dramática actuaban, según se mencionó antes, solamente varones; y para los papeles femeninos, jovencitos barbilampiños. Las funciones tenían un carácter coral por la participación de gran número de actores y comparsas. Clérigos, estudiantes y burgueses formaban cofradías para las representaciones de Pascua y Navidad. La cooperación fomentaba la improvisación, y viceversa. A fines del siglo XIV se constituyó en París la famosa Cofradía de la Pasión con el objeto de organizar la representación de obras religiosas con esmero profesional. Al mismo tiempo, abundaron las cofradías de aficionados y entusiastas, de las cuales brotaron en el siglo XVI las compañías regulares ("permanentes o trashumantes"). Estas gozaron del favor de los poderosos por razones de "propaganda política"; y además crearon un abigarrado repertorio teatral, siendo sus géneros principales: "comedia escolar latina, misterio profano y semiprofano, monólogo serio y cómico, moralidad con sentido alegórico, *sottie* o sátira de los 'locos,' farsa o germen del sainete (su nombre mismo, eclesiástico en origen, significaba una glosa extra-canónica inserta en el texto sacro). Recuérdese la 'morcilla': *farcire* (embutir). Se prepara el material de Rabelais. La *sottie* se desarrolla singularmente en el siglo XVI, como fuerte supervivencia medieval."[96]

En efecto, el teatro profano francés conllevaba las semillas de un género anticipador, un palpitar de modernidad que aún divierte con las tonterías humorísticas de *Le Couvier*, el marido domesticado que se hace el pollo para vengarse de su mandona esposa, y mucho más con el inolvidable *Avocat Patelin*, el leguleyo hambriento que brinca de ardid en ardid hasta caer en su propia zancadilla. Su valor literario representa una conquista definitiva del Medievo francés, y europeo también, porque consagra el triunfo del arte apoyándose en las debilidades humanas con oblicua sonrisa. Es por eso que Alfonso Reyes encarece su significado en la tradición literaria: "La supervivencia del teatro profano medieval es más apreciable que la del teatro religioso, que queda ahogado por los nuevos géneros" (*Ibid.*).

Un raro genial.—François Villon (1431-1480), singular ejemplar humano y artístico de las postrimerías del Medievo francés, tuvo origen humilde. No así su estro poético. Espíritu libre, pagó con creces su amor por la libertad con una vida nómada y apretada. Echado a vivir entre lo lícito y lo ilegal, no rara vez le tocó merodear para huir de las garras de la justicia por robos de menor cuantía. Su *curriculum vitae* es escueto en su intensidad: "François Villon era un picaruelo de París que dormía en las calles y no tenía ni oficio ni beneficio. Con todo, su obra no es poesía popular, sino poesía culta, de autor determinado y conocido."[97] Nos dejó tan sólo un librillo de versos, dedicado en gran parte a los dos testamentos (*Petit Testament* y *Grand Testament*), con que lega sus bienes reales y supuestos a una retahíla de herederos, auténtica galería tipológica de la sociedad de entonces, desde el hampa a la violeta hasta los magnates de la púrpura y el

---

[96]*Loc. cit.*, p. 493.
[97]A. Reyes, *La experiencia literaria*, OC, XIV, 55.

poder. Villon prosigue, a la distancia de años, la parábola evolutiva del gusto literario iniciada por Juan Ruiz y desarrollada con más florecimiento por Boccaccio y Chaucer.[98] En él resuena el eco de la poesía goliardesca vitoreando al goce y la embriaguez: "Villon," anota nuestro autor, "en una balada a su amiga, le aconseja: *Or beuves fort, tant que ru peult courir."*[99]

El mérito mayor de este poeta es su talento en presentar personajes y situaciones a la luz de su poderosa personalidad. Forma y contenido son síntesis de una original manera de sentir. Amor y odio brotan con vigor. La contemplación de lo transitorio o la añoranza del pasado nunca desvanecen en meditabundas abstracciones. Su verso es molde plástico y macizo que, pese al carácter subjetivo del contenido, reproduce siempre una imagen intensa de su medio. Alfonso Reyes lo acopla con otro intérprete poético de la Edad Media: "El poema de François Villon o el de Piers Plowman permiten reconstruir aspectos de la vida cotidiana en el Londres del siglo XIV o en el París del siglo XV."[100] Su actitud pensativa sobre el frágil destino humano inyecta nuevas inflexiones líricas hasta en el viejo tópico medieval del *ubi sunt*; y si el tópico no es más que un residuo, el fuego lírico acrisola los detritos del Medievo en transición. En su estribillo del "¿Qué se hizo de las nubes de antaño?", acaso familiar en la poesía de su época, Alfonso Reyes capta un lirismo intemporal que señala como "la voz de los tiempos nuevos."[101] En términos más específicos, se adhiere a la valorización de Leo Spitzer subrayando "el carácter de alborada renacentista de Villon, en la *Ballade des*

---

[98]En la trayectoria de epígonos de ese género literario, emerge en Francia Margarita de Navarra, a mediados del siglo XVI, con su famoso *Heptamerón*, inspirado en la obra maestra boccaccista. En una oportunidad, nuestro autor subraya las fuentes utópicas del cuento LXVII, sacadas del relato del explorador Thévet, "quien nos cuenta en su *Cosmografía* cómo Roberval, para castigar a una tal Margarita . . . la abandonó en una isla desierta": *No hay tal lugar*, OC XI, 346. En otra oportunidad se refiere a otro personaje de la misma colección de cuentos, esto es, "la damisela que, refiriendo una peripecia de amor en tercera persona, se descubrió por descuido": *Tres puntos de exegética literaria*, OC, XIV, 257. Cf. también *Cuestiones estética*, OC, I, 52–53.

[99]*Loc. cit.*, p. 152.
[100]A. Reyes, *El deslinde*, OC, XV, 130.
[101]A. Reyes, *Los trabajos y los días*, OC, IX, 236.

Dames du temps jadis."[102] La Edad Media francesa se disolvía líricamente en el *humour noir* de un poeta raro y genial.

En resumen, Alfonso Reyes, americano universal y, por eso mismo, inmune de los pequeños antagonismos que a veces disponen a los españoles contra los franceses y a estos contra los italianos, se espacia por el vasto panorama medieval con atisbos densos, aunque frecuentemente impresionistas, que revelan la urdimbre sobre cuya unidad latina descansa la diferenciación neolatina. La sucesiva riqueza de vida espiritual está implícita en la diversificación medieval: pues España se afirma por su genio nacional; Italia, por su genio universal; Francia, por su genialidad versátil. La dinámica de ideas, mitos, intuiciones, anhelos, creaciones, empezó a afianzarse en el momento en que la gran familia de los pueblos romanizados—ibéricos, galos, itálicos—tomó conciencia de su variedad; esto es, en el momento en que la unidad entró en crisis, se hizo crisis y permaneció como crisis: resorte, en fin, que lleva adelante el proceso de mejorar al hombre por distintos caminos a lo largo de la siempre fecunda ruta de la civilización romana.

---

[102]A. Reyes, "Estilística y estilología," en *Páginas adicionales, OC,* XIV, 377.

V
El Humanismo Prerrenacentista

El humanismo como reivindicación de lo humano es tan antiguo como el hombre que toma conciencia de sí frente a la realidad y al misterio inexplicado o inexplicable que lo rodea. Ese humanismo se incorpora a la historia humana. Pero dentro de su largo transcurso se deslinda un breve segmento, un movimiento literario específico, que con el mismo rubro identifica el estudio de las humanidades, o *litterae humanae.* Su lejano origen se manifiesta como actividad literaria, según aclara Alfonso Reyes: "En aquel proceso de reeducación que, durante la Edad Media, sucedió a la sumersión de Europa por los bárbaros, se llamó 'humanidades' a los estudios consagrados a la tradición grecolatina. Mediante ellos, se procuraba modelar otra vez al hombre civilizado, al hombre."[1] El auge del humanismo como movimiento literario y filológico se experimenta entre los siglos XV y XVI, pero su comienzo data del siglo IV, cuando San Basilio sostiene la conveniencia de hermanar el estudio de los autores paganos junto con los cristianos en su famosa *Homilía a los jóvenes.*

---

[1] A. Reyes, "Palabras sobre el humanismo," *Boletín Capilla Alfonsina,* XIX (1971), 13.

Esa tendencia logra su apogeo en la España medieval con San Isidoro de Sevilla, el sabio universal que codifica el saber clásico en su obra enciclopédica, y lega los zumos del clasicismo como velamen formal en la obra de San Ildefonso. De ahí en adelante, el saber clásico y la tradición cristiana se enlazan en cada renacimiento cultural que se verifica en distintas partes de Europa. Así en Beda el Venerable, el otro gran intelecto enciclopédico de la Inglaterra medieval. Así también en el humanismo carolingio fomentado por Alcuino, quien remata el injerto de sabiduría pagana en el pensamiento cristiano con su obra más importante, De virtutibus. Un nuevo cariz adquiere el clasicismo cristiano en los conventos irlandeses, en donde se mantiene el estudio del griego en la Edad Media, logrando su apogeo con el sabio Juan Escoto Eurigena en la academia palatina. Entre los siglos IX-X, Rabano Mauro dibuja el plan de estudios del clericus, llevando a sus consecuencias definitivas el empalme entre lo pagano y lo cristiano por la convergencia de tres dimensiones espirituales del hombre: la plenitudo scientiae, que es fruto de la educación y el estudio; la rectitudo vitae, que se basa en la norma ética y la asistencia de la gracia; y la perfectio eruditionis, que se desarrolla merced a la aplicación de los paradigmas retóricos y oratorios de los antiguos autores en el ejercicio de la predicación cristiana. Esa tendencia se prolonga en el cultivo de los estudios liberales por Hugo de San Victor y Thierry de Chartres en Francia.

Entre los autores clásicos, Virgilio adquiere en la Edad Media una primacía asombrosa, la cual culmina con el culto de Dante, quien se profesa su asiduo discípulo.[2] Paralela corre la afición por Ovidio, disfrazada a veces por adaptaciones medievales, que culmina en el Arcipreste de Hita y luego en Boccaccio. Dante y Juan Ruiz rematan la Edad Media y despiertan la con

---

[2]Sobre la tradición medieval de Virgilio, véase lo dicho con anterioridad, y también Simpatías y diferencias, OC, IV, 30–35. Una de las obras imprescindibles para el estudio de la continuidad clásica en la Edad Media es el ensayo de Ernst R. Curtius, Europäische Literatur und lateinische Mittelalter, (Berna: Francke, 1948). En lo referente al aspecto estilístico de la tradición latina, véase mi trabajo, El enfoque estilístico y estructural de las obras medievales, ed. cit., pp. 40 ss.

ciencia moderna: el vate italiano, con la mirada hacia el pasado; el cantor ibérico, con el guiño vuelto hacia el porvenir. En su siglo, Petrarca y Boccaccio anticipan al humanista hurgando con pasión y entusiasmo las antiguas bibliotecas para poder desenterrar manuscritos clásicos.[3] Y como libro cerrado no hace letrado, los humanistas se entregan al estudio, echando las bases de la inmensa erudición venidera.

En el siglo XV, el entusiasmo humanístico se hace pandémico por toda Italia, aunque su intensidad se manifiesta en tres centros principales: en Roma, la urbe pontificia heredera de la tradición imperial; en Florencia, el ganglio de los intereses comerciales y financieros de Europa dominado por una familia de mecenas artísticos, los Médicis; y en Nápoles, reconducida al resplandor de la época de Federico el Grande por el patrocinio de un gran soberano aragonés.

Nápoles había sido puesta, durante la Edad Media, bajo la égida tutelar del poeta Virgilio. A mediados del siglo XV renueva su prestigio durante el reinado de Alfonso de Aragón, llamado el Magnánimo, universalmente admirado como gran señor, noble mecenas, extraordinario guerrero. La traición de unos subalternos lo obliga a confiar en las armas para la reconquista de sus dominios en el Sur de Italia. Después de la tan cantada derrota de Ponza, consigue una serie de éxitos militares que lo llevan al trono de Nápoles. Su ingreso triunfal en la antigua ciudad partenopea brilla por el sentido ibérico del heroísmo, por la majestad clásica del desfile marcial, y por el alegorismo medieval de personajes allegados al cortejo real, reminiscencias de las antiguas abstracciones de Boecio. La pompa exterior de la entrada triunfal del soberano aragonés (1443) señala el inicio de una nueva era cultural para Nápoles. Sin entrar a analizar el significado histórico de este gran monarca, Alfonso Reyes nos deja una silueta vívida del hombre, quien humaniza los fastigios del poder con la debilidad de una noble pasión amorosa cuando rayaba en los cincuenta años de edad.

Año de 1448, en las calles bulliciosas de la eternamente

---

[3]Cf. A. Reyes, *Mitología griega. Los héroes*, OC, XVII, 174.

bulliciosa ciudad de Nápoles. El Rey Magnánimo encabeza un desfile. De pronto le sale al paso Lucrecia, hija del senador Nicola d'Agnano, lozana flor de dieciocho primaveras. La más hermosa joven del reino le presenta el tradicional vaso de cebada y le pide la dádiva para sus bodas. El Rey, encendido por un amor de primera vista, le entrega una bolsa de monedas de oro, pero la discreta Lucrecia acepta una sola moneda. Llevada a la corte, la hermosa napolitana es consuelo y desesperación del enamorado soberano. La enfermiza Reina María no logra pasar a mejor vida, frustrando así el sueño de Lucrecia, ansiosa de subir al trono de Nápoles. Flor de hermosura, los poetas la ensalzan. El pueblo la idolatra. Su fama se multiplica. "El secreto de su fortuna," comenta Alfonso Reyes, "es la castidad."[4] También la exasperante pasión del no joven soberano se mantiene en un nivel de regia castidad.

Entre tanto, la corte de Nápoles es vivero de actividad espiritual. El amor es sentimiento que hermosea la vida de todos los días, y estímulo que inspira una nueva escuela de arte poético. Los intensos latidos de pasión del Rey por Lucrecia de Agnano son un simple episodio de crónica, pero la obra que él desarrolla como mecenas de humanistas adquiere un valor trascendental tanto en el cuadro de la cultura italiana como en la española. Su generosidad atrae a los humanistas más insignes de su época. Allá acude Lorenzo Valla, el autor favorito de la Casa de Médicis. En su corte, se le nombra historiógrafo regio a Bartolomeo Fazzio, que ya había dedicado al Rey Magnánimo su obra *De Vitae Felicitate*, inspirada en la concepción histórica de Tito Livio. Poggio Bracciolini, el más incansable y a la vez afortunado descubridor de antiguos manuscritos, dedica al Rey la *Cyropedia* de Jenofonte. Giorgio de Trebisonda traduce a Aristóteles. Otro gran helenista, Francesco Filadelfo, es coronado *poeta laureatus* en la corte napolitana. Gaspare de Arangerio fomenta los estudios latinos. También participa Enea Silvio Piccolomini, el más famoso de todos no sólo por sus méritos de humanista, sino particularmente por

---

[4]A. Reyes, "Madama Lucrecia, último amor de Don Alfonso el Magnánimo," en *Retratos reales e imaginarios*, OC, III, 406.

haber subido al trono pontificio con el nombre de Pío II. Entre ellos se destaca Antonio Becadelli, llamado el Panormita de su ciudad nativa, Palermo.

Al lado de los humanistas italianos se distingue un versátil ingenio hispano, Fernando de Valencia, varón de gran fama como orador y poeta latino. Su ejemplo cunde en Cataluña, en donde florece una pléyade de humanistas de reconocido valor. En breve, huelga recordar a Luciano Colomer de Perpiñán, autor de obras lingüísticas en latín; a Jaime Pau, jurista y escritor latino, junto con su hijo Jerónimo, uno de los humanistas más distinguidos de su generación por su tersa y copiosa poesía en latín; a Juan de Llobet, autor de textos filosóficos latinos ricos en reminiscencias lulianas; a Felipe Mealía; a Jaime Ripoll; a Pedro y Gonzalo de la Caballería; y sobre todo, a Ramón Ferrer, humanista de corte renacentista por su encumbrada versatilidad en la poesía, la filosofía, el derecho y las ciencias médicas. Comparada con la italiana, la corriente humanista catalana no es para menos. Tampoco lo es frente a la corriente castellana, como veremos a renglón seguido.

El humanismo en Castilla—El movimiento humanista empieza en Castilla con el Rey Juan II. Reincarnación de Alfonso el Sabio por su poco diestro manejo de los asuntos del Estado, lo es también por el impulso que dio a los estudios clásicos durante su largo reinado (1419-1444). El humanista más destacado de esa época es Alonso de Cartagena, educado en Italia, donde trabó amistad con los sabios de mayor renombre. Se le atribuyen varias traducciones de clásicos, entre ellos el *De Inventione* y *De Senectute* de Cicerón, las *Declamationes* de Séneca el Viejo y una recopilación temática de las obras filosóficas de Séneca. El célebre poeta Juan de Mena traduce selecciones de la *Ilíada* del griego al latín. Hay otros humanistas menos famosos, pero no menos hábiles: Vasco de Guzmán, traductor de Salustio; Fernán Díaz de Toledo, traductor de Séneca y Aristóteles; Pero González de Mendoza, hijo del Marqués de Santillana y futuro primado de España; Juan Bueno y Alfonso Gómez de Zamora, traductores de Orosio, antiguo historiador latino de origen hispánico; Alfonso de Madrigal, traductor de Eusebio, y otros más.

168

La *Eneida* es una de las obras que cautiva el interés de los humanistas. Además de la traducción española de Don Enrique de Aragón, Alfonso Reyes nos proporciona otros datos sobre la obra maestra virgiliana: "El siglo XV presenció la paráfrasis en prosa de la *Eneida* del francés Leroy y del español Enrique de Villena; y poco después aparece la versión alemana de Murner, la española de Cristóbal de Mesa, la italiana de Annibale Caro, la inglesa de Staynhurst, considerada como la peor de todas." Y anota, en lo referente a las ediciones incunables, que después de la primera edición impresa de 1469, "en 1471, aparece en Roma la edición de Virgilio en que el humanista Maffeo Vegio, secretario de Eugenio IV, añade a la *Eneida* (obra que quedó incompleta como se sabe) un libro XIII que completa la acción del poema . . . a título de ejercicio poético erudito."[5]

Eso ocurre en tiempos de los Reyes Católicos, quienes renuevan el hervor de la vida literaria después del poco dichoso reinado de Enrique IV. La corriente humanista gana terreno gracias al amparo real. A dos humanistas italianos, Alejandro y Antonio Geraldino, se les confía el encargo de educar a la princesa Isabel. Otros humanistas italianos forman escuela en Castilla. Luciano Marineo Sículo ocupa la cátedra del Ateneo salamantino. Pedro Mártir de Anglería establece un colegio en Zaragoza. Los dos imparten una educación de corte humanístico a los hijos de las familias más encumbradas, a bastardos de reyes y legítimos de duques y marqueses. La educación del Infante Juan es encomendada por los Reyes Católicos al humanista Juan Diego Deza, catedrático de la Universidad de Salamanca. En esa casa de estudios enseñan los más grandes humanistas—Nebrija y Arias Barbosa (apodado el "Nebrija Griego"). De estos dos grandes catedráticos fue discípulo otro célebre humanista, el famoso Doctor Pinciano.

La obra de enriquecimiento cultural realizada por los humanistas surte frutos copiosos en la versión de grandes obras clásicas al romance. Se mencionan unos cuantos nombres de rama en rama para dar una idea del entusiasmo con que los estudiosos

---

[5]A. Reyes, *Mitología griega. Los héroes*, OC, XVII, 174.

se dedican a propagar el movimiento en su tierra. Francisco Vidal de Noya, maestro del Rey Fernando, traduce a Salustio; Diego López de Toledo, a César; Jorge de Bustamante, a Justino; Diego Guillén de Ávila, a Frontino y a Trimegisto; Hernando de Flórez, a Herodiano; Francisco López de Villalobos, a Plauto; Diego de Cartagena, descendiente del gran Alonso, traduce a Apuleyo; Fray Alberto Aguayo, a Boecio; Pedro Fernández de Villegas, a Juvenal, etc., etc. Tanto entusiasmo humanístico no es ajeno del mundo femenino. La misma Reina Isabel da la pauta de sus intereses intelectuales dedicándose entrañablemente al estudio del latín e invitando a la corte a la docta latinista Beatriz Galindo. Entre otras damas, se destacan en las humanidades Lucía de Medrano, lectora de clásicos en la Universidad de Salamanca, y Francisca de Nebrija, hija del sabio gramático, quien recibe encargo de su padre de dictar cátedra en la misma universidad.

Con tanto fervor de estudios clásicos; con tanta obra escrita en latín; con tantas versiones de obras clásicas al castellano, la gravitación más honda del humanismo en Castilla se hace sentir en la lengua. El panorama lingüístico europeo ofrecía una verdadera infatuación con el latín. Las personas cultas se proponían dominar el latín como lengua hablada. Los humanistas se expresaban, de viva voz o por escrito, en perfectos giros de latín ciceroniano y soñaban con el triunfo de esa antigua lengua como vehículo de comunicación universal, amenazando, tácita o expresamente, la existencia de las lenguas romances. Contra esa situación, el castellano recibe su primer y definitivo triunfo lingüístico por parte del mayor humanista peninsular—Antonio de Nebrija.

Conocido, cuando no desconocido, por una autosuficiencia rayana en la arrogancia intelectual, Nebrija es el humanista que más singularmente atrae el interés de Alfonso Reyes, quien admira en el antiguo maestro no sólo la sólida formación intelectual sacada de sus diez años de estudios en Italia, sino que reconoce, per vía asociativa, lo genial de su innovación. Nebrija renueva la incipiente filología romance y clásica haciendo *tábula rasa de los* avellanados métodos gramaticales que por inercia seguían usándose en los estudios españoles: "El gramático que hoy cantara sus éxitos en tono de general victorioso resultaría ridículo, así le debiéramos mercedes como ahuyentar de toda España y las tierras hispanas los manuales y los textos de la Academia, que son los *Dotrinales*, *Pedros Elías*, *Galteros*, *Ebrardos* y *Pastranas* de nuestro tiempo."[6] Hoy en día, al gramático podrá considerársele como maestro de atar escobas, pero la verdad es que el hombre de genio imprime su clara huella también en ese campo. Nebrija no sólo escribe gramáticas del latín y del romance, sino también "diccionarios, traducciones, libros de cosmografía, crónicas sobre el reinado de los Reyes Católicos."[7] Con todo eso, su gloria consiste en haber sido el primer gramático de la lengua castellana. No poca originalidad ha sido la de escudriñar por primera vez la estructura de una lengua hablada y reducirla a un sistema de normas.

Más que en eso, la verdadera grandeza de Nebrija consiste en su poder de columbrar y deslindar la esencia latina del idioma empleado como instrumento de la ideación y el habla: lo cual equivale a deslindar la esencia latina tanto en la mentalidad individual como en la cultura nacional. De tal modo, revaloriza el romance local, no así como quiera, sino elevándolo a la dignidad de que gozaba el latín universal de aquellos días. Subrayemos el acierto revolucionario del Lebrijense reproduciendo, sin quitar ni poner, la sagaz observación de Alfonso Reyes: "Demostrar que esta lengua popular de España también era susceptible de reglas, era devolverle su dignidad latina, era restaurar a la hija española en el trono de la familia romana."[8] De tal modo, Nebrija da un brinco audaz hacia el porvenir—indicio certero de genio—y desbarata el argumento de los humanistas deseosos de imponer el latín sobre las lenguas vernáculas. Y lo hace él, que era humanista sumo, empleando el núcleo de los argumentos humanísticos: esto es, la dignidad lingüística basada en la estructura del romance comparado con la lengua madre.

La genial orientación de Nebrija no determina un triunfo inmediato o incondicionado del romance. La polémica de la primacía del latín para la expresión culta se arrastra por mucho

---

[6]A. Reyes, *Retratos reales e imaginarios*, OC, III, 421.
[7]*Loc. cit.*, p. 420.
[8]*Loc. cit.*, p. 422.

tiempo: "Figuraos que todavía sus doctos amigos reprochaban a Malón de Chaide, en pleno siglo XVI, el que escribiera sobre cosas serias en lengua vulgar, lengua que sólo parecía buena para 'cuentos de hilanderuelas y mujercitas.' "[9]

Esa actitud para con las lenguas vernáculas no es un fenómeno aislado de España. Tiene alcance europeo. Al superarlo, Nebrija demuestra independencia y serenidad de juicio; incorpora una nueva conquista espiritual en la vida y cultura de la recién formada nación merced a la revalorización de la lengua nacional; y levanta su estatura de precursor continental comenzando "ese gran movimiento de ilustración y defensa del vulgar (para usar los términos que Joachim du Bellay usaba en Francia), movimiento renacentista por excelencia, el cual trata de dar a las lenguas romances toda su dignidad, en contra de la inercia que se empeñaba en considerarlas como mera decadencia del latín."[10]

Alfonso Reyes destaca con claridad la nueva orientación lingüística que hace presa por encima de la concepción tradicional, según la cual la gramática era un *ars*: es decir, un arte para aprender correctamente una lengua. Por supuesto, ese objetivo es legítimo en el aprendizaje de una lengua clásica, o lengua muerta, ya cristalizada en una estructura lingüística fija que ha de conocerse con arreglo a las normas constitutivas. En cambio, las lenguas habladas no se aprenden por reglas, sino creciendo dentro de ellas, viviendo en la cultura que en ellas encarna, absorbiéndolas en forma intuitiva y desarrollando reflejos automáticos en el proceso de la comunicación. En semejante concepción, la gramática se reduce a "un análisis teórico que se proyecta, *a posteriori*, sobre la realidad de una lengua ya poseída, y ella tiene un valor normativo, pero no genético."[11] Para esa gramática, Nebrija fija tres propósitos fundamentales:

1) El propósito docente. El antiguo maestro tiene para sí que resulta más fácil la introducción a la lengua latina una vez que se conozca el sistema de reglas de las dos lenguas. También facilita el

---

[9] A. Reyes, *Tres alcances a Góngora*, OC, VII, 191.
[10] *Loc. cit.*, pp. 190–191. Véase también A. Reyes, *Tantativas y orientaciones*, OC, XI, 320.
[11] A. Reyes, *Tentativas y orientaciones*, OC, XI, 317.

estudio del castellano para los extranjeros, puesto que otra vez se trata de establecer los paralelismos y contrastes entre dos sistemas normativos.

2) El propósito científico. Consiste principalmente en determinar las leyes internas que rigen la estructura de la lengua y aplicarlas tanto a los ejercicios de traducción del latín como a la expresión en general, o a los efectos retóricos y estilísticos en particular.

3) El propósito imperial. Es obvio que el considerar al castellano dotado de igual dignidad que las lenguas clásicas evoca la idea imperial con la cual andaba asociado. Anticipa así la teoría afirmada más tarde por Carlos V en su discurso de Madrid de 1528; discurso que, afirma Reyes, "se atribuía al canciller piamontés Mercurino Gatinara y hoy, por averiguaciones de mi venerado maestro don Ramón Menéndez Pidal, se atribuye al célebre predicador de la corte y autor del *Reloj de Príncipes*, Fray Antonio de Guevara."[12] Siempre se ha subrayado ese presentimiento fatídico de Nebrija, pues su gramática aparece en el año del remate de la reconquista territorial y del descubrimiento de América, por lo cual se le ofrece a la nación española la posibilidad de renovar la expansión lingüística de los idiomas clásicos y su enriquecimiento cultural a través de los contactos directos con una variedad de pueblos extraños. A diferencia de los otros humanistas que se entregaban al embriago sueño de reproducir lo clásico en una experiencia individual (dominio de las antiguas lenguas, erudito conocimiento de los clásicos, esmero filológico, etc.), Nebrija abarca el plano individual del saber humanístico, y lo trasciende por la revalorización de la lengua en el plano nacional y la continuidad de la misión civilizadora de Roma en el plano imperial de la lengua castellana.

La revolucionaria intuición lingüística de Nebrija llega a su culminación definitiva en pleno renacimiento con las aplicaciones que le da Góngora en el terreno estético de la creación. El corifeo del culteranismo era gran humanista él mismo, y tenía trato con su coetáneo y conterráneo Bernardo Aldrete, célebre latinista y

---

[12]*Loc. cit.*, p. 319.

173

gramático, con quien hubo de tratar en paz y en haz sobre los principios estructurales de la revolución formal que iba preparando para su poesía, descompaginando el orden sintáctico a la manera de la construcción latina y promoviendo una renovación del caudal léxico castellano por su tendencia "a traer nuevas palabras del latín al castellano, o bien a refrescar las voces dándoles un nuevo baño idiomático, acercándolas a la etimología."[13]

El aporte helénico.—El impacto de la herencia clásica sobre los humanistas crece por la difusión de la cultura helénica. Los esfuerzos comenzados con éxito limitado por Petrarca y Boccaccio adquieren proporciones muy amplias en el siglo siguiente, cuando el estudio del griego se difunde por una circunstancia histórica que vuelve a atar a la parte oriental con la parte occidental del antiguo Imperio romano. Tal circunstancia la ofrecen los turcos otomanos, así llamados de su caudillo Otomán para distinguirlos de los turcos selyúcidas, quienes se difunden en distintas oleadas por los países levantinos haciendo presión hacia el Norte de África y el Suroeste de Europa: "En 1453, la capital del Imperio Oriental, Constantinopla, cayó en sus manos. Durante doscientos ciencuenta años, la fuerza otomana fue un peligro para toda Europa."[14] Las consecuencias se verifican en el orden económico y cultural, pues la caída de Constantinopla "interrumpe el tránsito de mercancías orientales, a la vez que atrae sobre Europa el derrame de la filología bizantina."[15]

Ese derrame filológico, ya columbrado en las someras reseñas anteriores, se multiplica rápidamente. Por un momento, el Concilio de Florencia parece abrir nuevos horizontes en la cristiandad con la unión de los ritos latino y griego. Pero el dogmatismo religioso se queda en zaga de la unificación de lo clásico greco-romano realizada por los humanistas. Los grandes latinistas son grandes helenistas. Esa simbiosis de conocimientos se nota desde muy temprano en las ediciones de antiguas obras, según

---

[13]A. Reyes, *Tres alcances a Góngora*, OC, VII, 191.
[14]A. Reyes, *Historia de un siglo*, OC, V, 161.
[15]A. Reyes, *Última Tule*, OC, XI, 15.

174

señala Reyes: "A los principios, los textos griegos se publicaban junto con sus traducciones latinas, lengua familiar de los sabios. Los sistemas de transcripción fueron organizados por el español Nebrija antes que por Erasmo, aunque, *naturalmente*, todos hasta hoy lo siguen ignorando en el resto de Europa."[16] ¡Naturalmente! El interés filológico que ata al estudioso con el texto, despierta la curiosidad mental y la imaginación para distintos fines: reinterpreta con sensibilidad moderna las ideas de los antiguos pensadores recién descubiertos; dibuja más claramente el perfil de los héroes griegos de la poesía épica, de los epinicios y de las tragedias; renueva la ética judaico-cristiana con el variado aporte de la sabiduría socrática, del idealismo platónico, del realismo científico de los peripatéticos, y de las demás escuelas en busca de nuevas soluciones para la conducta humana, ora con el refinamiento gozoso de los epicúreos, ora con la impasibilidad suprema de los estoicos, ora con la fría renuncia de los cínicos o el enigmático suspenso de los escépticos. Las encrucijadas intelectuales se multiplican. Cada nuevo descubrimiento de obras griegas es una conquista filológica, y pronto se convierte en un triunfo cultural que dilata el ángulo de visión humana.

El estudio se ennoblece como valor porque abre los nuevos tesoros culturales y, sobre todo, porque se identifica con la *paideia*: esto es, el proceso educativo que con la generación de Pericles creó el primer siglo de oro en la historia del pensamiento humano. La educación griega ensalza la validez de la curiosidad humana como fuerza redentora. Por ella, el mítico Odiseo ensancha el ámbito físico y mental del mundo griego abordando a los umbrales de pueblos y lugares desconocidos. Por ella, el pensador o el artista helénico se arroja a la aventura del viaje interior para revelar nuevas facetas de este ente misterioso que es el hombre. Por ella, la antigua Grecia recorre el itinerario evolutivo de la persona realizando un tipo humano ideal, o mejor dicho, un ideal de tipo humano jamás realizado en otra época histórica. El desafío de esa lección está sobrentendido. La *paideia*

---

[16]A. Reyes, *Mitología griega. Los héroes*, OC, XVII, 174. La bastardilla es mía.

175

ensancha el radio de la antigua *institutio* educativa, puesto que "pone de moda la lectura de los autores clásicos, y a la vez despierta el interés por el estudio del hombre."[17] El estudio, constante coloquio con los grandes espíritus del pasado, ofrece un nuevo contenido vital a los grandes espíritus del presente.

De tal modo, el regreso al texto original corre paralelo con el camino interior en busca de lo original y lo palpitante en la vida del espíritu, despojándose de lo inerte de la tradición y elevándose hacia lo ideal. La identificación con la antigüedad helénica, a más de la latina, ofrece una lección universal enraizada en el hombre — uno en su esencia humana y trino en sus dimensiones existenciales —, siendo la belleza la dimensión del creador; la verdad, la del pensador; y el bien, la del ejecutor.

Gracias al aporte helénico, brotan con nueva vitalidad los viejos relatos mitológicos. Las *Genealogías* de Boccaccio habían sentado el ejemplo, pero como mero repertorio erudito. En el nuevo clima intelectual, el humanista intuye el simbolismo intrínseco del mito; capta su misteriosa referencia a la vida y a la muerte, al destino y a la libertad humana; siente su frescura imaginativa y su sentido poético; y lo ve como imagen transfiguradora de la realidad a través de la imaginación de la más sensible comunidad mediterránea. Es tal su impacto en los antiguos humanistas y, por su conducto, en el hombre occidental que, con razón opina Reyes, es imposible entender gran parte de la poesía y literatura sin tener un buen conocimiento de la mitología griega.

El desafío de los héroes míticos contra la arcana entidad del destino, de la necesidad, se rodea de una fascinadora luz humana, trágica a veces, que hasta embellece la crueldad del sacrificio. De ese desafío nace en el corazón del hombre griego el individualismo, primer resorte de su acción individual y social. En el plano social, se postula la democracia, dentro de la cual todo y cada miembro funciona como elemento plasmador del orden político. En el plano individual, se promueve la autodeterminación, por la cual la voluntad humana supera el fatalismo oriental. Es así como

---

[17]A. Reyes, *Capítulos de literatura española, II serie, OC,* VI, 242.

la teoría del libre albedrío y la predestinación, tan debatida en la tradición escolástica medieval, se enriquece con la lección de la responsabilidad humana reflejada en las acciones de los míticos héroes griegos. Y si la libertad de elección queda siempre impugnable para los fines de la salvación, ya no lo es para el humanista que medita sobre el sentido anagógico del mito en términos de la conducta y realización del hombre en el mundo. A esas nuevas conquistas que vienen filtrando del análisis textual a la integración contextual de lo helénico, Alfonso Reyes añade dos más atando de este modo el presente al pasado. En primer lugar, se destaca el valor de la palabra en el proceso de la humanización. Néstor, Ulises, Pericles, Sócrates, los sofistas, Demóstenes, Alcibiades y los otros grandes oradores atestiguan el poder intrínseco de la palabra como medio de ganar poder o influir sobre los demás. Pero el poder de la palabra es más proteico que el poder político. El ejemplo griego es aleccionador. La palabra es seductor canto de sirenas que deleita y arruina; es sonora declamación teatral que conmueve y educa por un proceso de sublime catarsis; es aguda mayéutica que desconcierta a los ingenios superficiales e inicia a los intelectos pensativos en el proceso de descubrir la verdad; es maleable material que permite la creación artística—poder evocador en la épica, latido de tensión en la oratoria y la dramática, soplo de sentimiento en la expresión mélica.

En la múltiple gama de la palabra, Grecia ha hallado la múltiple gama de los recursos expresivos para el mundo moderno, aunque se difundan en España tanto del manantial helénico como del judaico: "Los humanistas españoles," nos asegura Reyes, "heredaron tales procedimientos cuando, por otra parte, los estudios bíblicos de los judíos habían desarrollado, con su sistema exegético, la aptitud y el gusto de la metáfora."[18] En su refinamiento, se adivina el origen griego de la etapa en que el Renacimiento se supera a sí mismo. Pues no es casualidad que la alusión mítica se integrara en los enajenamientos culteranos de la poesía: "Allí,

---

[18]A. Reyes, *Capítulos de literatura española, I serie, OC,* VI, 152. Cf. también *La antigua retórica, OC,* XIII, 371.

donde el ignorante ha creído ver una burla de la peor especie, el humanista ha reconocido al instante el estilo de las grandes revoluciones estéticas en que vino a liquidarse el Renacimiento español. Perspectiva de brillantes imágenes y voluptuosidades lingüísticas, y aquel gusto de recrear la fantasía con nobles alusiones."[19]

La otra conquista concierne al contorno físico de los continentes, las zonas económicas y culturales, y la latitud de la colonización griega y latina adaptada al concepto de colonización presente. Sobre la dimensión física se irgue una preocupación intangible determinada por las circunstancias históricas: "La ruta de las Indias empieza a ser una preocupación, desde que Constantinopla cae en poder del Turco."[20] Las rutas espaciales del humanismo comienzan como rutas bibliográficas: "Por los días del descubrimiento, los humanistas han desenterrado la Atlántida de Platón."[21] Y como el saber es poder, se triunfa sobre la superstición y el miedo. La amplitud de espacio representada en los textos griegos y latinos despierta la curiosidad sobre el espacio físico. Las Columnas de Hércules vacilan ante la mirada de los estudiosos fascinados por el nombre y los misterios del Océano Atlántico. Y mientras se discute sobre su extensión, "los humanistas se dan a estudiar y a traducir a Platón, Teopompo, Plutarco, Aristóteles, Tolomeo, Estrabón. Y en ellos encuentran aquella noción de una tierra desaparecida, llamada Atlántida, noción que lentamente fue ganando algún crédito."[22]

Con la noción del continente desaparecido, surge la de su orden social, aludido en el *Timeo* y desarrollado en el *Critias*. Nueve mil años antes que Platón emprendiera su relato, se extendía, allende el mundo conocido, la isla de Atlántida, más grande que Libia y Asia juntas. Los habitantes vivían felices bajo un sabio ordenamiento político. La clase rural producía copioso abasto de víveres. La clase de los obreros ofrecía gran variedad de productos merced al beneficio de los recursos mineros. La clase

[19] A. Reyes, *La experiencia literaria*, OC, XIV, 115.
[20] A. Reyes, *Última Tule*, OC, XI, 15.
[21] A. Reyes, *Grata compañía*, OC, XII, 78.
[22] A. Reyes, *Última Tule*, OC, XI, 28.

guerrera lograba sus propósitos defensivos sin sacrificios. Todos, en junto, ensalzaban el contenido espiritual de la existencia por el amor de las artes y de la filosofía. El mito helénico de una humanidad mejor destruida por un cataclismo telúrico y oceánico se entrecruza con las tradiciones folklóricas y literarias de los pueblos nórdicos, celtas, arábigos, y hasta chinos y primitivos indoamericanos. "Esta tradición, que produjo durante la Edad Media tantos espejismos insulares, no era desconocida de Roger Bacon, Alberto Magno y Vicente de Beauvais, por ejemplo." Espacio fantaseado y orden utópico son dos ingredientes del humanismo, a los cuales volveremos más abajo. Ahora cumple subrayar que las investigaciones de los humanistas no se desvanecen en estériles disquisiciones académicas, a pesar de que crean nociones visionarias sobre la existencia de tierras y pueblos desconocidos. La voluntad de salirse del medio habitual aguza la curiosidad geográfica y promueve nuevos estudios y disciplinas en relación con el mundo circundante: "El relato de Platón," según Reyes, "influye sobre los exploradores y cartógrafos del siglo XV, ayudado de las antiguas ideas sobre la configuración terrestre, puesta al día por los humanistas" (*Ibid.*).

El humanista prerrenacentista y renacentista estudia, glosa, traduce y traduce. Traducir es la mejor forma de aprender de la fuentes directas del pensamiento, como prueba el ejemplo de Reyes, quien fue helenista esmerado al modo de los antiguos maestros.[23] Con la transferencia de ideas, la traducción ayuda a elevar la vida a un más alto nivel. Su enriquecimiento permite trascender las barreras del tiempo y de la comunicación, realizando la ubicuidad espacial por la asimilación de conceptos de otras épocas y otros países. Los filólogos y traductores humanistas colman la vida humana ensanchando el radio de la inteligencia. Lo mismo hace Alfonso Reyes con su entusiasmo pluricultural: "En su espíritu de moderno humanista," afirma un es-

---

[23]Alfonso Reyes tradujo varias obras modernas de Chesterton, Sterne, Stevenson, Cole, Romains, Bowra, Murray. También emprendió la versión de la *Ilíada* de Homero, según se dijo antes.

critor contemporáneo, "ha acogido las más varias tradiciones e invitaciones de la cultura."[24] El helenismo de Reyes está sincronizado con la sensibilidad de los antiguos humanistas cuando, por vez primera, descubren el significado del ideal humano madurado en otras culturas. El pasado se actualiza constantemente en el hombre. Por eso, acaso, el mexicano universal, cuando evoca héroes o tipos humanos del mundo griego, no vacila en actualizarlos en un corte concomitante a través de varias culturas. A modo de ejemplo, a Piteas, navegante masaliota del siglo IV a. C., lo presenta como un "Cristóbal Colón"; a Anaxágoras, como un "Galileo griego"; a Dédalo, como un "Leonardo de Vinci."[25]

La renovación literaria.—El siglo XV es una época trabajosa en la formación del genio español, que, si no produjo personalidades de alcance universal, preparó por cierto el humus para su realización. En el largo proceso literario es una etapa evolutiva. Lo nativo se abre a las corrientes europeas y las absorbe en sus entrañas amoldadoras. La afinidad con las inquietudes italianas afina la sensibilidad y multiplica el poder expresivo con que el artista trata de establecer su identidad por encima de las nuevas influencias. En ese talante introspectivo, los autores castellanos impulsan y coordinan los movimientos espirituales del siglo, ensanchando el radio conductor iniciado con anterioridad. Alfonso Reyes, "a quien el estilo le viene siempre a la intención," capta la imagen de Castilla de entonces a través de una figuración literaria brindando una imagen de sequedad, no de aridez: "No me figuro lo que fue Castilla antes de las tentaciones del Renacimiento. Pero nadie duda que hay tentaciones que resecan y que empobrecen. Y María Egipcíaca, que comienza por pecadora, poco a poco se hace eremita, y pára al fin en santa yacente—toda enjuta como la raíz del árbol caído."[26] Pero la tentación fue más fuerte que la tradi-

---

[24]Jorge Mañach, "Universalidad de Alfonso Reyes," *Libro jubilar de Alfonso Reyes* (México: Dirección General de Difusión Cultural, 1956), p. 248.
[25]Cf. A. Reyes, *Estudios helénicos*, OC, XVIII, 71, 162; *Junta de sombras*, OC, XVII, 425; *El triángulo egeo*, OC, XVIII, 244.
[26]A. Reyes, *Las vísperas de España*, OC, II, 188–189. Para la transparencia estilística de A. Reyes, cf. Mariano Picón-Salas, "Juego y cortesía," *NacionM*, 10-8-1948, quien así subraya ese don artístico: "Junto a todo lo inmaturo y

ción. Las nuevas formas coexistieron con las viejas, y progresivamente adquirieron más auge. Veámoslas en breve:

(a) La poesía: Canto, suspiro o insinuación, la poesía invadió el robusto corazón de Castilla. Grande hubo de ser la producción, pero del canto callejero quedan muy pocos ecos. La política alentaba el risueño embozo de la sátira, y nuestro escritor recuerda dos composiciones que representan las reliquias más venerables del estilo popular de aquella época; a saber: "aquellas coplas de Mingo Revulgo, donde tan encubiertamente se censuró el gobierno de Enrique IV de Castilla" y "aquellas *Coplas del Provincial* que los eruditos esconden a porfía."[27] Al lado de tales versos picantes, el género popular cuenta con un motivo medieval de tono grotesco, asociado con la infeliz clase social que vive, cuando sobrevive, en condiciones grotescas: los mendigos, un verdadero "cuerpo arquitectónico" que se le antoja "como una supervivencia medieval (en aquellos siglos el pueblo cantaba la *Danza de la muerte* y los nervios eran más duros)."[28]

Además de esa angulosa poesía popular, queda otro testimonio de una vivaz musa hispánica, ora desaseada, ora pendenciera, con el famoso *Cancionero de Baena*, que nuestro autor tiene por "un verdadero campo de batalla"; y recuerda las contiendas políticas, las recuestas y los contrapuntos con que se lucían ingenios veleidosos como Villasandino, "un poeta de baja extracción, aunque enaltecido por el oficio," quien "desgarra a dentelladas a sus rivales."[29] La polémica era reflejo del agresivo temperamento castellano, y en ella lidiaban personalidades de distinto rango social, como en el caso del "encopetado caballero Ferrán Manuel de Lando con Juan Alfonso de Baena, que era un pobre judío converso, clase desdeñada en aquella época."[30] En las

---

caótico que cunde en nuestras letras latino-americanas, el verbalismo suelto, la falta de método en muchas cosas que se escriben, no conozco didáctica mejor que la del gran humanista y artista mexicano a quien el estilo le viene siempre a la intención como el más transparente peplo clásico."

[27] A. Reyes, *Cuestiones estéticas*, OC, II, 162.
[28] A. Reyes, *Las vísperas de España*, OC, II, 49.
[29] A. Reyes, *El cazador*, OC, III, 181.
[30] A. Reyes, *Tres alcances a Góngora*, OC, VII, 200.

luchas de ingenio no había acepción de personas, y se abría en ellas un nuevo campo de acción para los judíos conversos, quienes alcanzaban, por su lirismo y agilidad mental, el rescate de una igualdad de mérito que les negaba la sociedad. Antón Montoro, alias el Ropero Cordobés, era otro judío que "sin duda se llevaba la palma entre los epigramatarios."[31] Lope de Vega lo comparaba con Marcial. Quevedo citaba sus versos. Pero eso no quita que nuestro ensayista, con toda su simpatía por el "Negrito Poeta" de su época, reconozca que a Montoro no le fue demasiado propicia ninguna de las nueve hermanas. Pero sí tuvo personalidad y temperamento, y se enfrentó a los grandes, atestiguando así una democracia literaria que prosperaba entre aquellos agresivos poetas y confería un perfil definido a su siglo.[32]

Con Alfonso de Baena asoma la preocupación por el problema estético y la personalidad del poeta. El poeta ha de ser un varón que tenga experiencia y mundo. Porque sí, subraya el célebre mexicano con el ejemplo de los grandes: "Recordad a Miguel de Cervantes y a Don Quijote."[33] Claro que sólo eso no forma al poeta, y la variedad de productos poéticos de esa época no está apadrinada por ninguna personalidad de envergadura universal. Las fallas corrían parejas con los méritos, y Alfonso Reyes no vacila en señalar su presencia, como en el caso de "la musa despilfarrada de Juan de la Cueva."[34]

Al mismo tiempo, una nueva silueta de artista va cobrando relieve. Una silueta de varón pensativo, moderado, culto, capaz de enfrentarse a riesgos más grandes que los del combate armado. Porque la poesía tiene su causa en el avance de la obra civilizadora, y junto con el humanismo filológico apunta hacia un hombre nuevo en el quehacer poético. En breve, se echan las bases

---

[31]A. Reyes, *Los trabajos y los días*, OC, IX, 224.
[32]Cf. la observación que sobre ese punto hace nuestro ensayista en *Tres alcances a Góngora*, OC, VII, 183: "Si el siglo XV da el espectáculo de una constante disputa entre los poetas del *Cancionero de Baena* y de una confusión de clases en que el prócer Gómez Manrique alterna con el sastre remendón Antonio de Montoro, el Ropero —el siglo XVI es, para España, época de los más hondos y generosos ideales."
[33]A. Reyes, *Cuestiones estéticas*, OC, I, 113.
[34]A. Reyes, *Capítulos de literatura mexicana*, OC, I, 200.

del *humanismo misional*, por así decirlo con uno de los membretes que se le ha aplicado al mismo Alfonso Reyes en un nivel de más amplio compromiso humano.[35] Pues la poesía reivindica su autonomía como actividad creadora, pero compromete al creador a purificar el mundo de la superstición y la intriga: "Y como en la Edad Media llamaban 'cortesía' al gay saber, aquí podemos travesear con otra frase hecha, y declarar una vez más que, también para el caso del poeta, 'lo cortés no quita lo valiente.' El ser poeta exige coraje para entrar por laberintos y matar monstruos."[36] Esa nueva responsabilidad del poeta no crea un elitismo destinado a desplazar las jerarquías políticas tradicionales, sino que redefine el concepto de popularismo inherente en las letras españolas, enriqueciendo su alcance desde varios ángulos. Se refina la sensibilidad y se levanta el estado cultural del país. Se achica la distancia entre las clases superiores y las inferiores en el

---

[35]Cf. Rafael Gutiérrez Girardot, "Notas e informaciones sobre la imagen de América en Alfonso Reyes," *Bolívar*, Bogotá, 21-7-1953: "El humanismo misional de Alfonso Reyes es, en el fondo, un intento de resolver este problematismo, que va entrañablemente atado al de la actual crisis de la cultura. La nueva especie difiere del renacentista en que en Reyes tiene categoría de programa." El concepto de programa hay que entenderlo *cum grano salis*, según subraya Manuel Olguín, "La filosofía social de Alfonso Reyes," *RHM*, XXI, No. 1 (1956), 32-41: "Sin confundir las cosas, como algunos modernos partidarios de la llamada 'literatura social', Reyes ha cumplido maravillosamente con su humanismo de alto propósito cosmopolita que persigue como filósofo y practica como maestro: acercar a los hombres, alentarlos a su mutuo conocimiento y comprensión, hacerlos mejores vecinos." Por ello, subraya su "adorable humanismo" Ulises Petit de Murat, "Recuerdo argentino de Alfonso Reyes," *PSAR*, II, 438; y con feliz expresión Raúl Roa, "Altitud y actitud de Alfonso Reyes," *PSAR*, II, 547, señala la equidistancia ideal del sabio mexicano: "Nada más lejos de Erasmo. Nada más cerca de Socrates." Expresando a su manera la idea de humanismo misional, Marcelle Auclair, "Un grand écrivain Mexicain à Paris," *PSAR*, II, 15, destaca que "il demeure ce type parfait de l'humaniste qui est plus qu'un letré"; y Medardo Vitier, "Juntas de sombras," *Diario de la Marina*, 28-4-1950, acentúa ese distingo en términos misionales, refiriéndose "no al humanismo en su vieja acepción clásica, sino al neohumanismo, cuya funcion, sin dejar de ser filológica, centra su interés en los caminos por donde el hombre busca su ser." De ahí deriva su vigencia continental, que permite dilatar espacialmente el compromiso mexicano destacado por Agustín Yáñez, "Tres aproximaciones al jubileo de Alfonso Reyes," *El Colegio Nacional de México a Alfonso Reyes (Uno de sus miembros fundadores). En su cincuentario como escritor* (México: El Colegio Nacional, 1956), p. 221, "Es el jalón de urgente continuidad en el proceso espiritual da México."
[36]A. Reyes, *La experiencia literaria*, OC, XIV, 101-102.

plano cultural. Se reconocen los méritos de los miembros de las clases bajas que suben a un más alto nivel intelectual, y se aprecian los dones de los poderosos que se enriquecen con el sano sentir de la sabiduría popular. El poeta que a la sazón realizó ese programa humanista en lo humano y lo literario fue el Marqués de Santillana. En él, la aristocracia de la casta se manifiesta como aristocracia del saber, esto es, como dedicación y esfuerzo, a la par de cualquier otro ingenio que se proponga lograr el éxito literario. De ahí deriva la dignidad de la obra producida, aun cuando se trata de temas populares. Lo culto no es evasión a hipotéticas torres de marfil, ni lo popular ha de ser necesaria zambullida en los barrizales de la existencia. Hay cierta forma de popularismo culto que no dista mucho del cultismo popular. Consiste en la capacidad de captar con claridad lo esencial, a la manera de la instintiva sensibilidad artística del pueblo.

Al acercarse al manantial de lo popular, el Marqués se halla en muy buena compañía: "Los eruditos y mayores artistas, desde el Alighieri en su libro *De Vulgari Eloquio*, como el Marqués de Santillana, como Erasmo, Juan de Mal-Lara, Sebastián de Horozco, Juan de Timoneda, Juan Rufo, Melchor de Santa Cruz, Cervantes, Quevedo y muchos más, caen con amorosa ansiedad sobre esta literatura profunda y humanísima de los que no saben leer."[37] Esa actitud estética es muy significativa en la tradición española, tan recargada de copetes y bonetes, puesto que aun el artista más culto se siente inclinado a la observación de lo popular e incorpora en su proceso generador lo folklórico, lo autóctono, lo pintoresco, lo apicarado, y hasta lo grosero.[38] En el fondo, el

---

[37]A. Reyes, *Cuestiones estéticas, OC,* I, 164.
[38]Nuestro autor destaca ese punto con claridad en *La experiencia literaria, OC,* XIV, 54: "El tema popular no significa la menor implicación social"; y hace referencia frecuente a los *Refranes que dicen las viejas tras el fuego,* obra que el Marqués compuso a ruegos del rey Don Juan. Cf. *loc. cit.,* p. 55; *Cuestiones estéticas, OC,* I, 169; *Tres alcances a Góngora, OC,* VII, 200, en que afirma explícitamente: "Es característico de la cultura española traer consigo un acarreo de popularismo más abundante en general que el que han logrado incorporar otras culturas occidentales. Quien no se penetre de esta inspiración de popularismo, no entenderá nunca la historia de la literatura española."

artista se realiza en la forma, según indica un creativo escritor mexicano al aplicarle a Alfonso Reyes una de las fórmulas estéticas del Marqués —"la fermosa cobertura."[39]

Es difícil establecer si esa fórmula se refería tan sólo a la técnica o a la esencia formal del arte, pero sí es cierto que encerraba un núcleo anticipador dentro de lo tradicional; y nuestro escritor la refiere ora al viejo concepto del "arte como adorno"; ora a la estilización de la forma poética; ora al *ornatus* de antiguo arraigo retórico.[40] Más importante es la distinción, el deslinde por más señas, entre la obra literaria y la histórica: en el primer caso, el resorte generador es el impulso lírico e imaginario, por lo cual se mantiene válido el concepto de "la 'fermosa cobertura,' que decía el Marqués de Santillana, palabra que parece superficial y es profunda"; en el segundo caso, la elaboración de la obra histórica queda indiferente frente a "aquella 'fermosa cobertura' con que el Marqués de Santillana representaba deplorablemente la belleza literaria."[41]

En conjunto, los poetas de esta época representan un movimiento renovador, echan las bases de una nueva sensibilidad, elaboran los recursos para expresarla, se abren a las nuevas corrientes y analizan el hecho poético desde distinto enfoque. Son poetas que preparan la eflorescencia posterior, y por eso se justifica su reconocimiento.

(b) La prosa: Salvo contadas excepciones, los escritores del siglo XV no se distinguen ni por su ideario ni por su estilo. La tradición medieval sigue retrasándose en algunos autores secundarios, entre quienes descuella ocasionalmente una que otra silueta de raros, en un sentido azoriniano, siendo los raros españoles una "vasta familia que empieza, desde la Edad Media, con

---

[39]Antonio Alatorre, "Grata compañía," *Suma Bibliográfica*, X (1948), 243.
[40]Cf. A. Reyes, *Tránsito de Amado Nervo*, OC, VIII, 15; *Los trabajos y los días*, OC, IX, 432; *La crítica en la edad ateniense*, OC, XIII, 296; *Capítulos de literatura mexicana*, OC, I, 299; *Simpatías y diferencias*, OC, IV, 122; *El deslinde*, OC, XV, 171.
[41]A. Reyes, *Grata compañía*, OC, XII, 95; *Los trabajos y los días*, OC, IX, 364.

don Enrique de Villena."[42] Otro varón que se ata a la tradición medieval es el Cardenal Cisneros, indirectamente relacionado con las letras por haber patrocinado la famosa edición de la primera Biblia poliglota, la *Complutense*. La Biblia había sido una de las grandes fuentes del saber medieval, y la obra del gran mecenas español demuestra el deseo de aplicar a la tradición los nuevos métodos de los filólogos humanistas, viniendo así a representar una posición intermedia entre la tendencia antigua y las futuras innovaciones protestantes.[43] Con sutil ironía, el docto ensayista subraya la coincidencia de que el cuarto centenario de la muerte de Cisneros corre parejo con el de los comienzos de la Reforma, y remata la unidad intrínseca de este macizo varón —religioso ejemplar, político ducho, pragmatista objetivo, estudioso dedicado—, el cual "en un fino alarde, como si quisiera hacer con su fuerza un movimiento gracioso, se une a la historia de la Filología con la Poliglota de Alcalá."[44]

Su unidad resta en su ascetismo, sello inconfundible de lo castellano, verdadera *conciliatio oppositorum* que lleva a la suprema quietud mística y a la acción inagotable, de tal suerte que la misión humana se convierte en cumplimiento de la voluntad divina. Bajo ese estímulo, los resultados son múltiples, pero el exclusivismo ético acaba por chocar a los mismos que debieran promoverlo: "Su amor a la penitencia, cuando ocupa los más altos cargos, escandalizará un poco a los Papas, porque Roma prefiere un asomo de mundanidad a las austeridades demasiado notorias."[45] En cierto sentido, las contradicciones del carácter de Cisneros corresponden a la estructura de su personalidad española, y eso lo capta por afinidad selectiva el Reyes españolizado: "Yo, en mi corta experiencia, quise algunas veces resumir las opiniones de la prensa española cuando el cuarto centenario del Cardenal

---

[42]A. Reyes, *Aquellos días, OC,* III, 365. Sobre la *Visión deleotable,* de Alfonso de la Torre, véase *Capítulos de literatura española, OC,* VI, 220.
[43]Nuestro autor (*Algo más sobre los historiadores alejandrinos, OC,* XVIII, 402), así resume la doble postura frente a la Biblia: "La Edad Media seguirá el criterio liberal y eclesiástico. Lutero y el Protestantismo volverán al criterio estrecho y erudito de San Jerónimo."
[44]A. Reyes, *Retratos reales e imaginarios, OC,* III, 413.
[45]*Loc. cit.,* p. 412.

Cisneros: me encontré con que unos pedían el advenimiento de otro varón de igual temple y la chamusquina de sus adversarios políticos—credo que muchos profesan y pocos confiesan—, al paso que otros le negaban todo al reorganizador religioso, corregidor de la nobleza, conquistador de Orán, fundador de la Universidad de Alcalá y mecenas de la Poliglota Complutense."[46]

En el confuso desarrollo de la prosa literaria de esta época, la novela se manifiesta con fuerte originalidad. Una de las obras más populares fue el *Amadís de Gaula*, libro favorito de la santa de Ávila y recuerdo seductor de Díaz del Castillo en sus andanzas por el Nuevo Mundo.[47] La otra novela famosa es una obra que, en su primera lectura, deja frío al lector moderno; pero la sensibilidad crítica de Alfonso Reyes la ha reivindicado con un enfoque innovador que, *mutatis mutandis*, recuerda sus intuiciones revolucionarias sobre el hasta entonces acorralado Góngora. Es la *Cárcel de amor*, de Diego de San Pedro, que él enmarca en la evolución del conflicto de actitudes feministas y misóginas de viejo arraigo: el famoso "debate sobre la mujer."[48] Su raíz se plantea en la divergencia entre los dos Arciprestes: el de Hita, venusiano; el de Talavera, saturnino. Falto de equilibrio risueño, Diego de San Pedro parece "responder con su libro a los imitadores del *Corbacho*, inspirándose . . . en el *Triunfo de las donas* de Juan Rodríguez del Padrón, y también en la *Fiammetta* del Boccaccio."[49]

En sus tiempos, fue tal el impacto de esta novela que las mujeres de toda edad, pese al anatema del Santo Oficio y a la palinodia del propio autor, la leían a escondidas aparentando dedicarse a sus labores. Con razón, pues, Alfonso Reyes la considera como el *Werther* de las postrimerías del Medievo, por reflejar

---

[46]A. Reyes, *Historia de un siglo*, OC, V, 12. Huelga destacar una vez más la españolización espiritual de Alfonso Reyes trayendo a colación unas breves palabras de Andrenio, "Alfonso Reyes y su *Reloj de sol*," *La Voz*, Madrid, 23–8–1926: "Alfonso Reyes ha sido uno de los hispanoamericanos a quien españolizó, más que la larga residencia entre nosotros, la participación en la vida española."

[47]Cf. A. Reyes, *Pasado inmediato*, OC, XII, 275; *Letras de Nueva España*, OC, XII, 319.

[48]A. Reyes, *De un autor censurado en el "Quijote": Antonio de Torquemada*, OC, VI, 360.

[49]A. Reyes, *Cuestiones estéticas*, OC, I, 53.

la sensibilidad de su época, aunque las dos suenan un poco a sensiblería y sentimentalismo para nuestra generación de las entrañas de pedernal. La revalorización del sabio mexicano estriba en la cifra de arte y vida encerrada en la obra. La alabanza de la mujer no responde al simple impulso erótico, sino a un progreso social que se sobrepone a ese impulso: la tentación cede al compañerismo; la seducción, al cariño. El miedo de la corrupción sexual se desplaza por el reconocimiento de la obra civilizadora: "La mortificación del caballero amoroso, delicado en amar, salvaje todavía en la venganza, resume todo aquel instante medieval en que la mujer rectifica los bajos apetitos del guerrero desordenado; lo atrae, por el amor y el recato, desde los campos de batalla y desde las plazas sitiadas, a los interiores domésticos."[50]

En la estructura de la obra, hasta algunos rasgos aparentemente negativos se convierten, en la revisión crítica de Alfonso Reyes, en acierto artístico por la sinceridad que los impregna. A modo de ejemplo, las exclamaciones, que parecen arrastrarse de uno a otro intermedio, tienen el efecto de un coro trágico, cuyo "tono admirable alcanza la plenitud patética y conceptuosa de los versos de Eurípides."[51] La obra se mantiene por sus propios méritos; a saber: la tristeza envolvente de los episodios en progresivo avance; la nobleza del tono, sin estridentes contrastes; el altruismo como resorte animador de las relaciones humanas; la humildad en el sufrimiento por las malas pasadas de los amigos; lo característico de su arquitectura novelesca. Con eso no se rechazan ciertos defectos señalados por otros críticos, como la ausencia de penetración sicológica, el poder arrebatador del estilo y cierto convencionalismo temático.

De todos modos, lo que distingue la obra es el *personalismo* narrativo del autor. No un personalismo de la técnica, sino del sentimiento. Ya no se trata de participación directa o disfrazada ni de intervención directa o mediata. Diego de San Pedro está presente en sus personajes porque ellos están constantemente presentes en su sensibilidad; y si él corta el cordón umbilical de la generación y los deja actuar como entes autónomos, eso no in-

---

[50]*Loc. cit.*, p. 57.
[51]*Loc. cit.*, p. 58.

terrumpe la corriente de sincera simpatía o antipatía que merecen los hijos de su imaginación por efecto de sus obras y pensamientos. Porque él aprueba y desaprueba su proceder sin repudiarlos, y se encuentra tan asociado en las intimidades del sentimiento y la acción que su presencia, lejos de ser un artificio literario, se manifiesta como el carácter estético que confiere originalidad y valor a la obra. El papel de creador se convierte, en Diego de San Pedro, en el de compañero y amigo, quien "deja, por último, que la tragedia por él soñada (provocada por él, creada por su inventiva) le invada con su sombra el espíritu, le llene de lágrimas los ojos; y vuelve así a la realidad de la diaria vida, a continuar sus deberes nimios, sin querer decir lo que sufre ni ostentarlo, y sombríamente visitado, de tarde en tarde, por los huéspedes de su fantasía."[52] Al captar esa nueva relación de novela-novelista, el sabio mexicano revela su empatía de crítico literario y, sobre todo, su maduro iconoclasmo que nos obliga a una revisión valorativa a cuantos habíamos captado poco más que la nota lagrimosa y ampulosa, porque acaso estábamos fuera de fase en la perspectiva histórica y fuera de onda en la sensibilidad valorativa.

La *Carcel de amor* es muy diferente de *La Celestina*, la obra maestra de fines del siglo XV. Pese a la gran diferencia de tono y fondo, no faltan ciertos paralelos de escenas y esbozos. Calisto tiene mucho en común con Leriano: su idealismo, altruismo y absoluta entrega al amor; su sobrehumana concepción de la mujer; su osadía en desafiar toda clase de trabajos por un ideal; su fe en la fuerza perfectiva del amor sobre la conducta y los sentimientos de los amantes. Melibea tiene poco en común con la esquemática Laureola; pero su suicidio forma una escena simétrica al desenlace de la vida del infeliz Leriano. Un intrínseco pesimismo aletea en un amor tan exclusivo e inyecta un sentido de fatalidad sobre la existencia de los amantes. Todo ello refuerza la convicción de que Diego de San Pedro ha suplido un "asunto de imitación al autor de la *Celestina*."[53]

Calisto es un héroe que pertenece a la tradición occidental.

---

[52]*Loc. cit.*, p. 59.
[53]*Loc. cit.*, p. 53.

Le procede el homérico Paris en su locura por Elena, y le sigue el amante shakespeariano, según los evoca el ilustre escritor mexicano en la jaculatoria de un vuelo pindárico: "¡Ay, Romeo! ¡Ay, Calisto!"[54] El joven protagonista se nos hace, con frecuencia, algo bombástico. Su verborragia llega hasta el punto de fatigar al lector moderno. En eso, otra vez Alfonso Reyes difiere de la opinión corriente, porque él no la entiende ni como una modalidad estilística de la época ni como una manera túrgida de la expresión, sino como una característica privativa de los enamorados. Y apoya su observación con la evidencia interna de la obra: "Ya en la *Tragicomedia de Calixto y Melibea* observa la sabia Celestina que las cosas de amor sólo dan todo su jugo cuando se las habla y se las comenta."[55] La práctica de la plática pertenece al mundo hispano. Tiene sus beneficios catárticos, y tiene sus ventajas en la comunicación: a la postre, hasta sus malentendidos no carecen de cierto deleite.[56]

La vieja Celestina cumple con una función catalizadora en una sociedad en que los opuestos sexos están segregados en los años en que más se buscan. A su modo, ella tiene el poder de atar y desatar, pues conoce los resortes del corazón enamorado con una naturalidad ajustada a la naturaleza. "No encuentro mejor imagen de la naturaleza," dice el célebre ensayista, "que la de una vieja consentidora, una *vieja de amor* como la Trotaconventos o la Celestina."[57] En la tipología humana, la alcahueta ocupa un lugar degradado, pero no despreciable, porque su autor no la quiso representar como antagonista abyecta, sino como protagonista dotada de sublime grandeza. Cobra su nítido perfil en la tragicomedia, en que la fatalidad se roza con lo grotesco y la comedia retoza con su implícita catástrofe. Su reajuste actualizador es avatar de lo feo que seduce, lo eterno celestinesco de la *venerable Madre Celestina*. Venerable y madre: así la define con enigmática

---

[54]A. Reyes, *El plano oblicuo*, OC, III, 38.
[55]A. Reyes, *Quince presencias, 1915–1954* (México: Obregón, 1955), p. 117.
[56]Con la autoridad de *La Celestina*, afirma nuestro autor, *El suicida*, OC, III, 267: "Un solo deporte conozco que no obsesione, fuente verdadera de alegría espiritual: la conversación."
[57]A. Reyes, *El suicida*, OC, III, 225.

sonrisa Alfonso Reyes, y así se define ella misma en conformidad con el homenaje que le dispensaba su clientela de nobles y eclesiásticos. Su misión se cumple al margen del verdadero amor merced a la persuasión llevada a cabo con maquiavélica coherencia, en que todos los medios justifican el gran remedio, y viceversa. Por tal razón, acaso, el gran mexicano apropia esa misión en otro nivel a la comunidad diplomática.[58]

Pese al egoísmo que encauza la actividad de la vieja, no se le escapa a este ensayista que ella trabaja por la entrega recíproca de los enamorados. La ganacia es un medio, una acumulación de medios; pero el fin es la satisfación—¡qué diré?—profesional de buscar y lograr el goce por los jóvenes: y de goce sabe mucho ella, porque un resabio de sus pasados amores se le quedó pegado en las añejas encías. Claro que la entrega total crea sus equívocos y abusos exponiendo a la mujer—quién sabe por qué tan sólo a la mujer—al estigma de la pérdida de la estima: lo cual encarece Alfonso Reyes en un giro eufemístico alusivo a uno de los pasajes más picantes de la tragicomedia, en que el encumbramiento de la entrega promiscua evoca un coro cósmico en un contexto cómico.[59]

La obra maestra del prerrenacentismo alienta al gran maestro a filosofar; casi nunca a hacer filología, salvo el rechazo

---

[58]En un erudito adiós de los diplomáticos latinoamericanos, De viva voz, OC, VIII, 156, dice nuestro autor en forma sugestiva: "Somos, como la vieja Celestina, aunque en un sentido mucho más nobles, 'zurcidores de voluntades.'"

[59]En forma embozada, afirma el insigne mexicano, en El suicida, OC, III, 268: "Entre poseerse íntegro y darse íntegro, más vale este último extremo. Aunque tenga también su nombre ridículo—cuyo elogio puede leerse en la Tragicomedia de Calixto y Melibea, y cuyas cuatro letras todos los pilletes de España, movidos por un oscuro instinto étnico, pintan con carbón en todas las paredes." Se reproduce el elogio celestinesco de la palabra obscena del Auto I, según aparece en la edición crítica de Manuel Criado de Val y G. D. Trotter (Madrid: C.S.I.C., 1955), pp. 40–41: "Si entre cien mugeres va y alguno dize: '¡Puta vieja!', sin ningún empacho luego buelue la cabeça y responde con alegre cara . . . Si passa por los perros, aquello suena su ladrido; si está cerca las aues, otra cosa no cantan; si cerca los ganados, balando la pregonan; si cerca las bestias, rebuznando dizen: '¡Puta vieja!' Las ranas de los charcos otra cosa no suelen mentar. Si va entre los herreros, aquello dizen sus martillos. Carpinteros y armeros, herradores, caldereros, arcadores: todo oficio de instrumento forma en el ayre su nombre . . . ¿Qué quieres más? Sino que si vna piedra topa con otra, luego suena '¡Puta vieja!'"

191

categórico de todas las "inferencias sobre si la acción de la *Celestina* acontece en Toledo, en Sevilla o en Salamanca."[60] Para él, es la pieza representativa de su siglo porque representa más que su siglo. Es un híbrido original: asocia lo sublime con lo grotesco; yuxtapone el idealismo con la más densa materialidad; ata los intereses más sórdidos a la auténtica abnegación; injerta la tradición medieval en las corrientes renacentistas, y echa las bases del drama nativo sobre las directrices de la narrativa. El germen seminal que más asoma es de cepa latina, y su robusto dramatismo carece de los matices anímicos y formales del teatro griego. Es cierto. "España," anota el mexicano del alma helénica, "fue siempre reacia al beso de Grecia. Los ensayos de los humanistas del siglo XVI para transplantar a la Península la tragedia antigua fracasaron."[61] A la larga, prevaleció el popularismo innato, y *La Celestina* siguió la herencia literaria que se ocupa y preocupa por la presencia del hombre en el arte—del hombre asociado con ese arte. Y eso, bien visto, no fue un repudio del humanismo helénico, sino una manera de absorberlo a la española.

La dimensión humana del humanismo.—De tanto estudio y tanta ilusión brota una idea robusta que forma el substrato sostenedor del humanismo y el punto de arranque para el renacimiento y todos los movimientos espirituales posteriores—la idea del hombre. Asombrados por los tesoros de una civilización sepultada en sus manuscritos y monumentos, los humanistas se dejan llevar por su admiración absorbente y creen volver a lo antiguo. Por un trastrueque de perspectiva, parece que lo humano del hombre se realiza con una evasión de la historia. En la práctica, se enriquece el contenido del momento histórico reconduciendo a su curso no el pasado grecolatino, sino la imagen que de él sacan los humanistas con el estudio y la meditación. Trasladada

---

[60]A. Reyes, *Tres puntos de exegética literaria*, OC, XIV, 243. Para una visión de conjunto de la bibliografía y enfoques sobre las posibles ciudades en que tiene lugar la acción, cf. Adrienne Schizzano Mandel, *"La Celestina" Studies: A Thematic Survey and Bibliography. 1824–1970* (Metuchen: The Scarecrow Press, 1971), cap. vii.

[61]A. Reyes, *Simpatías y diferencias*, OC, IV, 118.

a programa, esta visión de lo nuevo en función de lo antiguo propone la validez de la cultura en oposición a la barbarie. La cual no era monopolio ibérico, pese a la convicción de Nebrija: "La barbarie—dice él mismo—se derramaba a la sazón por España ancha y largamente."[62] Parece ingenuo el ataque contra la barbarie aprendiendo griego y latín, pero con ese estudio asoma la imagen del hombre clásico y se sobrepone sobre el hombre medieval, sin volver las tornas de la tradición. Lo que muda de hito es la actitud, esto es, la fe en el poder modificador de las civilizaciones evocadas. Recuerda, con cierto paralelismo, la fe de la generación mexicana del Centenario, cuyos miembros destacados se entregaron a los estudios humanísticos para echar las bases del renacimiento nacional: "En la casa de Antonio Caso o en la casa de Alfonso Reyes se reunían los del grupo. Leyeron juntos los mejores libros de filosofía, literatura y crítica. Empezaron a formar un humanismo en un país donde casi habían desaparecido las humanidades."[63] Humanismo y humanidades: vaya lo uno por lo otro, a lo menos en la fase genética del movimiento. Los dos fomentan la *humanitas*, substancia espiritual que se refleja en la personalidad apolínea de Alfonso Reyes, conforme ha actuado en el magisterio, en la vocación literaria y en su programa de vida. Por eso se lo ha definido como "preclaro humanista moderno en quien la sabiduría y la magnífica aptitud artística se anudan siempre a una rica y vigilante humanidad."[64]

La noción de lo humano abarca lo esencial y lo existencial del hombre sumido en la historia. Esto es, concierne a todas sus manifestaciones, buenas y malas: *Homo sum, humani nihil a me alienum puto*. El conocimiento de las potencialidades buenas y malas del hombre implica un esfuerzo de continuo perfeccionamiento y superación, que, si no elimina, por cierto atenúa la intercesión de lo sobrenatural en el destino humano al paso que

---

[62]A. Reyes, *Retratos reales e imaginarios*, OC, III, 419.

[63]Antonio Castro Leal, "Alfonso Reyes y una fantasía a dos voces," en *Páginas sobre Alfonso Reyes* (Monterrey: Universidad de Nuevo León, 1955), I, 373.

[64]Raimundo Lazo, *La personalidad, la creación y el mensaje de Alfonso Reyes* (La Habana, 1955), p. 5.

acentúa la acción del individuo sobre su medio. "El Renacimiento," afirma Reyes, "volverá a la inspiración clásica, e intentará la reducción de la historia a las solas causas humanas."[65] Para que se realice el destino histórico del individuo y de la sociedad se propone el logro del hombre integral: propósito fácil de enunciar, pero difícil de realizar, pues abarca lo fragmentario de cada acción y lo unitario de la existencia orientada hacia un plan ascensional. En esa autosuficiencia de lo humano, a pesar de su finitud, estriba, en última instancia, la crisis entre la concepción del mundo humanista y medieval.

La nueva concepción de lo humano está dotada de una intrínseca militancia programática, pese a que su alcance viene determinándose en el transcurso de mucha meditación. Su pujanza se manifiesta desde sus primeros asomos. La exaltación de la naturaleza humana, tanto en el plano de la especulación como de la acción, unifica las heterogéneas tareas de la creciente clase intelectual. El hombre natural y lo natural del hombre quedan reivindicados: "Hasta entonces—mantienen los historiadores de la filosofía—el hombre individual, el hombre como simple hijo de la naturaleza, era tenido por cosa no autorizada. Pero la tendencia individualista, que amanece desde el siglo XIV en Italia y poco a poco se propaga por toda Europa, va a hacer del hombre natural —que antes era como un diminuto agregado dentro de una corporación espiritual y política—un centro de interés."[66]

Herederos de la concepción individualista del mundo helénico, los humanistas ponen al hombre en posición céntrica en su programa, lo constituyen en ente alrededor del cual gravita el significado de todo acontecer y por el cual se explica el finalismo de la naturaleza. Por rescatar el valor fundamental del individuo, su programa desborda de las paredes de las bibliotecas y se encauza por los derroteros de la vida y la acción: "El humanismo no sólo vino a ser una tendencia literaria, una escuela filológica, sino también una orientación de la vida, caracterizada por el

---

[65]A. Reyes, Estudios helénicos, OC, XVIII, 179.
[66]A. Reyes, Capítulos de literatura española. II serie, OC, VI, 231-232.

interés que se concede al elemento humano, a la vez como objeto de estudio y como fundamento de acción" (*Ibid.*).

En el ámbito de la conducta humana se verifica una renovación ética que, sin tonos estridentes ni bruscos ademanes, sacude incrustados prejuicios y se orienta hacia costumbres más liberales. El héroe clásico no se distingue por su pudor y recato, sino por su virtud y arrojo: lo cual no quiere decir que es menos digno de proponerse como dechado de vida que el héroe de las recopilaciones hagiográficas. Pese a los apocalípticos estribillos de moralistas a macha martillo, siempre propensos a invocar el fin del mundo por culpa de la corrupción imperante, los humanistas rechazan el conformismo externo y proponen el logro de la dignidad humana exponiendo al individuo a alternativas más liberales. Es así como este descubre el radio de acción más adecuado para realizarse, elige los medios más apropiados para sus fines, adopta lo bueno y descarta lo espurio. Así se logra el éxito moral de la concepción individualista. Es en Italia donde mejor se percibe "la nitidez con que allá reacciona el nuevo espíritu en sus reivindicaciones del hombre" (*Ibid.*). Eso no significa que España adopta una actitud hostil o reaccionaria, sino que hay distinto grado de intensidad.

Otro resultado del humanismo en la conducta humana es el desarrollo de la actitud crítica. La crítica filológica se traslada del estudio de los textos al enfoque de la estructura social y alcanza, progresivamente, el mensaje de la Iglesia y el instituto de la autoridad. No para negarlos, sino para reexaminarlos y adaptarlos. Esta tendencia se acentúa en época posterior: "Durante el Renacimiento," afirma Reyes, "el humanismo procura completar el pensamiento teológico, y más de una vez rompe el cuadro férreo en que éste llegó a encerrar la educación. Pues el hombre como ser terrestre merecía un sitio junto al hombre entendido como criatura divina, esta actitud naturalista asumió, en ocasiones, la forma de una polémica entre el laico y el religioso."[67]

En ese conflicto, el religioso se apoya con dogmática intransi-

---

[67]A. Reyes, "Palabras sobre el humanismo," *loc. cit.*

195

gencia sobre la revelación y confía en la fe cuando se halla atrapado en los callejones sin salida de la problemática existencial o especulativa. El humanista laico se fija en el ideal humano del mundo clásico—tanto más bello cuanto más lejano—y descubre nuevos paradigmas de valores humanos en las grandes personalidades históricas: el arranque ardoroso en Alejandro; la magnanimidad en César; el poder del pensamiento en Platón y Aristóteles; el afán de belleza en los artistas clásicos; el don del canto en los poetas mélicos; el amor de patria en los héroes romanos. Explícitamente, se profesa la intención de igualarlos fomentando los poderes naturales del hombre a la manera de los antiguos. Implícitamente, se columbra la posibilidad de superarlos armonizando las facultades naturales con los dones aportados por la fe. La silueta de semejante héroe cristiano se perfila en la *Coplas* de Jorge Manrique, quien resuelve la finitud de la vida humana en dos continuaciones divergentes: la vida eterna, con su premio de salvación en un mundo preternatural prometido por la fe; y la vida de la fama, con su permanencia en un mundo afectivo enraizado en la memoria de los hombres. Los dos no son incompatibles, pero sí requieren una vida humana consagrada al cultivo de las antiguas virtudes, según las acumula el poeta en su prototipo paterno:

> En ventura Octaviano;
> Julio César en vencer
>   y batallar;
> en la virtud, Africano;
> Aníbal en el saber
>   y trabajar;
> en la bondad un Trajano;
> Tito en la liberalidad
>   con alegría;
> Marco Tulio en la verdad
>   que prometía.
>
> Antonio Pío en la clemencia;
> Marco Aurelio en igualdad
>   del semblante;
> Adriano en la elocuencia;
> Teodosio en humildad
>   y buen talante.

Aurelio Alexandre fue
en disciplina y rigor
de la guerra;
un Constantino en la fe;
Camilo en el gran amor
de su tierra.

El acercamiento del espíritu religioso con lo pagano fomenta en los humanistas dos nuevas cualidades gemelas: la tolerancia y la conciliación. La tolerancia es una de las virtudes constitutivas de lo humano: es virtud ética, pues suaviza las asperidades en la conducta y las relaciones humanas; virtud intelectual, pues derrama en la actividad pensadora una vena sutil de escepticismo ecléctico y antidogmatismo rebozado; y virtud literaria, que si no elimina la polémica del levantisco mundillo artístico, por cierto favorece un refinado humorismo y una variada riqueza de ideas por encima del conflicto de personalidades. Al lado de esa tolerancia de múltiples niveles, brota la conciliación especulativa, que ya no ve la vida como orientación unidireccional, sino como coincidencia de antítesis, metafísica *conciliatio oppositorum*, dispuesta a resolver el conflicto de vida y muerte, fe y razón, voluntad y contemplación, nacionalidad y cosmopolitismo, cristiandad y paganismo.

El espíritu de tolerancia y la actitud conciliativa promueven el placer de vivir, la famosa *joie de vivre*. Un plan de vida triste es un triste humanismo. Con los humanistas, se legitima el ansia de goce como necesidad universal de lo humano. La concepción pagana se introduce en la vida sin rebajarla. Se reconoce la validez de las pasiones al paso que se insiste en satisfacerlas con moderación. Se subraya lo humano del placer sin negar el pecado de la lujuria. Se paladea la buena comida y la buena bebida sin hacer concesiones al pecado de la gula. Se justifican las emociones sin aceptar los excesos. *"Est modus in rebus: sunt certi denique fines,/ Quos ultra citraque nequit consistere rectum,"* había dicho el poeta satírico de la latinidad clásica adoptando el concepto del justo medio aristotélico. Ubicada en el foco céntrico de la conciliación de opuestas tensiones, la virtud no se deslíe en tímida moderación, sino que se realiza como militancia y éxito sobre todas las posiciones extremas. De ahí deriva el goce que enriquece la

197

vida misma. Y vivir es lo esencial. Casi desvanecido parece el eco de la tradición con su *Vive, memento mori*. Vivir es menester. Saber vivir es el resultado de la nueva concepción conciliativa, esto es, sintética de las experiencias más contrastantes. Vivir antes que morir, porque la vida es lo más sagrado de lo humano. La danza de la vida suplanta las macabras danzas de la muerte. El *carpe diem* horaciano, sin ser llamado a excesos orgiásticos, invita a aprovechar cada día como si fuera la última oportunidad de gozar. La vida empieza a tener un sentido de urgencia terrenal, un deseo de realizarla *hic et nunc*. "Chi vuol esser lieto sia,/ Di doman non ci é certezza," canta el mecenas del humanismo florentino parafraseando el *quam minimum credula postero* del poeta latino.[68]

En su actitud conciliatoria, el humanismo integra lo físico con lo espiritual del hombre sin reducir su confianza en la inteligencia y la razón. El cuerpo es. Y es parte integrante de la gran síntesis en que se realiza lo humano. Admitirlo es otro aspecto de la inteligencia, esencia luminosa, que ni ceja siquiera ante las zonas más opacas de la realidad. La inteligencia es síntetica, comprensiva. Abarca. Analiza. Explica. Armoniza los conflictos. Fuga la barbarie. Cultiva y difunde la belleza de la naturaleza y del arte. La inteligencia establece la correlación entre la virtud de la vida práctica y la verdad de la vida especulativa en todo momento histórico que se ata con sus antecedentes y consiguientes. La inteligencia es el signo perenne de lo humano: "Preguntadlo," insta el sabio mexicano, "en la Antigüedad, a Aristóteles; en la Edad Media, a Santo Tomás; en la Edad Moderna, a Descartes y, en nuestros días, a cualquiera de los representantes de la filosofía contemporánea."[69] Por ese camino, los humanistas reivindican la facultad por la cual el hombre trasciende a las demás criaturas sin apartarlo del contexto natural en que actúan todas las formas de vida biológica. En su actitud desasida, conciliativa y tolerante, se afirma la autonomía de la inteligencia y la razón como fuente de la

---

[68]Lorenzo de Medici, "Trionfo di Bacco e Arianna," en *Canti carnascialeschi,* Vol. III *Opere* (Florencia, 1825), 167 *ss.*
[69]A. Reyes, *Tentativas y orientaciones, OC,* XI, 183.

independencia del juicio. De tal modo, el humanismo echa las bases de la honradez del intelectual moderno.

El interés por la personalidad humana dentro de un contexto natural adquiere un valor científico en el gran humanista español Luis Vives. Con él, el renacimiento se enriquece con un acercamiento empírico al estudio de las reacciones sensoriales y emotivas, de los sentimientos y pasiones, de las actividades intelectivas y racionales, en su coexistencia con el elemento fisiológico. Este denso autor, considerado como el precursor de la antropología y el padre de la psicología moderna, resume y trasciende todas las tendencias con que el humanismo italiano empalma en el renacimiento. Alfonso Reyes individúa, con Gentile, dos corrientes antitéticas del humanismo, refiriéndose "por una parte, a la posición del hombre ante Dios, y por otra, a su posición ante la naturaleza."[70] La primera es de carácter naturalista. La segunda, de carácter trascendental, aunque vacila en materia de la teoría tradicional de la inmortalidad del alma. Vives se mantiene dentro de la ortodoxia religiosa, por lo cual rechaza la doctrina de la doble verdad; doctrina que niega en el plano racional la inmortalidad del alma al paso que la acepta en el plano de la fe. Vives sienta la inmortalidad sobre la base de un principio científico. Con eso, conjuga las dos corrientes humanísticas en la unidad del método científico que admite la conciliación de lo biológico con lo psíquico, de lo sensible con lo racional, de la moralidad con el pragmatismo. Y por ser inmortal, el hombre mantiene intacta su dignidad, aun siendo un ejemplar contingente de una especie biológicamente definida dentro del orden natural. En cambio, las dos corrientes humanísticas de inmanencia natural y trascendencia espiritual rivalizan por largo tiempo en el campo literario. "Particularmente en España," comenta Reyes, "donde siempre estuvo luchando el pensamiento renacentista con la tradición." (*Ibid.*) En realidad, ese bipolarismo es el tema más crítico del humanismo que se arrastra por toda la época renacentista, no

---

[70]A. Reyes, *Capítulos de literatura española, II serie, OC*, VI, 232, en que se examina la teoría de Giovanni Gentile, "Il concetto dell'uomo nel Rinascimento," *GSLI*, LXVI (1916), 17 ss.

sólo en la literatura, sino también en la filosofía: "En él se puede apreciar la paulatina invasión de las ideas renacentistas en España, a medida que se va procurando alegar, para la reivindicación del hombre, razones de orden natural y no ya sobrenatural."[71]

Pese a la decepción que parece inseparable de la frágil naturaleza humana, la nueva concepción humanista se dispone con optimismo a la liberación del hombre del miedo trascendental, de la sumisión eclesiástica, de la presión de racionalizaciones doctrinales y silogismos teológicos, en fin, de la pantalla que se interpone entre el pensamiento y la vida, entre la acción y la voluntad. Ese optimismo teorético, dicho sea de paso, recuerda una de las facetas distintivas de la personalidad de Alfonso Reyes, que uno de sus amigos ha definido gráficamente como "alegría de la virtud mental."[72] El cambio realizado por semejante liberación es significativo, pues la concepción tradicional de la vida como preparación para el juicio escatológico se convierte en itinerario por los distintos niveles de la experiencia. De la idea religiosa de misión se pasa a la de programa vital; de la abstinencia ascética, a la satisfacción personal; de la agónica espera de la gloria eterna, a la adquisición de la fama y los honores mundanos. La angustiosa duda de si vale la pena ganar el reino de la tierra para luego perder el reino de los cielos no parece atormentar la conciencia de los humanistas. La noción de reino de los cielos no tiene equivalente en la antigüedad clásica, siendo la apoteosis un fenómeno aislado de cortesanía imperial en el mundo romano.

Librados de dogmas y coerciones, los humanistas tratan de comprender el proceso seminal de la naturaleza y trasladarlo a todas sus actividades, pues la actividad humana se ennoblece cuando se inspira en la naturaleza creadora. De ahí nace el arrebato pulsante con que se entregan a sus tareas: "No les bastaba a aquellos hombres universales el trecho tasado de una vida, ni todas las horas del día y la noche para su sed de conocimientos y

---

[71]A. Reyes, loc. cit., p. 230.
[72]Jaime Torres Bodet, "El día de Reyes," *El Colegio Nacional de México a Alfonso Reyes (uno de sus miembros fundadores). En su cincuentenario de escritor* (México: El Colegio Nacional, 1956), p. 170.

de acción," dice Alfonso Reyes. Y añade, refiriéndose a Nebrija, prototipo de los humanistas, que "este hombre quiso vivir más que la vida."[73] Este atributo vitalista de los humanistas en acción es rasgo que se renueva en el mismo Alfonso Reyes, no sólo porque su amplia concepción de la vida contiene siempre "una fisionomia alta, o d'umanitá o di poesia," sino porque acentúa el valor de la vida tanto con sus talentos intelectuales como con su refinada sensibilidad, de suerte que se impone como el verdadero humanista de nuestro siglo: "Ce n'est plus un classique que nous avons en face de nous, c'est un *humaniste.*"[74]

La indicada *humanitas* de los clásicos es, para los humanistas iniciadores del renacentismo, la esencia espiritual que permite realizar un hombre superior, no el superhombre. El hombre superior es el que se domina, no el que domeña. Es espíritu en constante devenir, pues condensa el aporte de originalidad del pasado con el inagotable desarrollo del porvenir. En suma, el humanismo consagra al hombre, quien es, pese a sus imperfecciones, la criatura superior del universo por el hecho de que es perfectible. Ha de haber algo intrínsecamente noble en la naturaleza humana, puesto que el mismo Dios ha elegido al hombre para encarnarse. Y si Dios se hace hombre, cabe la posibilidad de que el hombre se endiose: no en la esencia, que ningún humanista sueña con ese absurdo; sino en los valores, por cierto asequibles. El misterio de la encarnación, imagen sublime de los rudos avatares de los dioses paganos, prueba que la divinidad se manifiesta por la fecundación del Espíritu y la coexistencia del Verbo en la naturaleza humana. Asimismo el alma, microcosmo espiritual del macrocosmo infinito, alcanza su plenitud en la carne humana. En última instancia, la reivindicación del hombre integral puede justificarse dentro de un cristianismo humanístico y humanizado por el aporte de la sabiduría pagana.

El humanista representativo de esta época es Erasmo de Rotterdam, quien gana un prestigio continental y goza del respeto

---

[73]A. Reyes, *Retratos reales e imaginarios*, OC, III, 420.
[74]Cf. Mario Puccini, "Note di letteratura spagnuola: Alfonso Reyes," *PSAR,* I, 25; al mismo tiempo, véase Mathilde Pomès, "Un classique vivant: Alfonso Reyes," *Libro jubilar de Alfonso Reyes*, p. 351.

de papas, reyes y caudillos reformadores. Tanta autoridad moral la consigue por sus obras, escritas todas en latín, puesto que él se siente ubicado por encima de los intereses de las literaturas nacionales. Animado de satírico impulso, Erasmo ataca con burlona tolerancia las supersticiones tradicionales y la corrupción clerical. Su tolerancia justifica cierta ambivalencia frente al mundo católico y al protestante, los dos bandos en que viene dividiéndose la cristiandad en sus días. Reyes anota esa ambivalencia: "Erasmo, sin ser heterodoxo, franqueó la puerta a la 'peligrosa novedad.' Sus obras, que inundan a España en el primer tercio del siglo XVI, acaban por ser prohibidas."[75]

Esa ambivalencia, tantas veces malentendida, le permite adoptar una tercera solución entre los dos bandos polarizados, quedarse fiel a su compromiso de pensador imparcial, y salvarse de la intolerante locura de sus contemporáneos. A la postre, en materia de locura no era bisoño alguno, puesto que su obra maestra, según señala Reyes con un airoso rodeo evocador, se ocupa con ese tema específico: "En tiempos del buen vino y de la buena memoria, Erasmo, aprovechando cierto viaje que lo condena al ocio, y para hurtarse a las conversaciones de compañeros enojosos, escribió, al correr del coche, un libro atestado de citas: el *Elogio de la locura*."[76] El español Vives había dicho que todo genio tiene sus ribetes de locura (*"Nullum excellens ingenium sine mania."*). Por su parte, Erasmo, siguiendo el esquema satírico de Luciano, ve la Locura (*Stultitia*) en todas las órdenes de la vida, enraizada en la base de los triunfos humanos, en la guerra, en el arte, en la religión —sobre todo, en el clero católico, del cual era miembro muy independiente— y hasta en las relaciones más nobles del amor y la amistad. No por nada se la presenta como diosa personal, hija de Pluto y Juventud.

Con toda su gloria y popularidad, hay algo enigmático en el carácter de Erasmo. Sin ser fervoroso en su admiración, Reyes reconoce el impacto cultural del gran humanista. Y lo sugiere de

[75]A. Reyes, *Última Tule*, OC, XI, 92.
[76]A. Reyes, *El tazador*, OC, III, 164. Cómo Erasmo citaba de memoria, ocurre, a veces, que se desliza alguna imperfección tanto en su *Elogio* como en otras obras: cf. A. Reyes, *La antigua retórica*, OC, XIII, 422.

soslayo al comparar el alcance continental de la obra cultural de Pedro Henríquez-Ureña con "aquellas misiones de redención por la cultura y la armonía entre los espíritus, que en Europa se cobijan bajo el nombre de Erasmo."[77] De buen americano, Alfonso Reyes busca y halla su prototipo de humanista en este continente. De buen mexicano, su exaltación está comprometida. En pleno renacimiento intuye la plenitud del humanismo en el primer mexicano universal, Ruiz de Alarcón, el dramaturgo señalado de la mano de Dios, el humanista en quien "los contratiempos, las injurias, no han logrado vencer su confianza en la naturaleza humana, ni su confianza en la razón." ¡Gran humanista Ruiz de Alarcón! Grande por la lección de perfectibilidad humana que nos ha dejado: "Quiere al hombre humano, al que se emancipa del arrebato y reduce, en suave cortesía, los bajos estímulos animales; al que no se entrega a la casualidad; al que impone, en su acción y su pensamiento, el sello de su quehacer consciente y libre."[78] Ahí está el mensaje del pasado corriendo tras la ilusión del futuro. Esa ilusión es el programa empezado por el humanismo.

La dimensión física del humanismo.—Mientras los humanistas se esforzaban por hacer el mundo más humano, los exploradores de la misma generación trataban de hacerlo más grande. De buenas a primeras, parecería que no hay nada en común entre los dos grupos. Y en realidad, se trata de dos especies muy diferentes. Aquellos analizan manuscritos y palimpsestos. Estos manejan astrolabios y avíos marítimos. Los unos son algo esquivos, aislados, encerrados en sus estudios o dados a las cultas tertulias. Los otros son gregarios con sus rudas chusmas y luchan contra los elementos hostiles en busca de nuevos horizontes. Ambos parecen ser los dos polos opuestos de la sociedad en que realizan su quehacer. Y sin embargo, por encima de las contrastantes apariencias, los dos tienen un fondo común. Los dos son innovadores. Los dos pertenecen a la inquieta estirpe de

[77] A. Reyes, *Grata compañía*, OC, XII, 163.
[78] A. Reyes, *Letras de Nueva España*, OC, XII, 347.

hombres decididos a cambiar las condiciones del mundo en que viven. La tesis de Alfonso Reyes sobre este punto es de lo más original escrito de su pluma. Acaso hay que hallar la raíz de tal relación en la propia estructura de su humanismo americanista, en que lo telúrico aflora con harta frecuencia en el compromiso entre la vida y el pensamiento, entre el espacio interior y la realidad circundante. Es lo que señala, con sutileza de acierto, un buen conocedor de la *forma mentis* alfonsina: "Su moderno humanismo no es ninguna compostura convencional. Busca un entronque de la cultura occidental con la realidad operante del Nuevo Mundo, con las relaciones que de un modo singular vinculan aquí el hombre a la tierra, a la sociedad y a la historia de nuestro continente."[79] Al dirigir el interés al hombre, va de cajón que lo vea asociado con su medio físico y social.

En efecto, el mundo físico es una extensión del hombre. No hay forma de vida que no esté asociada con un medio orgánico así como tampoco hay medio orgánico que no esté asociado ecológicamente con un medio físico. En la antigüedad, el genio griego, por su vivaz curiosidad, había favorecido el trato y las relaciones con pueblos y países lejanos. El genio romano, por su impulso colonizador, expande su gravitación sobre cuantos pueblos están expuestos a su poder. Su influencia sobre el movimiento humanista prerrenacentista despierta un anhelo ilimitado de espacio, un deseo de conocer la forma, distribución y condiciones del mundo. Se trata de mirar y ver este planeta con ojos despejados: despejados de la recarga simbólica medieval, por la cual lo signos físicos de la realidad externa se relacionaban en tácita alegoría con un transmundo metafísico, y el involucro cosmogónico del sistema ptolomeico estaba poblado por la demonología del espiritualismo judaico-cristiano.

El humanista se niega a calar el objeto físico para captar el símbolo de otra esencia. Al ajustar su enfoque a la visión de los autores clásicos, capta en la fenomenología circundante o lo estético de la apariencia o lo funcional de una relación. Lucrecio había incorporado la ciencia en la poesía lo mismo que Aristóteles

---

[79]Luis Emilio Soto, "Alfonso Reyes y la experiencia literaria," *PSAR*, I, 478.

había tratado el arte con criterios científicos. Ahora los humanistas dirigen su mira a la realidad al paso que el explorador navega hasta el último punto indicado. Pensamiento y acción marchan de concierto. Los exploradores emprenden sus viajes a tierras lejanas bajo el mismo estímulo que traslada a los humanistas hacia épocas y culturas remotas. La curiosidad mental se ha despertado de nuevo en la conciencia occidental.

Aun cuando lo fantástico asoma en los relatos, el interés científico adquiere un cariz antidogmático: "Se habla continuamente de viajes a países lejanos, de las tierras del Preste Juan, de contrastes entre las costumbres, lo que ayuda a desterrar poco a poco los viejos criterios dogmáticos."[80] El Oriente conserva su antiguo atractivo. Reyes nos brinda detalles muy instructivos. Odorico de Pordenone renueva y completa los viajes de Marco Polo. Torcello propone destruir la hegemonía comercial de Egipto estableciendo una ruta en Armenia. Pegolotti ofrece un cuadro de los viajes de aventureros y mercantes en su *Pratica della Mercatura*. Un nuevo atractivo ejerce ahora el lado occidental. Los dos venecianos Zeno se adelantan por la vertiente nórdica del Atlántico y su compatriota, Querini, acaba en un naufragio en la costa noruega. De todos modos, no es de creer que sólo los navegadores italianos se sientan impulsados por el afán de explorar. Desde el siglo XII, los vascos habían tocado los bancos de Terranova. También los bretones y los normandos —estos, en particular, no ponían coto a sus tendencias migratorias— se habían venturado a expediciones de las cuales debían de correr noticias orales, hasta cuando se establece una verdadera literatura de viajes a fines del siglo XV.

Después de la caída de Constantinopla y la intransigencia de los turcos contra las rutas levantinas, las fabulosas regiones del Oriente se desvanecen en los nombres de Ofir y Catay, abstractas referencias poéticas que, según Reyes, no dejaron de tener su influencia en las sucesivas exploraciones hacia la dirección opuesta. En la práctica, los humanistas viajaban con moderación: por Italia, usualmente, y pocas partes de Europa. "Pero a tierras de sus

---

[80] A. Reyes, *Última Tule, OC*, XI, 26.

205

amores," anota Reyes, "se asomaban en los libros. Así Flavio Biondo y así Eneas Silvio Piccolomini (Pío II)."[81] Es así como los humanistas se convierten en los verdaderos impulsores de los movimientos exploradores. El estudio de los clásicos los polariza hacia el Occidente. Dos vertientes atraen su interés. Una, ya se ha dicho, es la Atlántida platónica. La otra es una remota región ya señalada por Virgilio (*Geórgicas*, I, 30) y más tarde aludida con atisbos proféticos en la *Medea* de Séneca, aunque siempre con vaguedad de lejanías espaciales:

Venient annis
Saecula seris quibus Oceanus
Vincula rerum laxet et ingens
Pateat tellus, Tethysque novos
Detegat orbes, nec sit terris
Ultima Thule. (II, 379 *ss.*)

La profecía de Séneca parece específica, pues anuncia la emergencia de una vasta extensión territorial de entre los vínculos oceánicos (*ingens tellus*) y alude a que en un lejano futuro (*annis seris*) "la navegación había de superar un día aquella comarca, descubriendo entonces nuevos mundos, y don Fernando Colón se jactaría más tarde de que su padre cumplió la antigua profecía."[82] Los estudiosos modernos podrán proponer varias hipótesis sobre esta remotísima Tule, consignada a la leyenda como nombre vívido de una localidad indefinida: Islandia para algunos; las islas Shetland para otros; o las islas Lafoten para otros más.

De todos modos, el anuncio de nuevas tierras allende el océano (el Océano era, a la sazón, solamente el Atlántico) es prometedor y comprometedor. Y con la fe que los humanistas les tienen a los clásicos, la Atlántida y Tule galvanizan su curiosidad, de suerte que en ellos se forma una conciencia territorial antes que ese territorio se descubriera. Su conciencia se hace contagiosa, algo así como los centros plasmadores de la opinión pública en nuestros tiempos. Reyes define esa situación con claridad: "Lo

[81]*Loc. cit.*, p. 29.
[82]A. Reyes, *Geógrafos del mundo antiguo*, OC, XVIII, 342.

importante es que los viajeros no humanistas por profesión pare-
cían moverse bajo las instrucciones expresas de los humanistas;
ejecutaban, en efecto, lo que escribían los otros, y venían así a
constituir un verdadero humanismo militante . . . La acción se
había puesto al servicio de la inteligencia en el más profundo y
armonioso sentido."[83] Esa interpretación alfonsina del cuadro
histórico de la época es novedosa. Es fascinadora y, acaso, parcial-
mente impugnable.

Con eso y todo, hay mucha verdad en la correlación de
imaginación y pensamiento de un lado, y actividad y ejecución
del otro: a tal punto que el concepto de "humanismo militante"
forjado por Reyes, *se non è vero è ben trovato*. La acción de los
exploradores confirma su concepción. En breve, el florentino
Buondelmonte viaja por el Mar Egeo; Nicoló de' Conti va a China
e Indochina, y sus viajes aparecen en el IV libro de las *Historiae de
Varietate Fortunae* del humanista Poggio Bracciolini; Ciriaco
Pizzicolli de Ancona deja de ser mercader y asocia en sí las
actividades de humanista y explorador, viajando y colectando
manuscritos por Grecia y Asia Menor. En la opinión del sabio
mexicano, sus viajes representan el primer intento de "romper el
ciclo de la geografía clásica, al cual la gente humanística se venía
manteniendo fiel" (*Ibid.*).

La cartografía, por supuesto, refleja el ensanchamiento del
orbe físico a raíz de los viajes que tienen lugar. El mapa de Becaría
(1435) incluye las islas de Brasil y Antilia (*ante insulam*, o isla
anterior), localizadas al suroeste de Irlanda. Los dibujos de Paolo
Toscanelli, auténticos o apócrifos, dan una idea más definida del
mundo. El globo de Martín Behaim hace referencia a la existencia
de tierras oceánicas. En un coloquio imaginario, que Reyes supone ocurrido en el primer viaje hacia el Nuevo Mundo, el Almirante escucha con enojosa condescendencia a Alonso Pinzón,
obsesionado con el sueño de alcanzar la isla de Cipango, de la
cual, insiste él, había tenido noticias por parte de un sabio de la
Biblioteca Vaticana, sin contar las indicaciones contenidas en las
cartas náuticas de Pizzignano (1367), del mencionado Becaría

---

[83]A. Reyes, *Última Tule*, OC, XI, 29.

(1435), de Bianco (1436), de Pareto (1455) y de Benincasa (1482).

Los relatos escritos y orales tienen su influencia. El Cardenal Aliaco escribe la *Imago Mundi*. Una copia de ese libro cae en manos de Cristóbal Colón y lleva las anotaciones geográficas hechas por el Descubridor en las márgenes del texto en 1482. Se abre así un período incubador de vislumbres que el deseo de la empresa hace casi tangibles. Noticias y testimonios de viajeros y aventureros trazan el contorno de lo venidero. Alonso Sánchez de Huelva, según el testimonio de Oviedo y el Inca Garcilaso, muere en casa de Colón, entregándole documentos concernientes a un lejano viaje. El piloto Pedro Velasco indica a Colón la ruta de la Isla de Flores, a ciento cincuenta leguas de Fayal. Dos marinos españoles hablan de las naves caídas en Terranova o Bacalaos. Vázquez de la Frontera había divisado lejanos territorios. Lo mismo aseguraba otro marino de Madera. Y más deja Reyes a la conjetura, pues aquellos navegantes no eran exploradores, sino gente de oficio, dispuestos a lanzarse a la acción a trompa y talega por ganancia, y por eso mismo, decididos a ocultar sus secretos.

De esos testimonios se colige que el descubrimiento de América llama a la puerta. Colón, el único que sabe jugar el lance, se levanta sobre la legión de aventureros anodinos como hombre dotado de un sentido de misión. Bajo la influencia de la actividad literaria del humanismo, él trata de armonizar ese aspecto liberal con lo pragmático. "Colón llega a ellos animado por el espíritu humanístico del Mediterráneo, por el ansia de descubrir y pro-pagar lo que descubre; de fundar en el descubrimiento geográfico, no sólo un posible medro privado, sino un ensanche de las posibles condiciones humanas."[84] ¡Qué noble este retrato interior del Descubridor trazado por Reyes sobre el fondo del movimiento humanista! Es la manera de retratar de un verdadero humanista, que se esfuerza por fundir su honda imagen mental con la estereo-típica imagen grabada en su "retina sentimental," esto es, la de Colón ahincado ante la Reina Isabel en el acto de recibir las joyas reales, prendas de la inquietud soñadora del alma diplomática

---

[84]*Loc. cit.*, p. 41.

castellana, sostenida tras bastidores por el tino pragmático del genio catalanoaragonés.

El cuadro dibujado por Reyes tiene la hondura de un juego óptico de doble perspectiva, puesto que la expresión del Descubridor enlaza la generatriz de su anhelo interior con la coordenada del saber humanístico y la doble faceta del alma ibérica. La grandeza irradia del trazado verbal: "Colón posee aquel acometimiento creador de las fuerzas cósmicas." Su relieve se hace tridimensional por la interacción de dos planos ópticos. En la superficie, la borrosa imagen hecha de brochazos impresionistas: "A primera vista, uno de los italianos cosmopolitas y emprendedores, acaso un tanto quiméricos y arbitristas, sin más riqueza que la inspiración, díscolos y osados, descontentadizos, disimuladores, tenaces, visionarios, llenos de groserías eficaces, a la vez mezquinos y sublimes." En el fondo, el firme trazo expresivo: "A última vista, y considerado por el saldo, el Héroe, romántico animal del destino."[85] El retrato es completo y novedoso, acaso porque lleva los rasgos estilísticos de una técnica atávica, de un arte nativo amalgamado con su oblicuo mestizaje perceptivo, que un crítico moderno ve aflorar en el conjunto universal de la mente alfonsina: "Hay hasta en sus travesuras de humanista ... un primor casi indígena como el de los decoradores de lacas y cerámicas en su artesanísimo pueblo mexicano."[86]

La historia fue pródiga con el Héroe que realizó los sueños de los humanistas. La historia fue madrastra con los discretos que secundaron su obra, a saber, los Pinzones, Juan de la Cosa, Américo Vespucio. Bienvenida, pues, la palabra aclaradora de Alfonso Reyes, quien, confiando en el poder de la pluma a la manera de los antiguos humanistas, pone en tela de juicio la tradición y viene a deshacer tuertos históricos. No hay razón ni necesidad de mantener la injusticia con que se intensifica el halo del Héroe eclipsando el nombre de los Discretos. Levantaos de vuestro olvido, sombras de Alonso Martín, Vicente Yáñez y Francisco Martín: "Vuestras disputas privadas con Cristóbal

---

[85]*Loc. cit.*, p. 46.
[86]Mariano Picón-Salas, "Varón humanísimo," *Libro jubilar de Alfonso Reyes*, p. 340.

Colón no perturban la gratitud de América."[87] La orden real de que la ciudad de Palos entregue dos carabelas en pago de faltas anteriores acaba por suplir nada más que maderos vacíos. El apoyo de Medinaceli y Marchena tiene algo del testamento de la zorra: su palabra no es prenda de oro ni produce tripulaciones o provisiones. Pero los humildes Discretos paren a medias con el Héroe: contribuyen dinero; aúnan tripulaciones; arman barcos; proveen los abastos; desencadenan la actividad incesable.

Los Pinzones, varones de pelo en pecho, se juegan por entero en la empresa. Esperaban compartir la gloria, y ni consiguieron siquiera un reconocimiento de mala muerte. Alonso Martín navega a toda vela para cobrar las albricias de la expedición. Murió desacreditado por deslealtad. Más tarde, Vicente Yáñez explora hasta el delta del Amazonas. Su antecedente de asociado con el Almirante le viene como magníficat a maitines, y tiene que ceder el sitio a Cabral. Sólo Juan de la Cosa, armador y capitán de la carabela en que viajaba Colón, logra atar su iniciativa de descubridor a Venezuela, y de su descubrimiento "levanta un mapa, publicado en 1500, que es el primero del Nuevo Mundo."[88] ¡Qué triste e ingrato epílogo el de los Discretos! *Nemo propheta acceptus est in patria sua.* Es humano, pero no humanista. Y Reyes los reivindica en nombre de una función histórica—la iniciativa privada, la fuerza secreta que sostiene a España en los momentos cruciales. Brota de una sentada entre el pueblo y se realiza contra corriente ante la autoridad. La iniciativa privada guía al Cid desterrado hacia los senderos de la Reconquista. La iniciativa privada anima a los Pinzones por las rutas del Descubrimiento. Y más tarde, añade Reyes, durante la guerra napoleónica, "la iniciativa privada se echa a la calle para salvar la nacionalidad, aun a despecho de los monarcas sumisos."[89]

Sobre Américo Vespucio se proyecta la sombra de la "jettatura" de Colón. Vespucio no es jefe de expedición ni organizador de empresas. Tiene sus grandes méritos—méritos de discreto: es

---

[87]A. Reyes, *Última Tule, OC,* XI, 47.
[88]A. Reyes, *Simpatías y diferencias, OC,* IV, 149.
[89]A. Reyes, *Última Tule, OC,* XI, 50.

excelente narrador y buen cartógrafo; descubre el carácter continental de las nuevas tierras, y las reconoce como un continente distinto de Asia. Como muchos valientes naufragan en el puerto, Colón muere sin darse cuenta de lo que ha descubierto lo mismo que Vespucio fallece sin saber que Martín Waldeseemüller, del grupo humanista de Saint-Dié, iba a bautizar el nuevo continente en su honor. Ironías de la historia.[90]

Con el descubrimiento de América, surge la octava maravilla de la identificación de la corriente ideal con la corriente pragmática del humanismo prerrenacentista. El milagro de América trasciende la búsqueda de la piedra filosofal del Medievo reconduciendo la magia a la historia. El descubrimiento parece un conjuro que lleva a la realidad una imagen columbrada en la poesía y la profecía: "América," afirma Reyes a luz de paja, "antes de ser encontrada por los navegantes, ha sido inventada por los humanistas y los poetas. La imaginación, la loca de la casa, había andado haciendo una de las suyas."[91] Da ganas de creerle a puño cerrado.

Las rutas de los navegantes tienen etapas que arrancan de un puerto y llegan a otro. Las rutas del pensamiento tienen etapas, pero carecen de llegadas definitivas. La ruta espacial del humanismo se concluye con el descubrimiento. Pero la ruta ideal toma otro derrotero. Trataremos de reconstruirla a continuación según se proyecta en el pensamiento de Alfonso Reyes ensayista; pero antes huelga penetrar en un resquicio de la sensibilidad de Alfonso Reyes poeta. Que a la postre, el viaje real de los grandes descubridores no puede menos de convertirse en imagen poética. Cuando el barco de los exploradores aborda a su último puerto, el poeta se embarca hacia un viaje imaginario, asiéndose del timón de ellos, de la personalidad de ellos, del nombre de ellos:

Cierto tendré la vela:
me siento descubridor,

---

[90]Cf. *loc. cit.*, p. 57. En un símil apropiado a Schliemann, que buscaba el tesoro de Príamo, así dice Reyes en *El triángulo egeo*, OC, XVIII, 273: "Como Colón, nunca supo que había encontrado algo mejor de lo que buscaba."
[91]A. Reyes, *Última Tule*, OC, XI, 75.

alumno de Marco Polo
y de Cristóbal Colón.[92]

Y a la antigua, le deseamos: *Bonam viam, viator.*

La dimensión utópica del humanismo.—La nueva ruta sale
del manuscrito clásico. Se desorienta por distintos caminos en la
Edad Media. Se concreta con el humanismo. Y se re-crea como
triunfo artístico en el renacimiento gracias al genio cervantino. Es
una ruta ideal que brota de la mitología griega y apunta hacia la
metamorfosis social de mundo. Es el mito de la Edad de Oro, la
primera de las edades hesiódicas; a saber: la edad de oro; la edad
de plata; la edad de bronce; la edad de hierro; la edad heroica. En
la tradición cristiana, se asocia con el recuerdo del Edén bíblico,
lugar o estado de felicidad terrenal, enlace entre la inocencia
humana y la gracia divina, beata infancia del género humano aún
incontaminado por el pecado y la caída. El mito de la Edad de Oro
tuvo distintas variantes entre los pueblos antiguos y se difundió
por varias comarcas. Sus rasgos fundamentales pueden resumirse
de la siguiente manera siguiendo a Alfonso Reyes:

a) Disciplinado anarquismo: "En la Edad de Oro no había
leyes ni legisladores, y todo era paz y ventura";

b) Lozanía física y psíquica: "Se ignoraba el mal y no
existían las enfermedades . . . Los hombres alcanzaban una larga
vejez, y luego eran transportados en sueños al reino de los espíritus";

c) Abundancia, como en tierra del pipiripao: "La Tierra
ofrecía gratuitamente sus frutos, los árboles destilaban miel, los
ríos manaban vino y leche";

d) Libertad de las rutinas y gozo a pierna suelta: "Nadie
necesitaba trabajar para el sustento";

e) Libertad de las preocupaciones materialísticas: "Se vivía
en comunidad de bienes. No había armas ni guerras, ni hacía falta
la navegación porque todo se encontraba en casa."[93]

---

[92]A. Reyes, "Morena," en *Constancia poética, OC,* X, 393.
[93]A. Reyes, *Mitología griega, OC,* XVI, 397–398.

Esa dichosa edad del género humano se ubica bajo el proto-
dios Cronos, esto es, la época de los orígenes cósmicos. Lo cual no
deja de tener, según Reyes, su contradicción interna, puesto que el
hombre, de acuerdo con el mito griego, no había aparecido aún. El
hombre, según la tradición más autorizada, fue modelado por
Prometeo con barro de Panopea, en Beocia, y luego Atenea
comunicó el primer soplo de vida al inerte muñeco. Esto pudo
ocurrir en época posterior, bajo el reinado de Zeus. De todos
modos, no faltan otros mitos griegos que atribuyen el origen del
hombre a generación espontánea del suelo o de las plantas, a la
autoctonía ateniense, y a otros procesos. De acuerdo con los
misterios órficos, "el primer hombre fue amasado con las cenizas
de los Titanes a quienes Zeus fulminó después que ellos hubieron
devorado los restos de Dioniso Zagreo: lo cual explicaría la doble
y contradictoria naturaleza del hombre, ya titánica ya divina por
los principios que se juntaron en su elaboración."[94] El mito de la
Edad de Oro viene a rescatar el impulso de lo divino en el hombre.

A través de los siglos, ese mito permanece como una aspiración latente: un deseo reprimido o expreso de escaparse de las
dificultades de la vida hacia espejismos espaciales, como las Islas
Afortunadas, o hacia estados de vida idealizados, como la Caballería. Se trata de un mito que alienta la nostalgia intrínseca en el
individuo: nostalgia en el tiempo, que explica tanto el refugio de la
conciencia individual en los recuerdos de infancia como la fuga de
la conciencia colectiva hacia visiones edénicas. Con los humanistas, esa nostalgia colectiva se acentúa en forma de renovación social. El movimiento depurador de los textos antiguos se
actualiza como esfuerzo realizador de los mitos antiguos. La sabia
constitución de la Atlántida y de la república ideal de Platón, el
aleccionamiento de la república real de Tito Livio, la visión de
mesiánica redención en la bucólica de Virgilio, y sobre todo, el
estímulo por renovar la vida presente a imagen de lo clásico, todo
conduce a una palingenesia ético-social sin convulsiones vio-
lentas. Con los humanistas se inicia la más difícil de las revoluciones—la revolución interior—y se afirma de un modo aparente-

_____

[94]*Loc. cit.*, p. 392 *et passim*.

213

mente contradictorio, puesto que se adelanta lo nuevo so color de lo viejo y se renueva el presente en nombre del pasado. En breve, se superan los desconectados ciclos históricos reanudándolos en una coincidencia de dos planos: el plano ideal heredado del mito y el plano real heredado de la historia. La herencia mitológica sirve de antídoto a la herencia histórica, de la cual el hombre había recibido crueles pasiones, el impulso de destruir obras y vidas, la voluntad de someter a los débiles, el empeño de obligar a los inteligentes al conformismo bajo amenaza del fuego eterno, cuando no de la hoguera temporal.

No bien se realiza el descubrimiento de América, vuelve a cobrar vida el mito de la Edad de Oro resucitando el oleaje de promesas y redenciones. Europa, como siempre, es el centro de la acción mundial, pues allí se acrisola lo anímico. Pero el punto de referencia espacial es América, con una doble vertiente transatlántica: o tiende del alma europea hacia el Nuevo Mundo, o brota del Nuevo Mundo hacia el alma europea. En ambos casos, la ilusión apetece realizarse: "La idea de que existe un reino de la felicidad donde los hombres son naturalmente buenos—lejano bosquejo del sueño filosófico de Rousseau—cunde por todas partes."[95] En vísperas del descubrimiento de América, el mencionado Aliaco no sólo representa seres fantásticos, como los macrobios con cuerpo de león y garras de águila, los ciclopes, las amazonas, los monopodios, los acéfalos, y otros bichos raros, sino que cree también "en la existencia de gente beatísima, en los hiperbóreos casi inmortales, de que algunos suelen suicidarse hartos ya de felicidad y de vida" (Ibid.).

América se asoma a la historia "como la nereida de la égloga marina" y fomenta un nuevo género literario: "Los humanistas resucitan el estilo de la novela política, a la manera de Platón, y empiezan, con los ojos puestos en el Nuevo Mundo, a idear una humanidad más dichosa."[96] Claro que ese ideal de un mundo mejor aflora también en obras medievales, como la *Ciudad de Dios* de San Agustín; como el *Blanquerna* del Doctor Iluminado,

---

[95] A. Reyes, *Última Tule*, OC, XI, 42.
[96] *Loc. cit.*, p. 58.

quien abulta las dimensiones de lo real y la concepción de la Caballería para el logro de una humanidad mejor; como el *Milione* de Marco Polo o los relatos de sus epígonos, de los cuales emergen sociedades estilizadas con arreglo al canon de cierta perfección humana. Pero hay una diferencia fundamental entre las dos nociones alfonsinas de "quijotismo oriental" y "quijotismo americano." Aquel es color, descripción pintoresca, lejanía inaccesible a las aspiraciones europeas; este, en cambio, es un centro de convergencia, una atracción inmanente, el polo orientador de los anhelos del hombre occidental.

Los humanistas, seres dotados de alma cristiana con mente pagana, impresionados por la sencillez de costumbres y la justicia del orden social entre los indígenas de América, creen ver realizado entre ellos el mito de "la Edad de Oro, el estado de inocencia natural, sin querer darse por entendida de lo que había de herético en esta noción" (*Ibid.*). En particular, el humanista Pedro Mártir prepara, con su "filósofo desnudo," al noble salvaje de Rousseau. Más tarde, en el momento culminante del renacimiento, Cervantes ensalza este mito en la conmovida evocación de su ingenioso hidalgo. Su presencia se hace sentir en los mejores escritores del renacimiento europeo: Erasmo, Moro, Rabelais, Montaigne, Tasso, Bacon, Campanella. De tal modo, el humanismo literario, que había animado el humanismo activista de los exploradores, se remata en humanismo ético, más intensamente humano en su contenido y propósitos: "Si Juan de Ponce delira por encontrar la surgente de la juventud eterna en la Florida, los filósofos piden al Nuevo Mundo un estímulo para el perfeccionamiento político de los pueblos" (*Ibid.*).

El humanista que lleva la voz cantante en esta tendencia literaria es el inglés Tomás Moro (también Morus o More). En él se remata la esencia del movimiento utópico. El propio nombre de lo utópico es su invento. Deriva de su *Utopía* (en forma completa: *De Optimo Reipublicae Statu deque Nova Insula Utopia*, 1516), cuya etimología griega traduce vívidamente Quevedo por "no hay tal lugar."[97] Sobre ese tema suda la prensa en el siglo sucesivo,

---

[97] A. Reyes, *No hay tal lugar*, OC, XI, 338.

en que aparecen, entre otras, las siguientes obras de índole utópica: la *Ciudad del Sol* de Campanella (1620), la *Nueva Atlántida* de Bacon (1627), y la *Oceana* de Harrington (1656). La *Utopía* de Moro nace como reacción contra la mala política del gobierno inglés que expropia los bienes raíces de las ciudades en beneficio de cortesanos con el rey en el cuerpo. En su propósito de establecer enormes latifundios para la remunerativa industria lanar, los ávidos gobernantes no se pierden en repulgos de la empanada ante los derechos de los pobres. Por culpa de los magnates laneros, se llega al absurdo de que las tímidas ovejas se convierten en monstruos que se tragan a los desamparados: siempre quiebra la soga por lo más delgado. Al perder sus tierras, los pobres se echan a la ventura y al bandidaje, es decir, contra la ley, contra la paradoja de la ley, que antes los depriva de lo suyo y luego los castiga por los efectos causados. Autor y estadista honrado, si los hay, Tomás Moro no echa buena sombra en la corte del "coronado Barba Azul de Inglaterra." Y de tal suerte, afirma Alfonso Reyes, "no tanto por apego a un dogma determinado, cuanto por apego a la decencia ... prefirió morir 'ahorcado, arrastrado y desentrañado.' "[98]

Entrando en materia, huelga destacar que la primera norma sobre la cual descansa la sociedad de Utopía es el trabajo obligatorio y su ecua distribución: "La jornada de trabajo no pasa de las seis horas" (*Ibid.*). De tal modo, el trabajador, lejos de convertirse en mecánico instrumento de producción, tiene tiempo para cultivarse espiritualmente. Otro principio social es la abolición de la propiedad privada y del dinero. El intercambio de los bienes de consumo se realiza por canje directo en los grandes almacenes públicos. La abundancia económica tiene sus efectos benéficos sobre el alma humana: "¿Quién ha de quejarse, donde la tarea es tan dulce?" se pregunta el sabio mexicano. "¿Quién ha de sentirse codicioso donde la abundancia es la ley?" (*Ibid.*).

A la inversa de los europeos, los habitantes de Utopía desprecian las piedras y metales preciosos. El oro sirve para hacer cadenas para los esclavos y sambenitos para señalar a los crimi-

---

[98]*Loc. cit.*, p. 363.

nales. En esa sociedad no se admite la pena de muerte, pero sí la esclavitud. Por suerte las leyes son pocas y bien claras: *corruptissima republica, plurimae leges*. El jefe, Utopus, gobierna sabiamente armonizando a todos los grupos, y no armando a los ricos contra los pobres. La guerra es lo peor que puede acontecer, y nadie espera gloria de ella. En caso de invasión, se entrega la defensa a unos mercenarios colindantes, con lo cual se reduce su número, y también se promueve la disensión interna entre los enemigos, se causan sublevaciones sociales, se concierta el asesinato de los caudillos civiles y militares. Estas afirmaciones de violencia parecen cosidas con hilo blanco dentro del contexto de moderación de la obra; en realidad, subrayan el pragmatismo británico del autor, quien justifica la muerte de unos pocos hombres peligrosos a fin de salvar el mayor número de habitantes. En él coexiste, según Reyes, una "mezcla de piedad estoica y de escepticismo ligero, de grave prudencia y travesura de humanista" (*Ibid.*).

La obra de Moro anticipa el "utilitarismo de Bentham y de Mill" y preconiza la "absoluta libertad religiosa" sostenida más tarde por Locke. Ciertas intuiciones preanuncian conquistas que enriquecieron el progreso posterior de la humanidad. Por ejemplo: el uso de incubadoras en la cría de pollos; la selección de los estudiantes para sus carreras de acuerdo con sus aptitudes; la rehabilitación preventiva corrigiendo a tiempo las malas inclinaciones en lugar de castigar por el daño hecho. En fin, Moro sugiere una conciliación, tan propiamente humanista, entre las doctrinas cristianas y ciertos principios epicúreos, de tal suerte que el hombre trasciende el ascetismo medieval, esto es, se humaniza cultivando los placeres del cuerpo y del espíritu, en particular la salud, sin la cual se justifica una forma de voluntaria eutanasia.

El orden social de Moro no se adhiere, por supuesto, a la realidad del mundo europeo: para este viene a plana y renglón la política de Maquiavelo. Pero en el Nuevo Mundo tiene distintas repercusiones. América es una tierra utópica. Todo gran proyecto es siempre un sueño utópico. A la postre, ¿no fue el descubrimiento una idea utópica antes de realizarse como suceso histórico? Y si el descubrimiento se realizó después que tan intensamente lo soñaron los humanistas prerrenacentistas, ¿no huelga cobijar la esperanza de que se realice la utopía social porque tan verosímilmente la prefiguraron los humanistas del renacimiento? El destino de América adquiere una nueva dimensión: "Comienza a definirse a los ojos de la humanidad como un posible campo donde realizar una justicia más igual, una libertad mejor entendida, una felicidad más completa."[99]

Esa figuración utópica, con frecuencia, se pierde de vista en nuestro continente, y bien está que de cuando en cuando se levante la voz de algún humanista moderno que traiga a la memoria el mensaje de los antiguos escritores. América ha sido siempre un gran campo de experimentos sociales, desde muy temprano: "Vives y Moro, a través del obispo Vasco de Quiroga, inspiraron las Fundaciones de Michoacán, una de las varias utopías indígenas soñadas por los civilizadores de América."[100] El otro experimento, de mayor alcance, fue el famoso Imperio Jesuítico, organizado sobre la base de un comunismo católico en el Paraguay y las regiones adyacentes del Brasil, Uruguay, Bolivia y Norte argentino. Tras tantos años, aquellos experimentos aparecen bajo destellos idealizados. En la práctica, pudo ocurrir lo de siempre: so vaina de oro, cuchillo de plomo. La realidad puede deslucir en plomo el oro del idealismo utópico, pero eso no implica que se interrumpa el perfeccionamiento de los rasgos más humanos del hombre a fin de hacer más feliz su estadía en este planeta.

Con la concepción utópica tiene que ver cierto esfuerzo supranacional que los humanistas tratan de llevar a cabo en su siglo. Es una prolongación de su afán de lo universal, un deseo de hermanar el conocimiento cultural con el trato humano por encima de fronteras o barreras políticas. Después de sentirse asociados con los genios más grandes de la antigüedad superando las lejanías del tiempo, es natural que quieran superar las distancias del espacio para asociarse con los ingenios del presente. Erasmo, con sus viajes y comunicaciones, promueve un verdadero movi

---

[99]A. Reyes, Ultima Tule, OC, XI, 58.
[100]A. Reyes, Letras de la Nueva España, OC, XII, 308. Cf. también las siguientes obras de Reyes: No hay tal lugar, OC, XI, 364; Los trabajos y los días, OC, XI, 275.

miento paneuropeo entre los humanistas de su generación, la ilusión de una república de sabios que se enlaza por cierta afinidad selectiva y se ubica por encima de las fragmentarias estructuras políticas. *Prima facie*, parece tratarse de una libre agrupación elitista, una especie de aristocracia intelectual, que se aparta del *profanum vulgus*. Por repulsivo que sea todo intento inspirado en un complejo de superioridad, bien por herencia de la casta o adquisición del mérito, cabe indicar que el propósito de extraterritorialidad intelectual de los humanistas es esencialmente democrático. Su selección no es discriminatoria, pues se cuenta con que la virtud del saber, la *paideia*, ponga al alcance de todos los medios para superarse. Los humanistas presentan en su conjunto los caracteres de una democracia integral, pues abarcan un corte horizontal de toda la sociedad. Salen de las clases humildes, de las clases medias y altas, salen de la nobleza y de la plebe, y en la nueva esencia de lo humano descubren la cohensión y hasta un subconsciente sentido de misión. Recogen el ideal fracasado de la Caballería inspirado en el logro de las virtudes caballerescas merced a la espada, y se proponen realizarlo con la pluma gracias a la virtud humana. Ese carácter universal del humanismo pasado es muy cónsono con la personalidad de Alfonso Reyes, quien lo concibe como "la creencia en una posibilidad de acuerdo entre el realismo histórico y las exigencias del espíritu."[101] Es un refinamiento espiritual que tiende a un cosmopolitismo *sui generis*.

El cosmopolitismo es un fenómeno que atrae vivamente el interés de Alfonso Reyes. Al analizarlo, considera una forma de cosmopolitismo exterior, impuesto desde afuera con la fuerza o las presiones: tal es el cosmopolitismo imperial de carácter guerrero, como el romano; de carácter económico, como el yanqui y el fenicio; o de carácter mixto. Pero hay un cosmopolitismo de orientación interior, sin miras a conquistar ni dominar, fundado en un afinamiento de lo humano. De este cosmopolitismo purificador Alfonso Reyes distingue cuatro variedades claramente identificables en la trayectoria de la civilización; a saber: el cosmopoli-

---

[101]Jean Cassou, "Un verdadero humanista," *PSAR*, I, 394.

tismo caballeresco; el humanístico; el filosófico; el romántico.
Pasamos por alto los dos últimos tipos por caer fuera de nuestro
asunto.

El cosmopolitismo caballeresco está fundado en la herencia
cultural de la unidad latina y la universalidad del cristianismo,
pero también ofrece el primer asomo de agrupación cultural con
los clérigos y letrados de dos distintos niveles: el "mester de
juglaría," de índole popular, y el "mester de clerecía," con un
aliento más elevado. En la etapa sucesiva triunfa el aspecto cultural, enraizado en lo universal de lo humano como valor, y no en
la universalidad de la Iglesia. "El segundo intento de cosmopolitismo sobreviene con el Renacimiento humanístico," afirma el
sabio mexicano, aclarando por grandes brochazos su programa.
"El siglo XVI predica el retorno a las dos antigüedades clásicas,
aviva el interés por el hombre mismo en cuanto es criatura de la
tierra, y nutre un ideal de armonía ya menos asido a la caridad y
más afirmado en la cultura." Por eso, sus adalides son verdaderos
intelectuales a nuestro modo: "¡Ojalá, en otro sentido, nosotros lo
fuéramos de ellos!"[102]

De tal modo, se viene formando la conciencia laica europea,
que en España es tan benéfica como en otros países. En la tensión
entre tradicionalistas e innovadores, no sólo se enriquece la cultura española, sino que revela su poder de crear formas originales
de arte y pensamiento absorbiendo las savias de otras influencias.
Los dos polos del humanismo mediterráneo se unifican en el eje
entre las dos penínsulas romanizadas, lo cual representa Reyes en
un simbolismo cromático: "Y toda una gama de matices y cambiantes entre el amarillo y el azul pudo ser la historia de las
relaciones entre ambos pueblos, y sobre todo en la era de sus
relaciones más altas, cuando el beso sensual de Italia hacía palpitar el seno de Castilla."[103] En ese intercambio creador, el filólogo
Nebrija adquiere, en el pensamiento alfonsino, una estatura más
alta de lo que le merecen sus estudios de varia ciencia. es "el
abuelo de los europeizadores de España."[104] La esencia de ese
humanismo mediterráneo se traslada directamente al lado ibérico

---

102A. Reyes, *Tentativas y orientaciones*, OC, XI, 191.
103A. Reyes, *Las vísperas de España*, OC, II, 212.
104A. Reyes, *Retratos reales e imaginarios*, OC, III, 420.

del Nuevo Mundo. Llega con la visión de la historia por obra de Solís. Llega con el reconocimiento de lo humano en la persona del indio gracias a Bartolomé de las Casas. Llega y brota más tade con el humanista mexicano Landívar por las influencias de Poliziano, Fracastorio y Pontano: influencias que asoman con cierta frecuencia en los años formativos de la cultura del Virreinato de la Nueva España.[105] El humus humanístico es la base del florecimiento cultural de Iberoamérica.

Al abarcar el maravilloso espectáculo de las facetas humana, espacial y utópica del humanismo, Alfonso Reyes nos da una visión más amplia y original del movimiento, pues injerta en él la presencia de América, casi siempre considerada como plato de segunda mesa en el desarrollo cultural de ese momento histórico. Su concepción refleja la honda síntesis de humanidad (humanidades y humanismo) acrisolada en su personalidad de escritor y maestro de formación universal, según intuye uno de sus críticos: "As quatro raizes do seu humanismo são: a raiz helénica, a raiz latina, a raiz hispânica e a raiz mexicana."[106]

Su compacta formación humanística no le impidió ver algunas de las deficiencias del movimiento. En los grandes proyectos del hombre siempre sedimentan elementos inertes. Reyes gasta cierto ten con ten en señalar algunos aspectos de ese lastre. Verbigracia: la persistencia de algunas supersticiones, como la astrología; cierto formalismo que se agota en ejercicios mecánicos; algún esfuerzo malogrado de imponer las pedantes normas clasicistas (y no clásicas) sobre el teatro español.[107] En fin, hasta en el mejor vino hay heces.

---

[105]Cf. A. Reyes, *Pasado inmediato*, *OC*, XII, 313; *Letras de la Nueva España*, *OC*, XII, 319, 378–379; *Capítulos de literatura mexicana*, *OC*, I, 187.

[106]Alceu Amoroso Lima, "Homenagem a Alfonso Reyes," *Libro jubilar de Alfonso Reyes*, p. 43.

[107]Sobre la persistencia de la astrología, véase Alfonso Reyes, *Última Tule*, *OC*, XI, 25: "La astrología, floreciente en las cortes de los príncipes, se enseñaba en las universidades; y aun los humanistas, mientras por una parte preparaban la ciencia del porvenir, por otra pagaban tributo a las supersticiones corrientes." A propósito de ciertos ejercicios rutinarios, que inhiben, en lugar de despertar la vivacidad mental, en *La antigua retórica*, *OC*, XIII, 442, Reyes menciona "aquellos temas escolares que han llegado hasta los seminarios despidiendo olor de momia: el paso de Aníbal por los Alpes, los espartanos en las Termópilas, —lo que entre nosotros sería el Cortés de la Noche Triste, el Cuauhtémoc en el tormento,

De todos modos, Alfonso Reyes no se detiene en lo espurio, porque, de humanista cabal, no mira ni juzga las cosas por tela de cedazo. En su limpia visión cristaliza la estructura vital de un movimiento que irrumpe con eficacia amoldadora en la conciencia de las futuras generaciones de intelectuales. Su devenir se modifica, pero no se detiene. Su proteica actualidad transparece del conjunto que, con más empeño que destreza, hemos tratado de esbozar juntando las preciosas teselas diseminadas en la vasta obra alfonsina. Su mensaje es claro: "Allí donde el ignorante sólo ha visto un hecho trivial, aunque agradable, al humanista se le ha presentado al instante todo un vuelco de la sensibilidad humana . . . El humanista sabe que aquélla es la primera golondrina de la literatura moderna, que anuncia ya el verano del Romanticismo."[108]

San Martín en los Andes, la rendición de Anaya." Concerniente al esfuerzo por imponer los principios de la preceptiva literaria, en los *Apuntes para la teoría literaria*, OC, XV, 433, Alfonso Reyes destaca lo siguiente: "Porque si se intenta resucitarlos con pureza erudita y sin atenerse a los nuevos gustos y necesidades se quedan en mera curiosidad y se asfixian faltos de ambiente; así el ensayo de los humanistas como Villalobos, Pérez de Oliva y otros para restaurar, en la España del siglo XVI—que ya tiraba por otros rumbos—la tragedia antigua." De las tres unidades tradicionales, la de acción es ingrediente indispensable de la obra de arte, y sobre la unidad de lugar, Reyes expresa sus reservas en *Junta de sombras*, OC, XVII, 373: "La famosa 'unidad de lugar' de los preceptistas del Renacimiento nunca preocupó a los antiguos trágicos."
[108]A. Reyes, *La experiencia literaria*, OC, XIV, 114.

Conclusión

Llegados al término de un largo recorrido en el espacio y el tiempo, huelga condensar a golpe de ala la meditación alfonsina sobre los siglos medios, no para echar albarda sobre aparejo, sino porque al fin ha de cantarse la gloria en una mirada de conjunto. La ida ha sido larga. La vuelta ha de ser breve. Volvamos sobre nuestros pasos y contemplemos el panorama total a vista de pájaro:

I. Alfonso Reyes, estudioso y artista a carta cabal, vivificó el pasado porque lo sintió como prolongación de cada instante individual y colectivo a lo largo de varias etapas:

(a) La Edad Media se le antojó como una continuidad de la era anterior insertada en una de las siete edades temporales dentro de siete orbes espaciales;

(b) En el orbe occidental, la actividad humana se hizo historia medieval por los movimientos de Yin-Yang en las vicisitudes del cristianismo e islamismo;

(c) La herencia cultural de Roma se volcó en el organismo social de la Edad Media como una síntesis de elementos heterogéneos, de injertos orientales sobre el tronco originario: la asimilación de multitudes de esclavos emancipados e inmigrantes oficiosos matizó la sangre latina; la gnosis místico-intuitiva de la mente levantina se enlazó en el carácter práctico del hombre occidental; el mensaje judaico-cristiano amoldó todas las esferas del vivir humano;

(d) El Medievo del lado oriental del Imperio se agotó en una casuística teológica no menos enigmática que el bizantinismo de su política o la esfinge fascinadora de su emperatriz;

(e) En el lado occidental, la organización católica, al llenar el vacío dejado por el derrumbe del Imperio, se encontró con el aluvión germánico en una colisión casi inevitable: en eso, la idea triunfó sobre la fuerza, y los bárbaros caudillos invasores mantuvieron el poder temporal al amparo del super-poder espiritual;

(f) La Iglesia se adueñó del individuo desde la faja hasta la mortaja: con su concepción providencialista de la historia, suavizó las angustias de la vida terrenal; con su universalidad, estableció una coherencia superior por encima de lo irracional de la existencia; con su flexibilidad, encauzó los movimientos anárquicos del individuo hacia los ideales caballerescos;

(g) La mujer se salvó de su abyección social identificándose con los movimientos marianos, y las minorías étnico-religiosas coexistieron en un clima de tolerancia rayana en la compasión;

(h) Las cruzadas fueron un doble movimientos de contraofensiva del cristianismo: en el frente interno, el Papado trató de reafirmar su poder supernacional sobre los bloques políticos que se habían consolidado en Europa; en el frente externo, las nuevas nacionalidades europeas lucharon por salvar la economía continental contra la intransigencia otomana;

(i) El sistema feudal fomentaba el aislamiento: la imaginación alentaba el ensueño de remotas fronteras; la pobreza promovía el deseo de un orden utópico; los contactos con el Oriente creaban el anhelo por nuevas culturas;

(j) La Iglesia enterró el saber pagano en el choque de dos opuestas concepciones de la vida; la Iglesia volvió a exhumarlo por la obra de sus copistas en los claustros medievales;

(k) En el tránsito de la fase apologética a la especulativa de la religión, las categorías del pensamiento griego se fijaron en la mentalidad latina y clericalizaron el saber con una detallada taxonomía científico-filosófica en el trivio y el cuadrivio;

(l) Los grandes pensadores medievales, por encima del circularismo tautológico de las pruebas de la existencia de Dios, echaron las semillas de las grandes ideas sucesivas: el ontologismo, con San Anselmo; el intuicionismo, con San Buenaventura; la síntesis científica, con Alberto Magno; el humanismo religioso, con Santo Tomás; y el misticismo militante, con Raimundo Lulio;

(m) Al lado de las ideas, florecieron los mitos, reflejo de otra dimensión en que se realizaba el hombre medieval por vía imaginativa. Las dos fuentes principales de los mitos fueron las hazañas de Alejandro el Magno y de la guerra troyana;

(n) El libro de *Alexandre* y las aventuras troyanas del seudo-frigio Dares y del seudo-cretense Dictis, refundidas más tarde por Guido de Columnis y otros autores, cobraron más importancia que la *Eneida* al paso que Virgilio se transformó en un mágico prodigioso;

(ñ) El ciclo troyano se actualizó en las genealogías de las tribus germánicas en busca de un abolengo heroico y llevó el impacto de la *paideia* clásica sobre el carácter teutónico que iba integrándose con la sangre de los pueblos romanizados;

(o) El mito de Apolonio de Tiro introdujo una espacialidad multicultural en las andanzas del protagonista, epígono de Odiseo y precursor de Marco Polo;

(p) La literatura teratológica, junto con los bestiarios medievales, fue mezcla de lo fantástico y lo real, alusiva a un horizonte desconocido pero fuertemente anhelado por la conciencia medieval.

II. Sobre ese humus de intereses, anhelos, mitos e ideas fue incubando la matriz de lo hispánico con un perfil diferenciado entre los pueblos constituidos por el substrato romanizado y el aluvión germánico:

(a) El fermento espiritual de la vida peninsular cuajó en las lenguas romances, cuyos primeros vagidos se asoman en las *Glosas*, modulación del latín hablado con tonadas góticas, algarabías semitas, apotegmas hebraicos y nomádicos acentos cañíes;

(b) Al repartirse el habla en tres vástagos dominantes, el

alma ibérica se abrió en triple florescencia literaria: la lírica galaico-portuguesa; la narrativa catalana; la épica castellana;

(c) La expresión castellana se estrenó con un popularismo
acentuado que cobijaba el sentido de la aventura colectiva y el
impulso rebelde contra la casta;

(d) La vivencia histórica, al condensarse en cifra artística,
fijó el quehacer épico del caudillo en el contorno geográfico
peninsular y avivó su imagen en la fórmula siempre palpitante de
"Castilla la gentil";

(e) La épica castellana brotó de la historia, y a la historia
regresó, permaneciendo como sedimento de crónicas y cronicones a raíz de la prosificación de los cantares del mester de
juglaría;

(f) El cantar del Cid sobresale sobre los demás poemas por
su doble valor artístico y formativo: artístico, por ser la primera
manifestación creadora del habla popular; formativo, por destacar el poder civilizador del habla en el proceso de educar o
desanimalizar al hombre;

(g) El Cid representó el campeón de la parte mejor de la
población, puesto que, de hombre agraviado, organizó los medios
para su triunfo, pero no los empleó para la venganza;

(h) El héroe adquirió una proyección nacional porque se
propuso "crecer en provecho" para realizar su destino histórico y
"ablandar al rey" para redimir la monarquía de los escleróticos
cuadros aristocráticos y dirigirla hacia el pueblo;

(i) Al ubicarse en un contexto jurídico, el Cid instauró un
orden nuevo en la tierras ocupadas y se sometió a la razón de la ley
para el resarcimiento de su agravio;

(j) Su perfil humano se identifica con el carácter hispano por
su mezcla de cortesía e insolencia, y su perfil moral se encumbra
por el triunfo sobre sí mismo tanto en las luchas campales como en
las contiendas legales;

(k) La dimensión colectiva del Cid se afianza en la doble raíz
de caballero y conquistador—síntesis del quijotismo idealista y
del héroe de la reconquista o del descubrimiento;

(l) En la meditación alfonsina, el Cid se consagra como
héroe universal, cuya humanidad se define en la alegría de luchar
entre desgracias;

(m) El Cid épico interpreta los anhelos básicos del hombre occidental; a saber: el individualismo, por el cual se niega a ser absorbido por el absolutismo y el atropello de las autoridades; la iniciativa privada, resorte movilizador de las fuerzas vivas del pueblo para llevar a cabo los grandes proyectos.

III. Después de la épica popular, la naciente cultura hispana se acoge a las letras en una alternancia de corrientes que halla su expresión poética en el mester de clerecía y la prosa:

(a) En ese crisol, el primer poeta culto es Berceo, quien lleva a la poesía la corriente hagiográfica con una definida voluntad de estilo, pese a cierto resabio de actitudes ajuglaradas;

(b) El valor poético de Berceo no consiste en haber reemplazado al héroe de la virtud épica con el héroe de la santidad, sino en haber anclado en sus versos las primeras vislumbres de paisajismo poético;

(c) Berceo representa también el intérprete de la euritmía artística de su época, que congloba en la regularidad de la cuaderna vía la regularidad arquitectónica y la estilización escultórica vigentes;

(d) Contemporáneamente se define otra conquista de la expresión castellana gracias a la variedad de estilos forjados por el Rey Sabio: en lo novelesco, de importación oriental; en lo jurídico, de origen romano; en lo histórico, con el apoyo del testimonio documental o presencial; en lo científico, con un anhelo cósmico proféticamente indefinido en las centelleantes constelaciones del hemisferio opuesto;

(e) La obra poética del Rey Sabio rebasa la trayectoria literaria castellana, pero subraya la hermandad coesencial entre el español y el portugués, que la sucesiva evolución histórica no ha de obliterar ni enfriar;

(f) En el siglo siguiente, don Juan Manuel inaugura la prosa didáctico-moral, en que al héroe épico sucede el sabio que alecciona al paso que se sonríe de los vicios humanos;

(g) Con él, la literatura española y la europea naturalizan un nuevo género literario, el cuento de nomádica ascendencia oriental, echando una semilla anticipadora de Boccaccio, Chaucer, Margarita de Navarra, sin contar los *novellieri* renacentistas;

(h) La figura literaria más maciza de esta época es el Arcipreste de Hita, que forja una nueva modalidad del gusto literario, inaugurando la comedia humana como contraparte artística de la divina del Dante;

(i) Al poema arciprestil se acercó Alfonso Reyes en su juventud, y pronto lo sacó a luz con los mismos propósitos de vulgarización con que editó el poema cidiano;

(j) Además de sus aportes filológicos, el sabio mexicano individuó en el conflicto entre don Carnal y doña Cuaresma una subterránea continuidad de los misterios de la vida, de la fecundación y reproducción, desde la prehistoria mediterránea hasta el romper de la alborada moderna;

(k) El Arcipreste poetizó las categorías intrínsecas de lo hispánico; a saber: el vitalismo pasional, como tácito preludio del donjuanismo posterior; el humorismo, rasgo iluminador de las verdades asequibles por la vía intuitiva; el brochazo palpitante, con que dibuja caracteres tridimensionales, precursores de pícaros y maritornes;

(l) En el traslado de la vida al arte, lo contingente del episodio biográfico real o idealizado se convierte en imagen poética por el poder del estilo;

(m) La retahila de personajes del *Libro de buen amor* no es una simple galería tipológica, sino una cifra artística del espectáculo callejero que anticipa el dualismo de lo corpulento y lo ideal del arte cervantino;

(n) El Arcipreste realiza la presencia estética convirtiéndose en personaje dentro de su obra, con lo cual viene a asociarse con la mítica familia de los entes ficcionales hispanos, esto es, con la Celestina—realización de la Trotaconventos—, con Dulcinea—sublimación de doña Endrina y doña Garoza—, con Sancho, Don Quijote, Don Juan, Segismundo, y otros eternos;

(ñ) Por la misma época empieza el teatro, brotado del acto litúrgico con todas las potencialidades de lo dramático y lo teatral;

(o) Al salir del atrio a la carreta del escenario trashumante, surgen los primeros géneros dramáticos: el misterio, basado en el drama litúrgico y el milagro; la moralidad, poblada de abstracciones y personificaciones; el auto sacramental, producto típico español asociado con el dogma eucarístico; y el auto navideño, bifurcación del anterior con arreglo al espíritu gozoso de la fiesta pertinente, que se renueva en época sucesiva con la pastorela en tierras de América; (p) El teatro profano derivó de los juegos de escarnio autóctonos y de las dramatizaciones goliardescas, con lo cual se echaron las bases de la farsa y la égloga y, más tarde, de la tragicomedia celestinesca: del crisol de esas energías reacias a la influencia del teatro italiano brotó la confianza dramática del genio español, anticipación pulsante del Siglo de Oro.

IV. Digna de destacarse, por sus relaciones directas o indirectas con la configuración de la cultura hispánica, es la meditación de Alfonso Reyes sobre el aporte de las dos principales corrientes neolatinas florecidas en la Edad Media; a saber:

1. *La corriente italiana:* Los primeros ecos alfonsinos llegan con Arnaldo de Brescia y San Francisco de Asís, los dos reformadores religiosos que, por divergentes caminos, propugnaron la pobreza evangélica:

(a) Uno de los antiguos autores que más atrajo la atención del sabio mexicano fue Marco Polo, nuevo Odiseo en pos de un espejismo territorial, quien sobrepuso la epopeya del explorador sobre los esquemas de las antiguas sagas guerreras;

(b) Dante es el divino poeta que se asoma con frecuencia en la vivencia literaria del gran mexicano: ante todo, por transponer la grandeza épica de su maestro Virgilio a la epopeya escatológica del Medievo cristiano;

(c) La dimensión épica de Dante se hace individual no sólo porque su itinerario cósmico gravita alrededor del individuo, sino porque el poeta representa al héroe que se realiza por encima de la persecución de los facciosos espíritus contemporáneos;

(d) Ecos de la poesía dantesca se reverberan en las reminiscencias, conscientes o automáticas, de la obra alfonsina, culminando en la visión de la mujer angelicada, que imprime uno de los grandes impulsos civilizadores a la sociedad medieval;

(e) Esa concepción dulcestilnovista reivindica la belleza externa como reflejo de una espiritualidad invisible y como triunfo del amor humano eslabonado con el amor divino;

(f) Los enigmas sidéreos de la poesía dantesca, intuidos como contemplación del hemisferio aún no explorado del planeta (la colina de la expiación), matizan en visos proféticos una visión borrosa del Nuevo Mundo;

(g) En su exaltación del pasado, Dante expresa un anhelo utópico que es implícita anticipación del sueño quijotesco;

(h) La poesía dantesca, según Alfonso Reyes, enriquece la vida humana con dos eternas dimensiones espirituales: el ideal y lo sublime;

(i) Convertido en imagen en el *corpus* poético alfonsino, Dante se asoma como "turbión" y "procela"—raudal de vida que trasciende a la propia vida;

(j) Otra figura de interés en el Medievo itálico es Petrarca, a quien el sabio mexicano siente como lírico amoroso y civil, pero no queda impresionado por su contradictoria hermosura poética ni por su paisajismo labrado con delicadas sensaciones líricas;

(k) En la visión alfonsina, Boccaccio emerge como varón anticipador de varias corrientes literarias; a saber: el enciclopedismo mitológico que asocia al hombre de letras con el poeta; la evolución del dulcestilnovismo toscano como resorte civilizador del hombre; el establecimiento de la novela sentimental; la pintura de la vida de los sentidos en el trágico marco de la peste florentina; el encumbramiento del humorismo a categoría estética; y la definitiva autonomía del cuento frente a las viejas fórmulas didáctico-doctrinales.

2. *La corriente francesa*: En Francia, el Medievo carece de figuras universales, pero no de universalidad, pues allí cristalizan algunos gérmenes seminales para la cultura europea:

(a) La literatura religiosa anticipa un eco de la poesía berceana con sus copiosas biografías hagiográficas;

(b) La épica francesa tiene cierta hermandad de género con la española, pese a la distinta concepción de lo heroico;

(c) La tradición trovadoresca renovó los módulos líricos de la sensibilidad europea y se hizo sentir por todas partes después de la diáspora debida a la imprevista derrota de los albigenses en la batalla de Muret;

(d) Los mitos poéticos de origen clásico ("*la matière de*

Rome la grant") se difundieron cada vez más gracias a los poetas franceses, como Benoît de Sainte-More y Chrétien de Troyes;

(e) La presencia de una inquieta reina trovadoresca en la corte anglo-normanda fue ocasión de que los antiguos mitos bretones inspiraran a los poetas franceses y enriquecieran el gusto literario europeo con las concepciones caballerescas y galantes de los adalides artúricos;

(f) Por la misma época, la tendencia burguesa se enfrenta a la literatura cortesana con los *fabliaux*, el *Roman de Renart* y la segunda parte del *Roman de la Rose*, en que se halla implícito el espíritu de la picaresca;

(g) En el teatro francés medieval florecen los varios géneros religiosos y sagrados que determinan la orientación de todo el teatro europeo de la época;

(h) Con Villon, poeta favorito del mexicano universal, el tópico medieval se convierte en sustancia lírica y la visión de la sociedad se fija en plásticas siluetas humanas: el tiempo, la vida y la imaginación se hacen arte.

V. La transición del Medievo al renacimiento ocurre por una etapa intermedia—el humanismo—que adquiere en Alfonso Reyes un significado novedoso: ya no es un período de simple filologismo embutido de humanidades, sino una nueva toma de posición del hombre occidental frente a la vida;

(a) Su primera manifestación literaria más acentuada es el retorno a los clásicos, particularmente en tres famosos centros italianos: en Roma, bajo el amparo del Papado; en Florencia, por el apoyo de los Médicis; en Nápoles, bajo los auspicios del rey Alfonso de Aragón, el Magnánimo, y de su amada, Lucrecia d'Agnano;

(b) No menos importante fue el florecimiento de las humanidades en Cataluña y Castilla: aquí los nuevos estudios hallaron sanción en la corte por el patrocinio de la reina Isabel;

(c) El genio del humanismo español fue Nebrija, conocido por sus gramáticas y léxicos latinos, traducciones y obras eruditas;

(d) La gloria mayor de Nebrija fue la primera gramática castellana, cuyo acierto, en la meditación del sabio mexicano, consiste en haber reivindicado para la lengua romance la misma dignidad lingüística reconocida en la estructura de la lengua madre; de tal suerte le corresponde el honor de ser el defensor del romance en una época en que los grandes humanistas europeos arrinconaban las lenguas vernáculas y soñaban con el retorno del latín como lengua universal;

(e) Con su gramática, Nebrija deslindó su propósito docente, indicó la composición estructural de la lengua, y anticipó su sino imperial realizado en la expansión del castellano a otros continentes y en la sucesiva revolución expresiva de la lengua poética;

(f) La caída de Constantinopla en manos de los turcos despertó en el Occidente un gran interés por la cultura griega aportando un nuevo sentido de refinamiento formal, la sabiduría socrática, la realización de la persona por la antigua *paideia*, la responsabilidad individual como reflejo de la lucha del héroe helénico contra el destino, el valor de la palabra como instrumento civilizador, el concepto de la colonización como medio de intercambio cultural, un ensanche de los horizontes geográficos a través de los antiguos autores, y un fortalecerse de la idea de progreso y justicia social en un plano universal a la zaga de las ideas platónicas;

(g) Las letras hispánicas adquirieron una nueva orientación, principalmente en el *Cancionero de Baena*, espejo de una democracia poética en que los humildes judíos conversos se medían en agudas polémicas literarias con los próceres castellanos más ilustrados;

(h) La dignidad del poeta prerrenacentista se encumbra con la misión de purificar el mundo de la superstición y levantar el nivel cultural de la sociedad: en esa concepción, el Marqués de Santillana encarna el nuevo ideal artístico por el empalme de lo culto con lo popular y el logro del arte como causa formal, o "fermosa cobertura";

(i) En la prosa, la *Cárcel de amor* de Diego de San Pedro representa, en la concepción del mexicano universal, una conquista literaria muy significativa por destacar el poder civilizador de la mujer sobre el agresivo espíritu guerrero del varón, por ensalzar el altruismo como virtud dominante, por establecer un nuevo concepto de la distancia estética merced al personalismo narrativo de su autor;

(j) *La Celestina*, heredera espiritual de la novela sentimental en los amores de Calisto y Melibea y del medievalismo autóctono en la sublime figura de la protagonista, afianza en los resortes creadores del genio hispano la síntesis de lo nuevo y lo tradicional, de lo culto y lo popular;

(k) Al lado del avance literario, el humanismo fomenta la individualidad reivindicando al hombre natural y lo natural del hombre;

(l) Se liberalizan las costumbres a fin de lograr al hombre integral tomando como dechado de conducta a las grandes personalidades clásicas robustecidas por la experiencia religiosa judaico-cristiana;

(m) Dos virtudes nuevas subraya el humanismo: la tolerancia, suavizando las asperidades éticas y el dogmatismo tradicionales; y la actitud conciliativa, aceptando el justo medio en el hedonismo, el culto del cuerpo, el análisis intelectual: en breve, tratando de lograr el equilibrio de una novedosa *conciliatio oppositorum*;

(n) El humanista español que trasciende las humanidades y logra el deslinde de lo humano es Luis Vives, quien resume y resuelve sobre bases científicas las contradictorias posturas del hombre frente a Dios (la trascendental) y frente a la naturaleza (la naturalista);

(ñ) El propulsor de lo humano que ganó reconocimiento continental fue Erasmo de Rotterdam, quien adoptó una tercera posición entre la locura de las banderías protestantes y la del conservadurismo clerical gracias a su independencia intelectual;

(o) Uno de los aciertos más geniales del mexicano universal consiste en haber insertado el destino de América en la tradición humanista como etapa definitiva, en lo intelectual y lo pragmático, del anhelo geográfico medieval: la tradición folklórica, el mito platónico de la Atlántida, el presagio senequiano de la Última Tule, al encender la imaginación de los humanistas, impulsaron al hombre práctico hacia las rutas del descubrimiento;

(p) La hazaña se cumplió por la iniciativa privada, por la competición activista de los Pinzones y demás discretos, eclipsados, cuando no destruidos, por el Héroe romántico del descubrimiento, a quienes ensalza Alfonso Reyes en un arrebato de apologético lirismo;

(q) Tras la exploración del Nuevo Mundo, cobró nueva vigencia el mito de la Edad de Oro y se maduró una conciencia utópica, alentadora de un ideal de felicidad humana asequible sobre las bases del inocente orden social de los indígenas americanos: de tal modo, el filósofo desnudo del humanista Pedro Mártir anticipó en su distinto clima espiritual al noble salvaje de la era romántica;

(r) Tomás Moro, con su *Utopía*, trasladó el sueño de los humanistas europeos a una imaginaria isla americana y echó las bases de un orden nuevo, basado en un disciplinado anarquismo, en la lozanía física y espiritual, en la abundancia de recursos y su justa distribución, en la liberación de las rutinas deshumanizadoras y el fomento de la individualidad en un plano igualitario;

(s) La obra de Tomás Moro imprimió un nuevo cariz a la idea de conciliación humanista, por ser síntesis de lo utilitario con lo ideal, de lo práctico con lo teórico, del cristianismo con el epicureísmo;

(t) El espejismo utópico corrió parejo con el ideal de un cosmopolitismo humanista, que superó la etapa atroz del cosmopolitismo caballeresco (el medieval) por afirmarse en la cultura más que en la fuerza o la caridad.

En breve, el milenio medieval se realiza por un movimiento de sístole y diástole. El aislamiento del espíritu en el dogmatismo entre los siglos V-VI se expande por el espacio externo e interno entre los siglos XV-XVI. El rescate de la humanidad se columbra por el mensaje del humanismo, en lo cual viene a coincidir la dimensión de Alfonso Reyes estudioso con la de Alfonso Reyes humanista. Completa así el contorno universal del Occidente con la presencia de América como factor humanizador de la conciencia europea ansiosa de desbastarse del feudalismo mental y entregarse a la renovación de la vida y de su dinámica interna. Dentro de ese proceso, los siglos medios no fueron siglos oscuros, pues la antorcha ardía bajo el celemín, la expectativa se desplazaba de la imaginación a la existencia, la conducta se reajustaba en el recorrido del medio rural a los horizontes continentales, y el pensamiento se maduraba en el tránsito del teologismo al humanismo. Con sus densas intuiciones, la pancrónica mente alfonsina sugiere un cuadro igualmente pancrónico e insinúa un atisbo definitivo: los siglos medios fueron siglos intermedios. Y así la historia de un período viene a coincidir con un período de la historia.

Abreviaturas

ALi	*Argentina Libre*
AUCh	*Anales de la Universidad de Chile*
BCBC	*Boletín Cultural y Bibliográfico* (Colombia)
CCLC	*Cuadernos del Congresso por la Libertad de la Cultura*
Clav	*Clavileño*
CuA	*Cuadernos Americanos*
CuH	*Cuadernos Hispanoamericanos*
CuHE	*Cuadernos de Historia Española*
EspP	*España Peregrina*
ExcelsiorM	*Excelsior*, México
FyL	*Filosofía y Letras*
GSLI	*Giornale Storico della Letteratura Italiana*
HoyM	*Hoy*, México
HumM	*Humanitas*, Manila
IMU	*Italia Medioevale Umanista*
Inf	*Inferno (Divina Comedia*, Dante)
LetrasM	*Letras*, México
Met	*Metáfora*, México
MLN	*Modern Language Notes*
NacionM	*El Nacional*, México

ND	*Nueva Democracia*
Nove	*Novedades* (Suplemento Literario)
NRFH	*Nueva Revista de Filología Hispánica*
OC	*Obras Completas* de Alfonso Reyes (México: Fondo de Cultura Económica, 1955—)
Par	*Paradiso (Divina Comedia*, Dante*)*
PSAR	*Páginas sobre Alfonso Reyes* (Monterrey: Universidad de Nuevo León, 1955—)
Purg	*Purgatorio (Divina Comedia*, Dante*)*
RBAM	*Revista de Biblioteca, Archivo y Museo*
RepAm	*Repertorio Americano*
RFH	*Revista de Filología Hispánica*
RHM	*Revista Hispánica Moderna*
RI	*Revista de Indias*
RLV	*Revue des Langues Vivantes*
RUM	*Revista de la Universidad de México*
Sy	*Symposium*
UA	*Universidad de Antioquía*
UniversalC	*El Universal*, Caracas
UniversalM	*El Universal*, México
UnivNL	*Universidad de Nuevo León*
VUM	*Vida Universitaria*, México

Indice de Nombres Propios

(Los números indican la página o la nota después de la sigla n.)

239

242

243

246

248

253

Scripta humanistica

Published Volumes

1. Everett W. Hesse, *The "Comedia" and Points of View*. $24.50.
2. Marta Ana Diz, *Patronio y Lucanor: la lectura inteligente "en el tiempo que es turbio."* Prólogo de John Esten Keller. $26.00.
3. James F. Jones, Jr., *The Story of a Fair Greek of Yesteryear*. A Translation from the French of Antoine-François Prévost's *L'Histoire d'une Grecque moderne*. With Introduction and Selected Bibliography. $30.00.
4. Colette H. Winn, *Jean de Sponde: Les sonnets de la mort ou La Poétique de l'accoutumance*. Préface par Frédéric Deloffre. $22.50.
5. Jack Weiner, *"En busca de la justicia social: estudio sobre el teatro español del Siglo de oro."* $24.50.
6. Paul A. Gaeng, *Collapse and Reorganization of the Latin Nominal Flection as Reflected in Epigraphic Sources*. Written with the assistance of Jeffrey T. Chamberlin. $24.00.
7. Edna Aizenberg, *The Aleph Weaver: Biblical, Kabbalistic, and Judaic Elements in Borges*. $25.00.
8. Michael G. Paulson and Tamara Alvarez-Detrell, *Cervantes, Hardy, and "La fuerza de la sangre."* $25.50.

255

9. Rouben Charles Cholakian, *Deflection/Reflection in the Lyric Poetry of Charles d'Orléans: A Psychosemiotic Reading*. $25.00.
10. Kent P. Ljungquist, *The Grand and the Fair: Poe's Landscape Aesthetics and Pictorial Techniques*. $27.50.
11. D. W. McPheeters, *Estudios humanísticos sobre la "Celestina."* $20.00.
12. Vittorio Felaco, *The Poetry and Selected Prose of Camillo Sbarbaro*. Edited and Translated by Vittorio Felaco. With a Preface by Franco Fido. $25.00.
13. María del C. Candau de Cavallos, *Historia de la lengua española*. $33.00.
14. *Renaissance and Golden Age Studies in Honor of D. W. McPheeters*. Ed. Bruno M. Damiani. $25.00.
15. Bernardo Antonio González, *Parábolas de identidad: Realidad interior y estrategia narrativa en tres novelistas de postguerra*. $28.00
16. Carmelo Gariano, *La Edad Media (Aproximación Alfonsina)*. $33.00

Forthcoming

* Carlo Di Maio, *Antifeminism in Selected Works of Enrique Jardiel Poncela*. $20.50.
* Philip J. Spartano, *Giacomo Zanella: Poet, Essayist, and Critic of the "Risorgimento."* Preface by Roberto Severino. $24.00.
* Juan de Mena, *Coplas de los siete pecados mortales: Second and Third Continuations*. Ed. Gladys Rivera. $25.50.
* Barbara Mujica, *Spanish Pastoral Characters.* $25.00.
* Susana Hernández Araico, *La ironía en tragedias de Calderón* $25.00.
* *Estudios literarios en honor de Gustavo Correa*. Eds. Manuel Durán, Charles Faulhaber, Richard Kinkade, T. A. Perry. $25.00.

256

* Francisco Delicado, *Portrait of Lozana: The Exuberant Andalusian Woman.* Translation, introduction and notes by Bruno M. Damiani. $33.00.
* Salvatore Calomino, *From Verse to Prose: The Barlaam and Josaphat Legend in Fifteenth-Century Germany.* $28.00.
* Darlene Lorenz-González, *A Phonemic Description of the Andalusian Dialect Spoken in Almogía, Málaga - Spain.* $25.00.
* Juan de Mena, *Coplas de los siete pecados mortales: Second and Third Continuation.* Ed. Gladys Rivera. $25.50.
* Maricel Presilla, *The Politics of Death in the "Cantigas de Santa María."* $27.50.

www.ingramcontent.com/pod-product-compliance
Lightning Source LLC
Chambersburg PA
CBHW020352100426
42812CB00001B/38